大阪商業大学比較地域研究所研究叢書　第十四巻

グローバリズムと国家資本主義

●

坂田 幹男 著

御茶の水書房

はしがき

近年「国家資本主義」論がふたたび脚光を浴びている。おそらく、口火を切ったのは、イアン・ブレマー（Ian Bremmer）の「自由市場の終焉――国家資本主義と自由市場の闘い・どちらが生き残れるか」というセンセーショナルな問題提起であろう（Bremmer［2010］：邦訳［二〇一一］）。ブレマーは、近年、多くの国に出現した「権威主義体制」（Authoritarian Governments）が、「指令経済（command economies）は破綻する運命にある」と悟ったことによって、市場主導型の資本主義（market-driven capitalism）を部分的に受け入れて「新しい仕組み」として「国家資本主義」を考え出したとの認識を示し、その「国家資本主義」が自由市場を著しく脅かしており、それは今日、世界中に拡大しつつあると警告を発した。さらに、このようなブレマーの指摘に続いて、英国の著名な経済誌『エコノミスト』（The Economist［2012］）は、「国家資本主義の勃興」（The Rise of State Capitalism）という特集を組んで、「新興世界における新しい国家資本主義」（the new state capitalism of the emerging world）の出現に焦点を当てて、新興諸国の政府は、自らの政治的目的を達成するために市場を利用しようとしており、「神の見えざる手」は、「国家資本主義」というしばしば権威的な“Visible hand”にとってかわられようとしている、と警鐘を鳴らしたのである。

以後、日本のマスコミ界では、「国家資本主義」は、異質な資本主義システムを指す場合の流行語になった。このような、まるで「国家資本主義論ルネサンス」の到来かと思わせるほどの盛況ぶりに、国家資本主義論研究をライフ・

ワークにしてきた筆者としては、困惑を覚えざるをえなかった。

実は、「国家資本主義」をめぐる議論には長い歴史がある。それはけして二一世紀にはいって突然みられるようになった現象ではない。「国家資本主義」がはじめて本格的に語られるようになったのは、二〇世紀初頭のロシアにおいてであり、日本では一九五〇年代から本格的な研究が行われるようになった。筆者が国家資本主義研究にはじめて携わるようになったのも、いまから四〇年以上も前のことである。以来、国家資本主義研究は筆者のライフ・ワークとなり、今日に至っている。研究成果はともかくとして、「国家資本主義」の研究歴という点では日本で最も長いキャリアを積んでいるという自負だけはある。したがって、近年脚光を浴びている「国家資本主義論」と、筆者がこれまでライフ・ワークとして取り組んできた「国家資本主義論」との関係を明らかにする必要があろう。この点について少し触れておきたい。

筆者はかつて、日本において「国家資本主義論学派」と呼ばれた研究グループに身を置きながらも、何か居心地の悪い違和感をもち続けていた。それは日本における国家資本主義研究が、「イデオロギー」に染まりすぎて、現実の低開発世界の実態とかけ離れているのではないかという思いに起因するものであった。このような思いが決定的になったのは、低開発世界の中から、世界市場に身をおきながら「キャッチ・アップ型工業化」に成功しつつあった「新興工業国」（ＮＩＣｓ）の出現を目の当たりにした一九七〇年代末に至ってからである。こうしてついに、八〇年代に入って以降、従来の国家資本主義研究の問題点を指摘し、筆者独自の「国家資本主義論」を打ち出すことになった。その最初の契機となったのが、一九八六年に発表した「国家資本主義と新興工業国――韓国国家資本主義の位置づけをめぐって――」（『経済評論』第三五巻第三号、日本評論社、所収）である。

この拙稿によって、筆者は日本における国家資本主義研究を、〈国家資本・主義〉論から〈国家・資本主義〉論へと大きく旋回させたのである。しかし、筆者の「国家資本主義論」は、日本では長い間「異端」とみられていた。それは、日本における国家資本主義研究の出発点が、「国家資本主義」は「進歩的」な性格をもった資本主義の特殊歴史的かつ「過渡的」な存在であるという、「イデオロギー」によって支配されていたためである。

だが、第一章、第六章で詳しくみるように、イアン・ブレマーの翻訳書（ブレマー［二〇一一］）が出版されて以降、日本のマスコミ界ではしばしば「国家資本主義」という言葉を目にするようになった。しかも、ブレマーがいう「国家資本主義」とは、国家に護られた巨大な国営企業が国内市場を独占して巨大な利益を上げている状態を指しており、極めて単純な定義であるが、日本のマスコミにおいて使用される場合には、このブレマーの指摘に加えて、「開発独裁国家」のもとでの国家の市場介入という視点が追加される場合が多い。

「開発独裁」下での国家の市場介入による「キャッチ・アップ型工業化」の追及という分析こそ、長い間「異端」とみられていた筆者の「国家資本主義論」（＝国家・資本主義論）の立場である。これは偶然なのか、それとも「異端」視されてきた〈国家・資本主義〉論の社会的認知なのであろうか。もし、この現象が、筆者の〈国家・資本主義〉論の社会的認知であるならば、改めて「グローバリズムのビッグ・ウェーブ」と呼ばれる時代における「国家資本主義」の意味を再検討しておく必要があろう。なぜなら、筆者には、ブレマーや『エコノミスト』誌の指摘する「新しい国家資本主義」とそれを受けてマスコミ界に氾濫している「国家資本主義論」は、たぶんに、中国やロシアなど移行経済過程にある特殊な資本主義システムに対して「レッテル貼り」を行っているようにしかみえないからである。

筆者は、かねてより、中国の「社会主義市場経済」は、「国家資本主義」であると指摘し続けてきたが（坂田［二〇〇四］）、今日のロシアやブラジル、ましてやブレマーが指摘するようなメキシコやマレーシアまでも「国家資本主義」とみなしているわけではない。巨大な国有企業の存在を「国家資本主義」とみなしたり、「権威主義体制」下の市場経済を「国家資本主義」とみなすような短絡的な「国家資本主義論」が氾濫する状況を放置することは、国家資本主義研究の歴史を無にしてしまうことになる。

およそこのような思いから、筆者は本書の執筆を決断するに至った。本書の第一章（「国家資本主義論」ルネサンス）では、近年の「国家資本主義」論の隆盛には、これまで蓄積されてきた「国家資本主義」研究の成果が完全に欠落しており、理論的検証に耐えないことを指摘した。そのうえで、日本における「国家資本主義」研究には、国有セクター〈国家資本〉の拡大という現象に注目した〈国家資本・主義〉論と、強権的国家の市場介入による「キャッチ・アップ型工業化」という現象に注目した〈国家・資本主義〉論の系譜に属するものと、およそ二つの系譜があることを明らかにし、筆者がこれまで展開してきた〈国家・資本主義〉論を再構築しておいた。第一章は、本書全体の序章としての性格も併せもたせている。

第二章（〈国家・資本主義〉論への途）では、日本における「国家資本主義論」の出自から筆者が〈国家・資本主義〉論を展開するに至った経緯を歴史的に整理しておいた。第一章が〈国家・資本主義〉論の理論的構造を明らかにしたものであるとすれば、第二章は〈国家・資本主義〉論の構築に至った歴史的背景と経緯を整理したものである。二〇世紀初頭から本格的に議論されるようになった「国家資本主義論」には、もともと〈国家資本・主義〉と〈国家・資本主義〉の双方を意味する内容が混在していた。しかし、戦後の日本では、低開発世界分析においては「マルクス経済学」が支配的で「社会主義」の影響力が強く、「国家資本主義」という場合、「非資本主義発展の途」（国有部門の拡大を通じた混合経済を経て漸進的に社会主義的工業化へと向かっていくプロセス）を目指すものと理解され、〈国家資本・主義〉論として展開されていった。したがって、「国家資本主義論」という場合には、〈国家資本・主義〉論を指す場合が一般的であった。このような理論状況のもとで、筆者は、〈国家資本・主義〉論のもつ「イデオロギー性」を克服し、現実の低開発世界で進行していた資本主義的工業化に成功裏に乗り出した「新興工業国」の出現という客観的現象を受け止め、「国家」の役割に焦点を当てて「国家資本主義論」を〈国家・資本主義〉論として再構築しようと試みるにいたったのである。

第三章（「東アジアモデル」と「国家資本主義」）は、世界銀行の報告書（The World Bank［1993］：邦訳［一九九四］）が「東アジアの奇跡」と賞賛した開発モデルが、実は多くの場合〈国家・資本主義〉的発展モデルであったことを解明しようとしたものである。このような開発モデルは、経済開発の効率性という意味では高いパフォーマンスを達成した反面、「開発独裁」とか「権威主義体制」と呼ばれた政治過程への民衆排除型の開発モデルであり、社会のいたるところに亀裂をもたらしたものである。しかも、このような開発モデルは、二〇世紀後半に出現した特殊な国際政治・経済環境（東西問題と南北問題の並存）のもとでのみ可能となった「ダブル・スタンダード」に基づいたものであり、普遍的な開発モデルとしては弊害の多いものであることを示しておいた。

第四章（韓国〈国家・資本主義〉の歴史的展開過程）は、筆者が〈国家・資本主義〉的発展の典型とみなしている韓国の「国家資本主義」について、その形成から発展過程を検証し、「国家資本主義」の終焉過程についても論述した。韓国の「国家資本主義」は、〈国家・資本主義〉としての性格を典型的に備えたものであるといえるだけでなく、同時にその終焉過程においても多くの教訓を残しているといえる。要するに、韓国型開発モデルの分析は、「国家資本主義」のもたらす工業化プロセスについての歴史的教訓をも提供しているといえるといえるのである。

第五章（「国家資本主義」と「中国型市場経済モデル」）では、中国共産党のいう「社会主義市場経済」とは、どのような経済システムととらえればいいかということを検討している。これまで、「市場社会主義」とか「官僚資本主義市場経済」などいくつかの見解が示されているが、筆者は、それはまさに〈国家・資本主義〉そのものにほかならず、中国は依然として「東アジアモデル」を継承していることを指摘した。したがって、中国〈国家・資本主義〉は、過去の〈国家・資本主義〉と同様、「歴史的被規定性」を免れることはできず、多くの矛盾を内包しており、いずれは「熔解」せざるをえない運命にあることも併せて指摘しておいた。

第六章（グローバリズムと「二一世紀の国家資本主義」）では、今日流行している「二一世紀の国家資本主義」論に焦点を当てて、はたして、「二一世紀の国家資本主義」とは何かを検討した。それらは多くの場合、中国の特殊な体制を指しており、その背景には「中国脅威論」ともいうべき巨大化する中国経済パワーへの懸念があることは明らかである。しかし、グローバル化が著しいこの時代において、「自由市場の終焉」といわれるほどの脅威を中国〈国家・資本主義〉はもち続けることができるのであろうか。中国は、米国を中心とした反「国家資本主義」網という逆境を、東アジアの地域主義を利用することによって乗り切ろうとしているようにみえるが、「グローバリズムのビッグ・ウェーブ」の時代と呼ばれる今日、そのような選択の余地はますます狭められつつあるというのがここでの結論である。

およそ以上のような構成から編まれた本書であるが、「グローバリズム」の分析においては不十分な点が多く、本書のタイトルは「羊頭狗肉」であるとのそしりを免れないのではないかとひそかに危惧している。おそらく、「グローバリズム」を本格的に論じるためには「グローバル・スタンダード」とは何かという問いからはじめなければならないであろう。だが、本書は、「グローバリズム」を直接問題にしたものではない（グローバリズムを多少とも正面から取り上げたものに、『グローバリズムのビッグ・ウェーブ』と日本の針路」、坂田［二〇一四］がある。併せて参照してほしい）。世界経済における「グローバリゼイション」という現象は、抗いがたい現実であり、その背景に「グローバリズム」があることもまた疑いのない事実であるが、本書の課題は、グローバリゼイションが進展していく国際経済環境の下で、いかにして〈国家・資本主義〉とみなされる「ダブル・スタンダード」に基づく特殊なシステムが許容されてきたのかという点の分析にある。この点の解明を抜きにして、グローバル化が著しい今日の状況のもとで、「二一世紀の国家資本主義」を議論することは、いたずらに「国家資本主義」脅威論をあおることにつながりかねない。

ほかにも、多くの重要な論点が欠落しているであろうことは、十分自覚している。筆者としては、今後も展開されるであろう「国家資本主義」研究が、過去の研究蓄積と切り離されてしまうことだけは何とか避けてほしいという願いをこめて本書を上梓したしだいである。

本書の出版にあたっては、多くの方にお世話になった。とくに、大阪商業大学への就任間のない私のような新参者に、「研究叢書」の出版という貴重な機会を与えていただいた比較地域研究所の前田啓一所長（経済学部長）はじめ同研究所の関係者の方々には心より感謝している。また、二〇一三年から縁あって大阪商業大学に就任することになったが、就任にあたっては、谷岡一郎理事長・学長をはじめ、片山隆男副学長、南方建明副学長には、格別のご高配を賜った。先生方のご配慮がなければ、おそらく本書が日の目を見ることはなかったであろう。この場をお借りして、改めてお礼申し上げるしだいである。

また、本書の出版にあたっては、御茶の水書房編集部の小堺章夫氏には大変お世話になった。最後になったが深くお礼申し上げたい。

二〇一五年　初春

坂田　幹男

グローバリズムと国家資本主義

目次

目　次

第三章 「東アジアモデル」と「国家資本主義」……63

グローバリズムと国家資本主義

第一章　「国家資本主義論」ルネサンス

はじめに

近年、日本のマスコミでは、中国やロシアの特殊な資本主義システムと関連させて、「国家資本主義」（State Capitalism）という言葉が頻繁に使われるようになった。このような現象は、ユーラシア・グループ代表のイアン・ブレマー（Ian Bremmer）の著書 *The End of the Free Market : Who Wins the War Between States and Corporation?* が、日本経済新聞出版社から『自由市場の終焉――国家資本主義とどう闘うか』（Bremmer［2010］：邦訳［二〇一一］）というタイトルで出版されて以降、とくに顕著になったように思われる。

さらに、世界的に著名な英国の雑誌『エコノミスト』（The Economist［2012］）も、イアン・ブレマーの「自由市場の終焉」（The End of the Free Market）というセンセーショナルな議論に触発されて、「国家資本主義の勃興」（The Rise of State Capitalism）というタイトルの「特集」（Special Report）を組んで、「新しい型の国家資本主義」が「新興世界の新しいモデル」になりつつあると指摘し、「神の見えざる手」が、国家資本主義というしばしば権威的な"Visible hand"にとってかわられようとしている、との警鐘を鳴らした(1)。

Bremmer [2010] の "Who Wins the War Between States and Corporations?" という刺激的な問題設定や、The Economist [2012] の "The Rise of State Capitalism : The Emerging World's New Model" という問題提起は、またたくまにマスコミ界に拡大し、今日では学問的にも強い影響力をもつようになっている（この点については、第六章グローバリズムと「二一世紀の国家資本主義」であらためて詳述する）。

だが、「国家資本主義」という用語は、けして新しいものではない。古くは一九世紀にまでさかのぼることができるし、その後もしばしば議論の遡上に載せられてきた。ロシアでは、二〇世紀初頭の「新経済政策」（ＮＥＰ）期の過渡的政策として、レーニン（Vladimir.I.Lenin : 1870-1924）によって頻繁に使用された（第二章、注1、参照）。

他方、一九九一年に崩壊した旧ソビエト連邦のそれまでの「計画経済」体制を、「国家資本主義」（党・国家官僚層を人格的担い手とする国家資本による国家資本のための計画経済体制）と規定する人々もいる（大谷［一九九六］、大西［一九九二］）。彼らは、独自の「社会主義」概念（像）に基づいて、旧ソ連邦の体制を「社会主義」とは無縁の「国家資本主義」（労働する諸個人の搾取を前提として国家官僚によって支配される国家資本を利用した利益誘導型社会）と規定しようとした（大谷［一九九六］、二一〜三四ページ）[2]。

また日本では、戦後の「新興独立国」が「国有セクター」の拡大を通じて目指そうとした「非資本主義的工業化」（漸進的社会主義工業化）を意味するものとして「国家資本主義」が本格的に取り上げられてきたし、さらには、一九七〇年代以降「キャッチ・アップ型工業化」を目指して国家が経済過程への介入を強化していったかつての「新興工業国（ＮＩＣｓ）」の体制を「国家資本主義」と規定する筆者の見解もある。

このように、「国家資本主義」という用語は、これまで多様な意味で用いられてきた。本章ではまず、再び脚光を浴びることになった国家資本主義について、それは具体的にはどのような体制を意味しているのかを明らかにすることからはじめたい。「国家資本主義」は、資本主義であることに変わりはないが、それは特殊な資本主義であることは疑いない。しかし、今日、ブレマーやマスコミによって使われている「国家資本主義」という概念には、明らかに理論的な混乱がある。まずその理論的混乱の内容を明らかにした上で、「国家資本主義」の解釈をめぐる混乱の原点となっている〈国家資本・主義〉と〈国家・資本主義〉との本質的な違いを明らかにし、筆者がたどり着いた〈国家・資本主義〉論について詳しく論述してみたい。

第一節　今なぜ「国家資本主義論」再考か

一　マスコミ報道にみる「国家資本主義論」

今日の「国家資本主義」論再燃の火付け役となったBremmer［2010］（邦訳［二〇一一］）は、今日の世界を、「自由市場資本主義」（free-market capitalism）陣営と「国家資本主義」（state capitalism）陣営とのせめぎあいの時代として描き、市場経済に国家が著しく介入している状態を「国家資本主義」と呼んだ。市場経済への介入は、おもに巨大「国有企業」を通じておこなわれ、そこから得られた富は「経済を最大限に成長させることよりも、国力ひいては体制の権力を保ち、指導層が生き残る可能性を最大化することを目指して」、上層部がふさわしいと考える用途に振り向けられるという（*ibid.*,p.5：邦訳、一二ページ）。

このように、「国家資本主義では、政府が主として政治上の利益を得るために市場で主導的な役割を果たす」のであるが、ただし、国家資本主義と自由市場資本主義との線引きは必ずしも明確ではなく、「ふたつの陣営をすっきりと隔てる鉄のカーテンは存在しないのだ」（*ibid.*,p.43：邦訳、五九ページ）とも述べている。

ブレマーは、「国家資本主義あるいは自由市場主導、どちらにしても純粋な形態はありえず、どこの国でも政府介入の程度は時の経過の中で変化する」(*ibid.*, p.43：邦訳、五九ページ）と述べた上で、中国、ロシア、インド、ベトナム、インドネシア、マレーシア、メキシコ、ブラジル、エジプトなどの国の経済を「国家資本主義」と分類している。(3)たとえば、マレーシアでは、「ブミプトラ政策(4)」と国営石油・ガス会社「ペトロナス」の独占的な支配を、「国家資本主義」の指標としてあげているし、そのほかの「国家資本主義」とされる多くの国の指標も、国家権力を握っている一握りの人々による国有セクターを通じた独占的利益の支配体制の存続におかれている。

さらに、ベネズエラ、エクアドル、ボリビア、アルゼンチンなどのラテン・アメリカ諸国も国家資本主義の諸要素により政治と経済がゆがめられているという。ラテン・アメリカ諸国は、「景気の浮き沈みを何度も経験してきたため、長期的な成長を実現する自由市場の威力と、不況や危機によるダメージを抑えるための強い政府の必要性」から、「国家主導型（stata-driven systems）の制度をもとに、政治目的のために特定の市場を支配する手法を編み出してきた」のである（*ibid.*, p.121：邦訳、一四九～五〇ページ）。

「メキシコも国家資本主義陣営にあるが、それはひとえに非常に大きな役割を果たす国営石油公社ペメックスの存在によるものである」(*ibid.*,p.121：邦訳、一五〇ページ）という彼の指摘からもうかがわれるように、「市場原理を比較的重んじるメキシコでさえも、政府が主力の経済セクターを統制する」という意味において、国家資本主義に分類されるのである。Bremmer［2010］は、明らかに、「国有セクター」の比重の大きさを国家資本主義の主要な基準とみなしていることは疑いない。

しかし、日本のマスコミで「国家資本主義」という言葉が使われる場合には、基本的にはこのブレマーの指摘を受けながら、新しい加工が施されている。その加工の代表的な例として、『日本経済新聞』「時事解析――TPPと国家資本主義」（二〇一二年五月一四日～一八日）をあげることができる。そこでは、「国家が市場に能動的に介入して経済発展を目指す『国家資本主義』が、新興国の定番の経済モデルとして世界に広がりつつある」と指摘し、「民主主義を制限する開発独裁を採った東南アジアや、中南米の諸国にも例は多い。巨大な国営企業を通じた市場の支配や、企業の事業と政府の保護政策を一体化した効率的な経済運営が特徴だ」と述べて、その代表格として中国を取り上げている。

「巨大な国営企業を通じた市場の支配」という認識は、ブレマーの指摘にもとづいていると思われるが、「開発独裁」下で「国家が市場に能動的に介入して経済発展を目指す」とか「企業の事業と政府の保護政策を一体化した効率的な経済運営が特徴だ」という指摘は、新たな加工が施されたものである。たしかに、Bremmer［2010］も、「民主的に選ばれた政府は、権威主義政府のように思いのままに国家資本主義を取り入れることは決してできない」(*ibid*., p.86：邦訳、一〇八ページ）と述べてはいるが、「民主主義国家でさえも、政府はみずからの利権を拡大するために国家資本主義を部分的に援用しており、ひとつの政党が長く政治の主導権を握ってきた国では特にその傾向が強い」(*ibid*., p.86：邦訳一〇八ページ）と指摘して、必ずしも「国家資本主義」の要件を「独裁」や「権威主義体制」にもとめているわけではない。したがって、「開発独裁」と「国家資本主義」を結びつけて展開する日本のマスコミの議論は、明らかにブレマーの指摘を超えている。

さらに、「巨大な国営企業を通じた市場の支配」だけでなく、「企業の事業と政府の保護政策を一体化した効率的な経済運営」を「国家資本主義」のもう一つの特徴に上げている点は、Bremmer［2010］の指摘にはどこにもみられないものである。

実は、この「開発独裁」のもとで「国家が市場に能動的に介入して経済発展を目指す」という指摘や「企業の事業と政府の保護政策を一体化した効率的な経済運営」が特徴であるという指摘は、筆者がかつてアジアＮＩＣｓ（ＮＩＥＳ）の「キャッチ・アップ型」工業化のプロセスを分析して導き出した「新しい型の国家資本主義」の出現という結論（坂田［一九九一］）ときわめて類似したものである。はたしてこれは、偶然の一致なのであろうか。[5]

当時、筆者以外に、「開発独裁」下の「キャッチ・アップ型」工業化プロセスを、「国家資本主義」と特徴付けた議論はほかにはみあたらなかったことはいうまでもない。

二 「国家資本主義論」の混乱

筆者が、「開発主義国家」（「開発独裁」）のもとでの「キャッチ・アップ型工業化」の特徴を、新しい型の「国家資本主義的発展の途」であると規定して、「国家資本主義と新興工業国（ＮＩＣｓ）―― 韓国国家資本主義の位置づけをめぐって」（坂田［一九八六］）と題する拙文を発表したのは三〇年近く前のことであった。

さらに、その後、このような「新興工業国」の「開発独裁」下での工業化ときわめて類似した発展の途を歩み始めた中国の「社会主義市場経済」も、基本的には「国家資本主義的発展の途」であるとして、「『国家資本主義』と『社会主義市場経済』―― 開発経済論における国家資本主義アプローチの今日的意義」（坂田［二〇〇四］）を発表したのは、すでに一〇年以上も前のことである。

すなわち、筆者は、この二つの拙稿において、当時の東アジアＮＩＣｓ（ＮＩＥＳ）も、[6] 自ら「社会主義市場経済」と主張するようになった「改革・開放」後の中国も、ともに〈**国家・資本主義**〉としての特徴を備えており、それは資本主義的発展の一変種であると同時にこれまで検証されてきた「国家資本主義」の発展プロセスとは異なった新しい型の国家資本主義的発展の特徴を示していると指摘したのである。そのうえで、このような国家資本主義的発展の途は、目覚しい経済発展という実績の背後に、「独裁政権」によってもたらされる多くの社会的ゆがみや犠牲があることも併せて指摘した。

しかし当時は、筆者の見解はまったくの少数意見に過ぎなかった。第二章で詳しく述べるように、日本における国家資本主義研究の分野では、「国家資本主義」とは**〈国家資本・主義〉**という理解、すなわち「第三世界」における「民族・民主国家」のもとで「国有セクター」の拡大を通じた「非資本主義的発展の途」を歩んでいる「過渡的」な経済システム（資本主義システムではあるが非資本主義的要素を拡大させつつある過渡的経済システム）を意味するものか、あるいはそれが挫折ないし形骸化した官僚資本主義的・従属的発展の途をあゆむもの、という理解が主流を占めており、筆者のような〈国家・資本主義〉という理解、すなわち「開発独裁」国家のもとで「キャッチ・アップ型工業化」を追及する資本主義の特殊なシステムであるという理解は、まったくの「異端」であった。

ところが、冒頭で指摘したように、近年になって突然、マスコミ界を中心として、筆者が指摘してきた「国家資本主義論」が復活を遂げたのである。このことは、筆者のこれまでの国家資本主義に関する研究がようやく「市民権」をえることになった証左と理解することができるのであろうか。

残念ながら、出典が明らかにされていない断片的なマスコミ報道からは、「国家が市場に能動的に介入して経済発展を目指す」とされた「国家資本主義」の理論的出自まで掘り下げて検討することはかなわない。先の『日本経済新聞』の定義にみられるように、「巨大な国営企業を通じた市場の支配」という指摘は明らかにイアン・ブレマーのいう「国家資本主義」（＝国家資本・主義）という理解に通じるものであるが、「開発独裁」のもとで「国家が市場に能動的に介入して経済発展を目指す」という指摘は、筆者がこれまで一貫して主張してきた〈国家・資本主義〉論にきわめて近いものである。

もちろん、「国家資本主義」を、ブレマーの指摘する〈国家資本・主義〉と、筆者が指摘する〈国家・資本主義〉の双方の性格を併せもつものとして分析する視点が考えられないわけではない。だが、かりに、二一世紀の「国家資本主義」を、「巨大な国営企業を通じた市場の支配」という意味での〈国家資本・主義〉と、「開発独裁下で国家が市場に能動的に介入して経済発展を目指す」という意味での〈国家・資本主義〉の双方の性格を併せもつものと定義するのであれば、「開発独裁」のもとで「キャッチ・アップ型工業化」を追及したかつての東アジアNICsは、このような「国家資本主義」の範疇からは外れてしまうことになる。なぜなら、東アジアNICsの「キャッチ・アップ型工業化」は、「巨大な国営企業」をつうじておこなわれたわけではない。韓国において典型的にみられるように、「キャッチ・アップ型工業化」は、基本的には国家による民間企業（財閥）の育成とコントロールを通じておこなわれたのである。したがって、今日の「国家資本主義」を〈国家資本・主義〉と〈国家・資本主義〉の双方の性格を併せもつものとして特徴付けるのであれば、「民主主義を制限する開発独裁を採った東南アジアや、中南米の諸国にも例は多い」という指摘は、論理矛盾をきたすことになる。

実は、今日流布している「国家資本主義」という用語には、かつての日本における「国家資本主義論」が内包していた理論的混乱（国家資本主義の歴史的性格をめぐる議論の混乱）が反映されているのである。おそらく、「国家資本主義」という用語を使って今日の中国やロシアの経済的異質性を理解しようとする多くのマスコミにとって、かつて日本では「国家資本主義」をめぐる本格的な議論が展開されたことなどほとんど知られていないであろう。

だが、「国家資本主義」という用語は、ブレマーが指摘しているほど単純な概念ではない。筆者にとっても、今日の立論にいたるまでには少なからぬ理論的な格闘があった。それゆえ、「開発独裁」のもとでの「キャッチ・アップ型工業化」を「国家資本主義的発展の新しい途」として検証し、それがもたらす経済的実績と社会発展のゆがみの双方を併せて指摘したのは、筆者が最初であるとの自負は今も変わらない。

いずれにしても、「国家資本主義」という言葉だけがひとりあるきしたり、特定の国家に対する「レッテル貼り」に使われたりするようなことがあってはならないだろう。今日、依然として「国家資本主義」をめぐる多様な解釈が混在している以上、若い世代の研究者に、「国家資本主義」をめぐるこれまでの議論の変遷をここであらためて整理し、理論的な検討を加えておくことはけして無駄ではなかろう。

図1および図2は、「国家資本主義」という用語が使われてきたこれまでの特殊な体制について、過去にさかのぼってその内容を整理したものである。その際、今後の議論のために、「国家資本主義」をめぐるこれまでの議論を、〈国家・資本主義〉論の系譜に属するものと、〈国家資本・主義〉論の系譜に属するものに区分して、いくつかのタイプに分類しておいた。

ここで分類したそれぞれのタイプの特徴については、本書全体を通じて明らかにしていくつもりであるが、以下ではまず、筆者が検証してきた〈国家・資本主義〉の具体的な特徴について明らかにしておこう。

第二節　〈国家・資本主義〉とは何か

一　〈国家・資本主義〉の特徴

では、筆者が検証した〈国家・資本主義〉（図1の変型Ⅰのタイプ）とは、具体的には、どのような資本主義を意味しているといえるのだろうか。筆者はかつて、「国家資本主義」がどのような性格をもつかは「国家」の性格によって決定されるものであり、「国家資本主義」の本質はあくまで「国家による資本蓄積の領導」であると規定した（坂

図 1 〈国家・資本主義〉論の諸類型

	国家体制	発展の方向性	特　　徴	代表例
原型	権威主義体制	後発工業化 （キャッチ・アップ型工業化）	国有企業の設立 民間資本の育成 輸入代替工業化 市場メカニズムの移植	明治期の日本 19 世紀後発国
変型 I	権威主義体制 （開発独裁国家）	後発工業化 （キャッチ・アップ型工業化） NIES 型工業化 （指導される資本主義）	民間資本の育成 輸出指向工業化 比較優位の追求 不均衡成長戦略	アジア NIES （坂田・国家資本主義論） 中国「社会主義市場経済」
変型 II	共産党独裁国家	「社会主義」的工業化	市場メカニズムの利用 資本主義的諸要素の利用	NEP 期のロシア （レーニン・国家資本主義論）

図 2 〈国家資本・主義〉論の諸類型

	国家体制	発展の方向性	特　　徴	代表例
原型	民族・民主国家	漸進的社会主義工業化 混合経済	国有セクターの拡大 重工業中心の工業化 自立的国民経済の追求 均衡成長戦略	第二次大戦後の非同盟諸国 （尾崎・国家資本主義論）
変型 I	権威主義体制 官僚資本主義国家	資本主義的工業化（従属的工業化） クローニー・キャピタリズム	国有セクターの官僚支配 ハイコスト・エコノミー	1965 年以降のインドネシア （本多・国家資本主義論）
変型 II	権威主義体制	統制型市場経済化 混合経済	国家セクターの肥大化 国家セクターの官僚支配	イアン・ブレマー （今日の中国・ロシア） 21 世紀の国家資本主義

田［一九九一］）。そのうえで、韓国や台湾のような開発に向けた国家の総動員態勢を「開発独裁」（第二章で詳述）と規定し、[7] そのもとでの国家主導型発展の途を分析して、それを特殊歴史的な資本主義システム＝「国家資本主義システム」であると特徴づけた。

敷衍すれば、「国家資本主義」には、〈国家資本・主義〉としての特徴をもつものと、〈国家・資本主義〉としての特徴をもつものとの二つのタイプが検証されるが、「開発独裁」体制のもとで出現する「国家資本主義」は、必然的に〈国家・資本主義〉にならざるをえないということである。

しかし、今日の段階からみれば、「国家による資本蓄積の領導」というような抽象的な意味での国家資本主義の規定だけでは十分ではなかろう。「新興工業国」の工業化においては、「官主導型」体制とか「政府主導型」体制という言葉がよく使われるように、程度の差はあれ「国家の経済的役割」は不可欠であり、政府の市場への介入も多くの国で常態化している。そうであるならば、〈国家・資本主義〉と「政府主導型」発展と呼ばれているものとの明確な区別が必要となるであろう。

まず、一般論として指摘するならば、ここでいう「国家資本主義」（＝国家・資本主義）とは、今日の「新興工業国」において「官主導型発展」とか「政府主導型発展」と呼ばれている開発過程への政府の政策的な介入現象とは質的に異なったものであり、たんなる政府の政策介入の総和ではないということである。また、ブレマーが重視するような巨大な「国有企業」の市場支配という「国有セクター」の比重の増大を意味するものでもない。

この場合の「国家」とは、司法、立法、行政などの国家機関とそれを支える官僚機構にとどまらず、治安を担う警察や軍隊などあらゆる権力機構をも含むものであり、行政機関としての「政府」とは区別されなければならない。また、巨大な「国有企業」の存在は、先進国と呼ばれる多くの国でも観察されるものであり、必ずしも「国家資本主義」

だけの特徴ではない。したがって、〈国家・資本主義〉においては、国有企業（国有セクター）の存在は一つの指標にはなるが、国有企業の比重の多寡は決定的な指標とはならない。

新興工業国に出現した「国家資本主義」とは、「独裁政権」による国家機構の総動員体制のもとで追及される資本主義的工業化を意味するものであり、国家による資本主義の領導体制（資本の蓄積過程が、国家により指導されかつ統制されながら促進される体制）である。筆者は、二〇世紀末に出現したこのような体制を〈国家・資本主義〉システムと呼んだのである。

では、このような〈国家・資本主義〉システムとは、具体的にどのような特徴をもっているのであろうか。筆者はとくに、以下の五点を強調したい。

（一）民主主義を著しく制限した国家（独裁国家）の経済過程への介入

〈国家・資本主義〉システムは、独裁国家のもとにおいてはじめて可能となる。このような体制は、いわゆる「権威主義体制」（第三章で詳述）とも呼ばれてきた強権的な国家体制であり、民主主義が著しく制限されたもとで進められる開発体制を意味している。通常、国民の政治への参加は実質的には大きく制限され、政治活動は基本的に規制される。したがって、政治体制としては一党独裁体制であるか、実質的な一党支配が維持されている。このような体制は、民族的分断、民族対立、イデオロギー対立など国内外での高い社会的緊張を背景として、「社会的安定」（秩序ある発展）を第一に掲げることによって正当化されている。

このような体制はまた、「開発独裁」とも呼ばれる。「独裁」と「開発独裁」を区別する基準は、国家が主導する開発の成果の内実である。独裁を正当化し、一定の国民の支持をえるためには、成長の果実が国民によって実感されることが不可欠である。筆者が〈国家・資本主義〉的発展の典型とみなした韓国の朴正熙（Park Chung-hee）大統領は、「先建設・後分配」というスローガンを多用し、さしあたって国民に分配面での忍耐を要求したが、このような体制は必ず近い将来の分配を保証するものでなければならなかった。そのためには、一貫した成長を追及せざるをえない。

しかし韓国では、一九七〇年代に入り、重工業化を急いだために重複投資・過剰投資が深刻化し、国民経済がハイパー・インフレーションに見舞われ、国民の不満が高まるとともに政情が不安定化していった。このような状況のもとで、朴正熙大統領はついに一九七九年一〇月に最も信頼を寄せていた側近に暗殺されることになった（一〇・二六事件）。朴正熙大統領のこの事例をもちだすまでもなく、成長の果実を国民に分配できるか否かは、独裁政権のレゾンデートルとなるものである。したがって、〈国家・資本主義〉の終焉は、拡張路線の破綻と密接に結びついているといえるが、この点については第四章（韓国〈国家・資本主義〉の歴史的展開過程）で詳しくみることにする。

(二) 国家による開発戦略・開発計画の策定とそれへの民間投資の誘導

〈国家・資本主義〉のもとでは、かならず、「五ヵ年計画」のような中・長期的な開発戦略・計画が策定され、それにもとづいて民間投資が誘導されていく。国家が策定する開発戦略は、工業化において基本的に依拠する市場という側面からみた場合、「輸入代替工業化」（内向きの工業化）と「輸出指向工業化」（外向きの工業化）に大別されるが、現実には、この二つの開発戦略がたくみに組み合わされることによって具体的な開発政策が立案される。このような国家が策定した開発戦略・開発政策にもとづいて、「社会主義国」の中央指令型計画経済を模した「五ヵ年計画」のような国家の中・長期的な「開発計画」が作成され、各年次ごとに具体化されて施行されるケースが多い。そして、その「開発計画」に沿って産業政策が立案され、財政・金融政策などを通じて民間投資が誘導されていくことになる。

そのさい、投資分野の選定という面からみた場合には、かつてA・O・ハーシュマン（Albert O. Hirschman）が主張したような「不均衡成長戦略」がとられることになる（Hirschman [1958]：邦訳［一九六一］）。「不均衡成長戦略」とは、限られた乏しい資源を効率的に配分するためには、最も効率性が高いと思われる分野に資源を集中させる必要があることを主張したものである。「貧困の悪循環」を断ち切るためには、R・ヌルクセ（Ragnar Nurkse）が主張したような、乏しい資源を均等に配分するような「**均衡成長戦略**」（Nurkse [1953]：邦訳［一九五五］）ではなく、(8)波及効果の高い分野を選定してその分野に資源を集中的に投入することによって負の連鎖を断ち切る必要があるというものである。(9)

したがって、このような開発方式は、必然的に社会的・地域的不均衡（格差）を生み出すことになる。韓国の朴正熙大統領は、このような「**不均衡成長戦略**」を正当化するために、先の「先建設・後分配」というスローガンを使って国民を説得したのである。(10)「改革・開放」後の中国において、鄧小平が唱えた「先富論」は、まさに「**不均衡成長戦略**」の中国版である。(11)

（三）国家による貨幣資本の集中的コントロール

発展途上国では、一般的にいって、間接金融であれ、直接金融であれ、金融制度が未発達で、金融システムが脆弱である。このような状況のもとでは、民間企業にとって必要な資金調達の方法は、法外な利息を負担しなければならない「非制度金融」に依存するしかない。だが、「非制度金融」への過度の依存は、当然のことながら経営破綻の危機と隣り合わせの状況にある。

したがって、民間企業にとって唯一の生き延びる道は、政府の財政投資と政府系金融機関からの融資の獲得である。多くの途上国では、これらの融資の獲得をめぐって、官僚と資本家の癒着が発生する。だが、〈国家・資本主義〉システムのもとでは、「癒着」ではなく「従属関係」が発生する。つまり、「為政者」は、民間企業にたいしては「生殺与奪」権を握ることになる。金融制度の未発達な経済のもとでは、「国家財政」のもつ意味は計り知れないほど大きい。

しかも韓国では、金融制度の未発達に加えて、一九六〇年代に市中銀行の政府移管がおこなわれたために、「官治金融」と呼ばれる事態が出現した。韓国の〈国家・資本主義〉システムでは、「国有セクター」の比重は大きくはないが、銀行の国家管理が果たした役割はきわめて大きい（第四章、第二節、参照）。政府は、貨幣資本の集中的なコントロールを通じて、民間企業（財閥）を国家開発戦略の実現へと誘導していったのである。

さらに、国家による金融コントロールは間接金融にとどまらず、外貨資金の導入とその配分にも及んだ。韓国では、民間企業の生産活動に不可欠な部品・中間財、設備などの輸入に必要な外貨は、それぞれの輸出実績に応じて政府によって配分されるという状況が長く続いた。政府が調達した貴重な外貨は、政府が策定した「輸出指向工業化」計画に沿って、民間企業（財閥）に配分されたのである。

およそこれらのことを通じて、「韓国の中央統制的な資本主義体制のもとでは、資本家は国家官僚エリートに対して従属的である」（Barone [1983], p.60：邦訳、九四ページ）と指摘されたような特殊な体制が創りあげられていったのである。

（四）国家の手による企業の統廃合や産業再編成

自由市場経済のもとでは、企業の統廃合は市場メカニズムを通じておこなわれるのが一般的である。市場メカニズムが支配的な社会では、不効率な企業が生き延びる余地はない。しかし、逆に、市場メカニズムが未発達な社会では、「クローニー・キャピタリズム」とか「レント・シーキング」といわれるような、不効率な企業が政権と結びついて生き延びる余地が生まれる。[12] 市場メカニズムが不完全な〈国家・資本主義〉システムのもとでは、このような不効率な企業は、国家の手による統廃合の対象となる。韓国でおこなわれた「不実企業」の整理などはその代表的な例である（第四章、第一節、参照）。

また、産業構造の高度化という困難な局面に直面した場合には、本来資本主義社会では考えられないような大胆な産業再編措置がおこなわれ、効率的な産業調整が図られる。第四章であらためて取り上げるように、韓国では、一九七〇年代初頭、産業構造の転換（労働集約的産業から資本集約的産業への転換）という困難な課題に直面して、当時民間企業が抱えていた最大の課題であった「私債市場」への過度の依存という桎梏を取り除くために、朴正熙政権は「経済の安定と成長に関する緊急命令」（通称「私債凍結措置」、一九七二年八月三日）という非常措置を講じて民間企業の救済を強行したのである（第四章、注11、参照）。このような非常措置を経て、朴正熙政権は、「重化学工業化宣言」（一九七三年）を打ち出すことによって、民間企業（財閥）への手厚い保護のもとで、造船、自動車、機械、電気・電子、石油化学などの資本集約的産業の育成を進めていったのである。

さらに、一九八〇年代初頭には、産業合理化措置の一環として、たとえば自動車産業では乗用車の生産は現代自動車と大宇自動車の二社体制とし、起亜自動車には小型トラックの生産だけを認めるというような大胆な再編措置もおこなわれた。韓国の〈国家・資本主義〉的発展過程では、このような事例は、枚挙に遑がない。

（五）立法化による土地改革の遂行

いうまでもなく、〈地主―小作〉制度の解体と「自作農創出」を目的とする土地改革（農地改革）は工業化のための最も重要な基礎条件となるものである。しかし、政権基盤の脆弱な発展途上国の政府のもとでは、立法化による土地改革はもっとも困難な政策課題である。多くの場合、地主の政治的影響力は強く、私有財産の没収（私的所有権の侵害）に繋がるような地主制度の解体（自作農の創出）は、共産党が支配する独裁政権のもとでしか実行できないものであるとみられていた。

実際、日本における土地改革も、米軍の占領政策の一環としておこなわれたように、「私有財産の保護」を前提とする限り、国内政策としてこれを徹底的におこなうことはきわめて困難であった。[13] 多くの途上国では、独立後も、土地改革の不徹底が工業化の桎梏となっていった。

しかし、第四章で詳しくみていくように、筆者が〈国家・資本主義〉の典型とみなした韓国では、米軍政下（一九四五年〜四八年）で起草された土地改革は、それを引き継いだ李承晩（Lee Seung-mam : 1875–1965）政権（一九四八年〜六〇年）のもとでは不徹底なものに終始していたが、一九六一年の軍事クーデターによって政権の座についた朴正熙（Park Chung-hee : 1917–1979）政権（一九六一年〜一九七九年）のもとで徹底化されていくことになった。

台湾における土地改革（農地改革）も、一九四九年から五〇年代前半にかけて、独裁政権として君臨した国民党政府の手によって実行されていった。台湾の土地改革は、小作料の引き下げ、公有地（旧日本人地主の所有農地）の払い下げ、地主所有地の保有制限、というスケジュールで段階的に進められていった。[14] その結果、台湾の農業は、一九五〇年代末までには基本的に自作農中心の農業へと転換していったのである。このように、立法化による地主制の解体（自作農創出）という徹底した土地改革の遂行こそ、〈国家・資本主義〉の重要な特徴のひとつである。[15]

およそ以上が、筆者が新しいタイプの国家資本主義として検証した、〈国家・資本主義〉の具体的な特徴である。もちろん、〈国家・資本主義〉的発展として分類できるすべての国において、これらの特徴が一律にあてはまるわけではない。〈国家・資本主義〉として分類される韓国と台湾では、「開発独裁」下で進められた「キャッチ・アップ型工業化」という特徴を共有してはいるが、韓国では産業構造の高度化は「財閥」の育成を通じでおこなわれたのに対して、台湾では国家の手によって直接「財閥」が育成されたわけではない。台湾の場合、産業構造の高度化に際しては、民間の中小企業と国営企業・外国企業とが棲み分けを図りながら、バランスを重視して進められていった。したがって、台湾の場合、「輸出指向工業化」を担ったのは中小企業ではあるが、中国鉄鋼、中国造船、中国石油（台湾ではしばしば三大公企業とよばれる）など「国有セクター」が果たした役割は韓国より大きい。

それゆえ、前述した〈国家・資本主義〉の特徴は、体系的なものではない。しかし、これらの特徴によって分類される〈国家・資本主義〉には、資本主義の「種差性」としての共通する「出自」が認められる。では、「種差性」とは何か。いうまでもないが、〈国家・資本主義〉も資本主義である。そうであるならば、資本主義の「種差性」とはどのように理解すればいいのであろうか。次にこの点を検討しておこう。

二　資本主義の「種差性」としての〈国家・資本主義〉

前述したように、経済過程への国家の介入は、何も新興工業国だけに限られた現象ではない。それは、発展途上国に限らず、先進国においても普遍的にみられる現象である。にもかかわらず、それを国家資本主義システムと特徴づけようとする根拠は、特殊な資本主義としての「種差性」にある。

韓国の朴正熙大統領はそれを「指導される資本主義」(Guided Capitalism) と呼び、またある論者は「儒教的資本主義」（金［一九九二］[16]、さらには「東洋資本主義」（涂［一九九〇］[17]）と呼んで資本主義としての「種差性」を強調した。また、市場経済と資本主義とを同一視することへの警鐘を鳴らし続けている木下［二〇〇二］は、「資本主義経済はつねに国民経済として存在するのであり」、「国民経済はその機能する舞台となる社会の文化的特徴や歴史的過程の相違によって、国ごとに個性をもつことになる」(同、二〇一ページ)と指摘している。この点こそ、資本主義の「種差性」につながるものであり、筆者もまったく同感である。「国家資本主義は資本主義である」とは、言い古された言葉ではあるが、資本主義の「種差性」という認識においてのみ、その言葉は現実的な意味をもつ。

筆者が指摘する「新しい型の国家資本主義」(国家・資本主義)も、いうまでもなく資本主義システムの範疇に含まれるものであるが、現実に存在する資本主義システムには当然のことながらいくつかのバリアントがみられる。国家資本主義は資本主義システムの特殊歴史的存在形態であり、その特徴は「国家」と「市場」の関係にあらわれるが、前述したように、それは国家の市場介入の範囲や程度といった量的な指標ではかられるものではなく、つまるところは「国家の性格」に帰着するものである。

一般論として指摘されている資本主義の「種差性」は、「西欧資本主義」との歴史的比較においてである場合が多いが、ここではとくに国家の役割の違いに注目している。それは、「国有セクター」の肥大化とかGDPに占める国有企業の比重といった量的な問題ではなく、その質的な性格の違いによるものである。

ではなぜ、そのような質的な違いが認められるのであろうか。その基本的な原因は、どこにあるのであろうか。筆者はそれを、戦後の新興諸国がおかれた国際経済環境にあると考える。

一般には「上からの資本主義化」と呼ばれている明治期の日本型国民経済形成モデルは、市場メカニズムの機能にもとづいて発展してきた資本主義とは異質な要素を内包した特殊な存在であった。おそらく、日本に限らず一九世紀後発国の資本主義的工業化のプロセスにおいては、程度の差はあれこのような特徴は共通して観察されるであろう。しかし、戦後に後発工業化を目指した新興国は、一九世紀の後発国がおかれていた国際経済環境とは比較にならない厳しい状況におかれていたのである。

前述したように、国家資本主義の「原型」は、明治期の日本資本主義の「キャッチ・アップ型」工業化に求めることができるが、ここであえて戦後の後発国の「キャッチ・アップ型工業化」を「新しい型の国家資本主義的発展の途」として分類した根拠は、戦後の「IMF・GATT体制」に象徴される世界的な経済自由化が著しく進展する時代において、一方ではこのような世界市場に身をおきながら、「キャッチ・アップ型工業化」を成功させた国家の役割の質的な違いに注目したからにほかならない。

戦後の世界経済においては、先進国と低開発国との経済格差（生産力格差）は戦前とは比較にならないほどに拡大しており、後発国の「キャッチ・アップ」過程は、一九世紀後発国のそれとは比較にならないほど困難なものにならざるをえなかった。しかも、一九世紀後発国の場合には、「キャッチ・アップ型工業化」を追及する過程で多くの隘路に直面した際、「国家主義」的肥大化と対外膨張政策によって、外延的拡大を追及する道が選択された。だが、二〇世紀後半の後発国には、そのような外延的拡大の余地はまったく閉ざされており、「キャッチ・アップ型工業化」を志向する過程は不可避的に矛盾の国内的な解決の道を模索せざるを得ないものであった。その意味で、戦後の後発国の工業化過程における国家の経済的役割は格段に強化されざるをえなかったのである。

筆者はかつて、「後発性の利益」というA・ガーシェンクロン（Alexander Gerschenkron：1904-1978）の指摘（Gerschenkron [1962]）は、「国家資本主義」のもとではじめて「内部化」しえると指摘した（坂田［一九九一］、一一五ページ）。「後発性の利益」は、等しくすべての発展途上国に開かれているはずであり、それを内部化しえるかいなかの鍵は、個別企業の努力にではなく国家の経済的役割にあるというのがそこでの立論であった。

繰り返しになるが、〈国家・資本主義〉とは、国家の経済過程への政策的介入の強弱や「国有セクター」の比重の大小によって分類されたものではなく、資本主義形成の性格そのものに影響を及ぼす国家の特殊な役割に焦点を当てたものである。かつて、「国家資本主義のもとでの非資本主義的発展の途」を展望した〈国家資本・主義〉論は、「市民社会」という概念をよりどころとして国民経済の性格を分類しようとした「市民社会論学派」によって、そのような体制は、「市民社会なき社会主義」と同様に、「民族大衆に対する絶対的支配の権力となり、そのうえにおおいかぶさり、民族のあらゆる気孔をふさぎ、その生命の真実を奪う」（井汲［一九七九］、五三ページ）ものであるとして厳しく批判された。筆者が分類した「キャッチ・アップ型工業化」を主導した〈国家・資本主義〉も、今日の文脈からいえば、「市民社会論学派」によって、「市民社会なき資本主義」（市民社会の前提なしにつくりだされた資本主義）（同、五三ページ）として分類された「資本主義」と本質的には同じものと理解されることになろう。(18)

「市民社会なき資本主義」の特徴のひとつは、「発達した生産力を獲得するために、民族のすべてのエネルギーを国家権力の一点に集中する」ことによって民主主義が犠牲にされたことにある。〈国家・資本主義〉こそは、発達した生産力を獲得するためのきわめて有効な手段であった。資本主義の「種差性」としての共通する〈国家・資本主義〉の出自とは、まさにこの点にある。

したがって、資本主義の「種差性」は、一般論としては、資本主義の発展（生産力格差の縮小）とともに解消に向かい、「類似性」が強くなると考えられるとしても、それは「民主主義の発展」、「市民社会」の成熟と密接に結びついており、(19)「権威主義体制」下でのことではない。資本主義の「種差性」がどのようなプロセスを経て解消されていくかは第四章であらためて検討する。ここでは、「開発独裁」、「開発主義国家」、「権威主義体制」などと呼ばれる非民主的な国家体制のもとで、資本主義システムが被る変容を主たる分析の対象とした。

第三節 「国家資本主義」の光と影

本章を終えるにあたって、資本主義の「種差性」としての国家資本主義(国家・資本主義)システムをどのように評価すればいいかという点に言及しておきたい。

みてきたように、筆者が検証した国家資本主義(国家・資本主義)システムは、「開発主義国家」(開発独裁国家)において現象し、資本蓄積(経済成長)という指標においては大方の予想を上回るパフォーマンスを実現した。その限りにおいて、多くの低開発国が落ちこんでいた「貧困の悪循環」(低開発均衡)を断ち切った有効な開発モデルを提供しているという評価は、あながち否定することはできない。発展途上国にとっての最大の課題は、貧困の撲滅であることは論をまたないであろう。

だが、「開発独裁」を要件とする国家資本主義(国家・資本主義)システムの評価については、経済的実績という側面からのみ評価することには、問題がある。

かつて、渡辺[一九九一]は、「工業化の基礎的諸条件において未熟な後発国が、強い外圧とわずかに与えられた時間的余裕の中で急速な工業発展を遂げようというのであれば、国家主導型の開発戦略の採用は不可避であり、これはひとつの『経験則』でさえある」(同、一八八ページ)と述べて、「開発独裁を民衆排除型の開発体制としてこれを非難するのはあたらない」と主張した。

そのうえで、渡辺[一九九一]はさらに、「そうした権威主義的システムのもとでの開発戦略がもし成功裡に進められるならば、その帰結として権威主義的政治体制それ自体が『熔解』するという論理が存在している」と述べて、「韓国、台湾は後発国経済開発の有力なモデルである一方、権威主義開発体制『熔解』のモデルをも提供した」(同、一八九ページ）と指摘した。

このような主張は、「貧困の悪循環」→「権威主義体制」（開発独裁）→経済発展→中産層の出現→民主化（権威主義体制の熔解）という一連のプロセスを想定し、「権威主義体制」をそのプロセスの「一局面」としてのみ位置づけようとするものである。そこでは、「権威主義体制」のもとで強いられてきた多くの犠牲と歪みは語られることはないし、[20]その「後遺症」も問題にされることはない。だが、問題は、「権威主義体制」がこのような発展プロセスの「一局面」としておさまるのか、という点にある。

この点について筆者は否定的である。「権威主義体制」あるいは「開発独裁」の弊害とその「後遺症」は、一般に考えられる以上に大きいといわざるをえない。「奇跡」的な発展を遂げたといわれる今日でもなお、「権威主義体制」とそのもとでの「開発主義」の後遺症〈国家・資本主義〉の後遺症）として、多くの矛盾を指摘することができる。

かつて「開発主義国家」と呼ばれたほとんどの国では、民主化が進行したといわれる一九九〇年代にいたってもなお、社会資本の立ち後れ、環境破壊と公害問題の深刻化、地下経済、拝金主義の横行、農村経済の疲弊、地域格差の温存、財閥の肥大化、いたる所にはびこった官僚主義や縁故主義、安易な模倣など、「成長のための病気」としては片づけられない深刻な問題が横たわっていた。

一九九七年から東アジアを襲った経済・金融危機についても、「流動性危機」説が主張する国際短期資金（ホット・マネー）の大量流出というような撹乱要因によって説明できるものではない。その背景には、マネー・ゲームの横行や拡張主義、成長優先主義など「権威主義体制」のもとで進められた経済開発の負の遺産がある（坂田［二〇一二］）。「開発独裁を民衆排除型の開発体制としてこれを非難するのはあたらない」と主張して、「開発独裁」を「必要悪」として容認した先の渡辺［一九九二］も、近年、中国や韓国の度重なる「反日」的言動に対して、「中国や韓国の粗暴なナショナリズムが、日本人の中に六〇年以上も静かに眠りつづけてきたナショナリズムに火を付ける危険な可能性に気づかなければならない」（渡辺［二〇〇八］、二九七ページ）と主張するにいたった。では、渡辺［二〇〇八］は、「中国や韓国の粗暴なナショナリズム」の淵源は、どこにあると考えているのであろうか。もし、「粗暴なナショナリズム」の淵源が、国家資本主義（国家・資本主義）システム（＝権威主義的開発体制）にあるとすれば、韓国は、「権威主義開発体制『熔解』のモデル」を提供したとは言い切れないのではないか。

たしかに、「開発独裁」のもとで「キャッチ・アップ型工業化」を追及する国家資本主義システムは、「貧困の悪循環」を断ち切る有効な開発体制となりえたことは疑いない。だが、その過程で払われた犠牲はあまりにも大きく、しかも資本主義の「種差性」を克服するプロセスは容易ではないというのがここでの結論である。

このようなモデルが「普遍的モデル」となりえないことは明らかであるが、「経済的パフォーマンス」という点では、すでに多くの国で実証されていることもまた正当に受け止めなければならない。このような現実がある限り、われわれはこれからも常に、この問いと向かい合わなければならないのである。したがって、このような視点から、あらためて〈国家・資本主義〉的発展の今日的意味を考えてみる必要がある。

本章では、「国家資本主義」の解釈をめぐる混乱の原点となっている〈国家資本・主義〉と〈国家・資本主義〉との本質的な違いを明らかにしたうえで、筆者が検証した新しい型の「国家資本主義的発展の途」について分析しているが、筆者の最終的な関心事は、今日の中国において継承されている〈国家・資本主義〉の今後の展開過程である。そこには、中国〈国家・資本主義〉的発展がもたらす社会・経済的ゆがみだけでなく、将来おとずれるであろう「国家資本主義の熔解過程」も含まれる。いうまでもなく、それはけして中国国内だけの問題にとどまらず、日本としても無関心ではいられない事柄である。二一世紀の「国家資本主義」研究は、二〇世紀「国家資本主義」の歴史的教訓を汲み取る作業から始められなければならない。

［注］

（1）The Economist［2012］の“The Rise of State Capitalism”という指摘については、ブレマーの指摘と併せて第六章（グローバリズムと「二一世紀の国家資本主義」）で改めて検討することにしたい。

（2）旧ソ連社会を、「国家資本主義」と規定する見解は、他にも多く見られる。最も早い時期からそれを「国家資本主義」という概念によって分析したものに、クリフ［一九六二］などがある。彼らに共通する視点は、マルクス理論から導かれる「社会主義」像と現存する「社会主義」との異質性を強調し、それを「国家資本主義」という概念で批判的に検証しようとするものである。その際、特に注目されるのが「国家資本」の役割であり、その人格的担い手としての「ノーメンクラトゥーラ」の存在である。このような「国家資本主義論」は、本書で取り上げた〈国家資本・主義〉論の系譜の一つとみなすことができる。また、大西［一九九二］は、資本主義以前の「社会主義」と資本主義後の「社会主義」を区別すべきことを主張して、旧ソ連を「資本主義以前の『社会主義』」＝「国家資本主義」であると規定している。資本主義以前の「社会主義」は、「資本主義の初期段階」にすぎず、「本来の社会主義」とは、「資本主義後の社会主義」であると主張する。いまだ存在しない「資本主義後の社会主義」がどのようなものであるのかは具体的に聞きたいところではあるが、旧ソ連に限らず、これまでの「社会主義」とはすべて「国家資本主義」であるという主張である。したがって、「改革・開放」前の毛沢東時代の中国は「国家資本主義」であるが、「改革・開放」後の（市場経済化を目指す）中国は、「国家資本主義」の範疇には入らないという立場である。ちなみに、大西［二〇〇九］は、現下の中国を、「社会主義に向かう資本主義」ととらえている。

（3）ブレマーが、ほかに「国家資本主義」とみなしている主な国は、サウジアラビア、アラブ首長国連邦、ウクライナ、南アフリカ、などである。

（4）「ブミプトラ政策」とは、マレー人優遇政策の総称である。「ブミプトラ」とは「土地の子」という意味であるが、実際には先住民であるマレー人を指している。マレーシアでは、国内に居住する中国系住民（華僑・華人：人口比約二五％）とマレー人（人口比約六五％）との間の経済格差が大きく、これまでたびたび両者の間で暴動が起きてきた。そのため政府は、マレー人の経済的地位向上のため、大学入学定員の多くをマレー人に割り当てたり、公務員や基幹産業などでマレー人を優遇採用したり、企業の設立に当たっては必ずマレー人を株主に加えなければならないとするなど、さまざまな優遇措置を講じてきた。このような政策は、中国系住民とマレー系住民の対立感情を助長するものであり、現在では「ブミプトラ政策」は徐々に見直しが進められている。

(5) 外国投資のコンサルティングなどを手がける「ユーラシア・グループ」代表のブレマーは、かねてよりマスコミを通じて、「自由主義経済と国家資本主義という本質的に異なる二つの文化が今衝突しようとしている」という警鐘を鳴らしていた。二〇一〇年九月には、日本の「プレジデント社」からブレマーの「国家資本主義」という指摘に関連して、筆者に対して国家資本主義という用語の定義に関する取材の申し込みがあった。その際、筆者は、国家資本主義とは、「国有セクター」の存在よりもむしろ「開発独裁」といわれるような「権威主義的国家」の市場介入による「キャッチ・アップ型工業化」を意味しており、その原型は戦前の日本にあるが、戦後の「新興工業国」(NICs)において典型的にみられる、と述べた(『プレジデント』二〇一〇年七・一九号、二五ページ)。

(6) 本書では、全章を通じて、「新興工業国」(Newly Industrializing Countries:NICs) と「新興工業経済地域(群)」(Newly Industrializing Economies:NIES) とを特に厳密には区別していない。NIESという用語は、台湾や香港を「国」として扱うことに対する中国の反発に考慮して、一九八八年にカナダで開かれた先進国首脳会議(G・7)(トロント・サミット)以降使われるようになったものである。

NICsからNIESへの名称変更には、中国の反発だけでなく、工業化段階の質的な相違が反映されているという見解(平川[一九九二])もあるが、OECDが最初に東アジアだけでなく南ヨーロッパ、南米も含めて一括して「NICs」と呼んだこともあって、外国の文献では「NICSs」が使われることが多いなど、「NIES」一色に統一することにも弊害がある。したがって本書では、区別しないことに特別の意味をもたせているわけではない。

(7) 筆者はかつて、「開発独裁」国家出現の歴史的要因として、次の点を指摘した。①民族的分断、民族対立、イデオロギー対立など国内外での高い社会的緊張が「秩序ある発展」を掲げた国家の経済過程への介入を容易にしたこと、②後発工業化を目ざした政権にとって、貧困の撲滅と平等主義を掲げた社会主義イデオロギーの影響から無縁ではいられず、中央集権的計画経済路線をとった社会主義国の経験が強い影響を与えたこと、③乏しい資源を最も効率的に利用するための手段として国家による経済統制を必要としたこと、④計画の立案を担ったテクノクラート層に大きな権限が与えられたこと、⑤金融システムの脆弱性が「金融の財政への従属」を帰結したこと、などである。

(8) ヌルクセは、「貧困の悪循環」に陥っている低開発国では、資本不足だけでなく「資本需要の不足」をも同時に解決されるような開発戦略が策定されなければならないと主張した。「均衡成長論」は、「資本需要の不足」を解消するためには国民経済全体にわたって同時多発的な投資誘因が形成されなければならないと考えたのである。

だが、このような開発政策を実行するためには、「膨大な量の企業者能力、経営者能力」が必要となるが、それは完全に非現実的であろう。この点については、「もしある国が均衡成長理論を適応されるほどであるならば、その国ははじめから低開発国ではないのである」(ハーシュマン[一九六一]、九二ページ)というハーシュマンの皮肉が現実を端的に物語っている。

(9) 「不均衡成長理論」の核心は、特定の産業分野への希少資源の集中的投入による経済的ダイナミズムの形成と、それによってひき起こされるであろう前方連関効果(forward linkage effects)と後方連関効果(backward linkage effects)を通じたダイナミズムの波及効果への期待である。ハーシュマンは、前方連関効果と後方連関効果の両効果を最大ならしめる戦略的産業(企業)を選定することこそ「貧困の悪循環」を断ち切る方策の核心だと考えた。

(10) 経済発展のためには、国民に当面の窮乏生活に耐えることを要求したこのような思想の背景には、一般に「トリクルダウン(trickle-down)仮説」と呼ばれる成長波及効果への期待がある。「不均衡成長理論」が重視したダイナミズムの波及効果と併せて、将来における「分配」への期待をもたせるものであった。

(11) 鄧小平が掲げた「先富論」とは、必ずしも格差を容認したものではない。鄧小平は、先に豊かになれる人(地域)が豊かさを追求することを許容したが、「先に豊かになった人(地域)は、後れた人(地域)の発展を助けることによって最後はともに豊かになることを目指さなければならない」と付け加えることも忘れなかった。

(12) 開発経済論の分野では、大統領のような強大な権力と権限をもつものから甘い汁を吸おうと群がっていったり、権力者が縁故者や取り巻きに経済的特権を与えたりすることが常態となっている社会をクローニー・キャピタリズム(crony

capitalism：縁故型資本主義）と呼んでいる。スハルト大統領統治下（一九六八年～一九九八年）のインドネシアでは、家族や縁故者を経済的に重用する現象がみられた。

レントとは、国家による特殊な保護政策などの市場介入によって生み出される一種の超過利益のことを意味し、「レント・シーキング」（rent seeking）とは、そのような保護政策によって利益を受けるものが、保護を獲得するために政策決定者に働きかける非生産的な活動の事を指す。このような現象は、大なり小なり多くの国で観察されるものであるが、保護を獲得するために政策決定者に働きかける行為は、多くの場合政権の腐敗に結びついている。

〈国家・資本主義〉は、経済発展の実績という点からも「クローニー・キャピタリズム」や「レント・シーキング」とは一線を画す必要がある。実際、韓国の朴正煕大統領は、死後もマスコミから取りあげられるような蓄財（収賄）を行った形跡はみられず、腐敗とは無縁の清廉な「独裁者」であったという評価が高い。

(13) われわれはその典型をインドにみることができる。インドでは、独立運動を主導した「国民会議派」が長らく政権を担い、国際的にも「非同盟」運動の中心的存在として、リーダーシップを発揮した。にもかかわらず、立法化による「自作農創出」という面での土地改革は、十分な成果をあげることはできなかった。国民会議派は、一九五〇年代初頭には「第一次土地改革」を、一九五〇年代末から六〇年代初頭にかけては「第二次土地改革」を立法化したが、期待されたような「自作農創出」にはいたらず、結果的には耕作地主、富農を中心とした大農経営への転換が志向されていった。とくに、「緑の革命」というセンセーショナルな言葉に代表される一九七五年以降の「新農業戦略」のもとで、富農層を中心とした大規模農業がめざされていった。このような政策は、悲願であった「食糧自給」という点では、効果をあげたことは疑いないが、他方では零細農民の没落という新しい社会問題を生み出すことになった。

(14) 台湾の土地改革について、Barrett and Chin［1987］は、次のような端的な表現でその本質をついている。「台湾では、外国から来た軍隊が、大規模な土地改革（一九五〇～五三年）に目を光らせた。中華民国政府と与党国民党は、特権的地主階級との間には何のつながりももっていなかったし、貧農や小ブルジョアに報いることによって（彼らは一九六〇年以降の輸出拡大ドライブによって利益を得ることになった）、自らの地位を合法化していった」(*ibid*.,p.31)。

(15)「地主制度」の消滅という意味での土地制度の変化は、今日では市場メカニズムを通じて漸進的に実現されていくことが実証されている。前述した「緑の革命」以降のインドでは、市場経済化の進展に伴って、地主の貨幣支出の機会が増大し、地主が土地を自ら上層農民に売却するというケースが観察される。したがって、今日では必ずしも地主制度の消滅自体は〈国家・資本主義〉の主要な特徴とはならないであろうが、〈地主―小作〉制度を「立法化」によって解体する政策の遂行は、その重要な特徴である。

(16)金［一九九二］は、東アジアの「儒教の道徳と倫理」を基底にもった「儒教的資本主義」の秩序原理の有為性を強調している。「東アジアの場合は、資本主義のシステムと経済の論理を受け入れることにおいて、伝統の集団主義文化を活かして経済の発展を軌道に乗せたのである。そして、今や欧米よりも優れた経済の運営をしている。これは、欧米のシステムや経済の論理を、基本的には受け入れながら、儒教文化の長所を経済の秩序で活かしているからである。また、合理性と効率性だけでなく、そこに相助性と共生性をも結合しているのが、新しい儒教的資本主義なのである」（同、二三ページ）。

このような評価を受け入れることはできないが、儒教文化に含まれる「徳治」主義という伝統が、東アジアの「開発独裁」につながる「人治」を支えてきたという側面は否めないであろう。

(17)涂［一九九〇］は、東洋の資本主義は、「西洋資本主義」を基準にしてはその全体像はとうてい把握できず、「西洋化」の基準に当てはまらない「土着社会」の「非西洋化」部分を含めた「複眼的・重層的接近」によって始めて可能となる、と主張した。

(18)いまから振り返ると、当時の「市民社会論学派」が指摘した「市民社会なき資本主義」とは、マルクスの「市民社会論」をよりどころとした、西洋資本主義との対比における「イデオロギー的産物」以外の何物でもなかった。しかし、後発資本主義国が、「国家資本主義」的性格をもたざるを得なかったことによって、国家の経済過程への介入は著しく増大し、そのことが結果として資本主義の性格をゆがめてしまったことは否定できない。

(19)日本では、一九七〇年代、資本主義と「市民社会」の関係が提起され、戦後の日本の資本主義的発展を「市民社会なき資本主義」と分類する「市民社会論学派」の人々によって、日本が依然として「市民社会」の成熟という課題を負っていることが主張された（井汲［一九七九］）。当時、このような指摘がなされる背景には、戦後の日本資本主義が、依然として戦前の「国家資本主義」のへその緒（後遺症）を引きずっているという認識があったことは疑いない。この点は、当時の筆者も同感であった。

しかし、「市民社会」という言葉は、その概念規定をめぐってこれまで幾多の論争が行われており、これを定義するのはきわめて困難な抽象的概念である。したがって、何をもって「市民社会」と呼び、何をもってその成熟・未成熟をいうのかは、きわめて恣意的な事柄に属する。日本における「市民社会」論の系譜には、「市民社会」(civil society)を市場経済との関連から論じようとするものや、「近代市民革命」との関連から「民主主義」のような政治制度の確立と関連させて論じようとするもの、あるいは「市民化(文明化)された社会」(civilized society)として論じようとするものまで、多様である。"civilized society"という受容は、たしかに水田[一九九七]がかつて指摘したように、「西ヨーロッパ近代社会を理想化したフィクション」という側面をもっており、その意味では筆者が厳しく批判してきたマルクスの「アジア的停滞論」と同じく「ユーロ・セントリズム」に陥りやすいものである。また、田坂[二〇〇九]は、「国家社会主義」崩壊後の東ヨーロッパにおいて議論されている「新しい市民社会」論をよりどころとして、「非営利目的組織」(NPO)と「自治的住民組織」を「市民社会」の核心としてとらえている(同、一〇~一一ページ)。同様に、星野[二〇〇九]もまた、現代における新しい市民社会の概念は、「権力に基づく政治的な領域(行政)でも、市場に基づく経済的な領域(企業)でもない第三の領域における市民的なアクターと、それがコミュニケーション的な相互行為を行う公共圏を示している。同時に、新しい市民社会の概念は、自主的な活動を行う個人や非営利団体すなわちNPOの総称として使われてきた」と述べて、「第三の領域」の意義を強調し、自らは「グローバル市民社会論」の構築に向けた取り組みを見せている。

これに対して、植村[二〇一〇]は、一九九〇年代以降普及していったこのような「市民社会=市民団体」論に対しても、「市民団体は国家に取って代わることはできない」(同、三二三ページ)という端的な言葉で、「社会システム」の問題と切り離して論じられる「市民社会」論の問題点を指摘している。たしかに、NPOや自治的住民組織は、人間の意識に基づく領域であり、このような「市民社会」論は、「市民社会」をもっぱら「社会システム」から論じてきた古い「市民社会」論からは一歩踏み出したものであるが、植村[二〇一〇]も指摘するように、それは逆に「社会システム」の問題を背後に追いやってしまうのではないかという懸念が生じる。植村[二〇一〇]が指摘する、異議申し立てをするための「『政治的回路』の具体的な構築」(同、三二一ページ)という視点も、とくに中国の現実をみるにつけ、東アジアでは依然として重要な課題であろう。「社会システム」としての「市民社会」と、住民の意識の領域としての「市民社会」の両面をいかに接合的にとらえるかがこれからの課題であろう。

(20) 韓国では、「開発独裁」、「権威主義体制」に反対して犠牲になった人々は多い。一九七九年一〇月の朴正熙大統領暗殺は、まさにこの「権威主義体制」の矛盾が爆発したものである。それに続く，同年末の全斗煥将軍の軍事クーデターと、二〇万人を超える民衆と軍隊の対峙によって多くの死傷者を出した一九八〇年の「光州事件」は、「開発独裁」下で「不均衡成長戦略」が追求されたことによって惹き起こされた不幸な歴史的事件である。韓国現代史に詳しい文京洙によれば、「二〇〇一年までに韓国政府が確認した光州事件での犠牲者（死者）の数は、民間人一六八人、軍人二三人、警察四人、負傷者は四七八二人、行方不明者は四〇六人に達する」という（文［二〇〇五］、一四七ページ）。韓国の「民主化」の過程で払われた犠牲は、多くの人命だけでなく、人々の間に今なお癒されない深い傷を残すことになった。

第二章　〈国家・資本主義〉論への途

はじめに

第一章では、近年マスコミに登場することが多くなった「国家資本主義」という用語について、そこには筆者が分類した〈国家資本・主義〉と〈国家・資本主義〉という二つの範疇が混在しており、国家資本主義理解の混乱がみられることを指摘した。そのうえで、筆者が「国家資本主義の新しい発展類型」として分析した〈国家・資本主義〉について、その特徴を中心に検討をおこなった。

本章では、筆者が〈国家・資本主義〉論を展開するにいたった理論的経緯について、日本における「国家資本主義論」の展開を中心に明らかにしておきたい。もちろん、「社会主義」体制がかくもあっけなく崩壊し、グローバリゼイションが著しく進展する今日の時代において、一九五〇年代末から七〇年代にかけて展開された「国家資本主義論」の検証をおこなうことにどれほどの意味があるのか、という疑問が出されても不思議ではなかろう。

だが、今日流布している「新しい国家資本主義」（二一世紀の国家資本主義）という議論が、かつての「国家資本主義論」とまったく切り離されて展開されているとしたら、それはあまりにも独断的な議論だといわざるをえない。かつて日本で展開された「国家資本主義論」とはどのようなものであったのか、それは今日、「新しい国家資本主義」と呼ばれているものと関係があるのか、ないのか。これらの疑問に答えないかぎり、今日取り上げられている「新しい国家資本主義」を理論的に分析することはできないであろう。「国家資本主義」理解の混乱を正す意味で、改めて「国家資本主義論」の出自と、今日的意義を整理しておきたい。

第一節　日本における「国家資本主義論」の展開

一「国家資本主義論」の出自

「国家資本主義」という用語自体の出自ということになれば、それは一九世紀後半にまでさかのぼることになるし、二〇世紀初頭にはすでに頻繁に使われるようになっていた。とくに、二〇世紀初頭のロシアにおいては、「国家資本主義論争」ともいうべき議論が展開されるまでになった（坂田［一九九一］）。しかし、これらの議論は、今日の段階からみると、ほとんど学問的な意味はない。当時の「国家資本主義」論は、もっぱら政治的な宣伝文句（プロパガンダ）として使われており、厳密に定義されたものではない[1]（坂田［二〇一二］）。

「国家資本主義論」が多少とも体系的に展開されるようになったのは、第二次大戦後の「新興独立国」における国民経済形成過程の分析を通じてである。したがって、今日、「国家資本主義論」という場合、その理論的出発点を戦後の新興独立国における国民経済形成過程の分析に求めることはけっして唐突なことではない。筆者は、今日の「国家資本主義論」の出発点は、ここに求められるべきであると考えている。ただし、このことは、国家資本主義の出自が新興独立国の国民経済形成過程にあるという意味ではない（第一章でも述べたように、旧ソ連をはじめとした既存の「社会主義」国を「国家資本主義」と規定する見解が一方にある。このような見解は、国家資本主義の出自を戦前からの「社会主義」に求めるものであるが、この点は、「社会主義とは何か」という「神学論争」に発展してしまうので、本書では取り上げない(2)。

繰り返し指摘しているように、今日の「国家資本主義論」には、〈国家資本・主義〉と〈国家・資本主義〉という二つの範疇が混在しており、それぞれの出自は一様ではない。後述するように、筆者が「新興工業国」の「キャッチ・アップ型工業化」の過程から検証した〈国家・資本主義〉システムは、その原型を一九世紀後発資本主義国の工業化過程にみることができる。

では、今日の「国家資本主義論」の出発点となった新興独立国の国民経済形成過程に出現した「国家資本主義現象」とは、いかなる内容であり、それはどのように理論化されていったのであろうか。この問題に最初に取り組んだのは、一九五〇年代のソ連科学アカデミーの研究者たちであった。

第二次大戦後に独立を果たした新興国では、植民地時代に経験した畸形的な経済構造（一般にモノカルチャー・モノイクスポート構造と呼ばれた）を克服する手段として、「国有セクター」を通じた公的投資の拡大による「政府主導型」の工業化を目指そうとする動きが出現した。このような現象にいち早く注目したのが、ソ連科学アカデミーの研究者たちであった。彼らは、「新興独立国」におけるこのような現象を「国家資本主義」と呼び、その「進歩的」な（独立を強化し帝国主義の地位を弱めるという）役割を強調したのである（Rubinstein［1956］：邦訳［一九五六］）。しかし、このような議論は、新興独立国における「国有セクター」の拡大という現象が、あたかもそのまま「社会主義」への移行（非資本主義発展の途）に向かって進んでいくかのごとき解釈の余地を残していたため、当時の新興独立国の共産党勢力からは厳しい批判の対象とされていくことになった（Gosh［1956］：邦訳［一九五七］(3)）。

新興独立国にみられる「国家資本主義現象」の評価をめぐるこのような議論は、やがて日本においても受け継がれることになる。日本において、この問題を最初に手がけたのは「大阪市立大学経済研究所」のメンバーを中心とした研究グループであった。彼らは、「国有セクター」を通じた公的投資の拡大による「政府主導型工業化」の追及という新興独立国に出現したこの現象を積極的に評価する立場から、アジア研究を進めていった。こうして、一九六〇年代末までには、「国家資本主義学派」と呼ばれる一群の理論グループが形成され、新興独立国の社会・経済構造の内部分析と第二次世界大戦後の新しい政治・経済状況の分析に主眼をおいて、独自の「国家資本主義論」が打ち立てられていったのである。

このグループは、新興独立国の社会・経済構造の分析においては、ロシア語の「ウクラード」という特殊な概念を継承した。[4] これによって、これらの国の社会・経済構造を「多ウクラード社会」と規定し、「国有セクター」を一つのウクラード（生産方法の具体的な存在形態）と捉えることによって、それを「国家資本主義ウクラード」と呼び、国民経済形成における主導的（かつ進歩的）な役割を強調した。

「多ウクラード社会」という難解な用語を使用してはいたが、それは要するに、資本主義的な生産の方法がいまだ未発達で支配的な方法とはなっておらず、そこには資本主義以前の多様な生産の方法が残存しており、工業化を担う手段として新しく設立された国有企業を中心とした「国有セクター」も、そのような生産の方法のひとつであると把握されたのである。したがって、「私経営的資本主義的」生産方法の拡大を抑え、「前資本主義的（遺制的）生産方法」を克服し（たとえば土地改革の実施による〈地主―小作〉制度の解体→自作農の創出、など）、重工業部門を中心とした「国有セクター」の拡大をはかることによって「自立的国民経済」が樹立されると展望したのである。[5]

さらに、戦後の新しい政治・経済状況の分析においては、「資本主義の全般的危機」が深化する時代と捉えることによって「社会主義」の優位性を前提として、新興独立国における「自立的国民経済」は、必然的に「非資本主義的発展の途」に向かわざるをえないと考えられた。あわせて、戦後の先進資本主義諸国と新興独立国との間の経済的格差（生産力格差）は、過去のどの時代よりも大きく拡大しており、この格差を縮小していく途は、「ＩＭＦ・ＧＡＴＴ体制」のような先進資本主義国を中心に編成されている世界市場での自由競争が避けられない資本主義的発展の方向においては不可能であると考えられたのである。「非資本主義的発展の途」とは要するに、「民間セクター」の発展を抑制しながら、「国有セクター」を徐々に拡大していくことによって、漸進的に（時間をかけて）「社会主義」社会を目指していく「道筋」と考えられたのである。

「国家資本主義論グループ」はまた、当時日本では影響力の強かった「新植民地主義」論への理論的批判も主要な課題としていた。「新植民地主義」とは、植民地の独立によって領土を失った旧宗主国が、第二次世界大戦後においてもなお、主として経済的支配を通じてこれらの国を「半植民地」として再編成しようとする「本質的には変わらない帝国主義の形態」（土生［一九六四］）であると理解された。したがって、当然のことながら、旧宗主国は旧植民地の工業化を妨げようとするあからさまな干渉を行って、自立的な国民経済の形成を妨害すると考えられた。それゆえ、「新植民地主義」体制下では、旧植民地諸国のいかなる工業化の展望もまったく拓かれることはないとみなされていた。しかも、「新植民地主義」論では、新興独立国に出現した「国家資本主義」は、けして「進歩的」なものではなく、新興国にたいする経済支配の維持・強化をはかる新植民地主義政策の「管制高地」に過ぎないとされたのである。このような考えはまた、新興独立国における当時の共産党の基本的な考えでもあった。

これに対して、「国家資本主義論グループ」は、植民地体制の崩壊（植民地の独立）という現実を高く評価し、「新植民地主義」に反対し、「非同盟主義」を貫こうとした「民族・民主国家」[6]のもとでの「自立的国民経済」形成の可能性を重視したのである。そこでは、「民族・民主国家」の「自立的国民経済」形成という課題は、一九世紀とは比較にならない歴史的な制約と条件の違いによって、資本主義的工業化の方向においてはもはや達成は不可能であり、「国有セクター」を中心とした「非資本主義的発展の途」に向かわざるをえず、国家の経済的役割は著しく増大すると考えられた。

このように、「国家資本主義」とは、「第三世界」がおかれた第二次大戦後の新しい世界史的状況のもとで出現した、国有セクターの拡大・強化を通じて「非資本主義的発展の途」に向かわざるをえない過渡的体制として把握されたのである（尾崎［一九六八］）。筆者の分類からいえば、これは明らかに〈国家資本・主義〉論であった。すなわち、彼らがいう「国家資本主義」とは、「資本主義システム」の一部ではあるが、国家による「国有セクター」（国家資本）の拡大と「民間セクター」の規制という特殊な（過渡的な）資本主義システムを意味するものであった。筆者は、このような「国家資本主義論」を、その代表的な論者であった尾崎彦朔にちなんで、〈尾崎・国家資本主義論〉と呼んだ（坂田［一九九一］）。日本で「国家資本主義論」という場合、今でもこの学派の理論体系をさす場合が多い。

二　「内部からみる」視角と「国家資本主義論」

日本における「国家資本主義論」は、戦後の新興独立国にみられた「国有セクター」の拡大という現象に注目して、「国有セクター」を中心とした経済構造の再編成を展望した。そのことは当然、新興独立国の内部構造（社会・経済構造）の分析を避けられないものとすることになった。

前述したように、当時、低開発世界分析において主流を占めていた「新植民地主義」論は、「本質的には変わらない帝国主義の形態」という「連続性」を強調し、新興独立国の内部構造分析をおろそかにしていたのに対して、国家資本主義グループは、「新しい植民地主義」が現実的な問題となるとしても、「これをもって低開発国の政治経済論の基本課題に置き換えることはできない」（尾崎［一九六八］、一五ページ）として、「低開発世界」の内部に焦点を当てて、そこで機能している新しいメカニズムを内側から分析しようとしたのである。

やや抽象的な表現をすれば、「新植民地主義」論は、「変化の中の連続性」にこだわり続けたのに対し、「国家資本主義論」は、「連続性の中の変化」に焦点を当てたのである。

実は、それまでの低開発世界分析では、先の「新植民地主義」論にかぎらず、発達した資本主義世界が、非資本主義世界をその内部に包摂することによって、かかる地域における発展にどのような影響を及ぼすのかといった視点のみが取り上げられ、支配され収奪される側の内部で働いているメカニズムの解明はほとんど問題にされることはなかった。おそらく、そのような視点を最初に定着させたのは、K・マルクス（Karl Heinrich Marx：1818–1883）の「資本の文明化作用」という指摘であろう。周知のようにマルクスは、「アジア的停滞」を「実証」するために、「ノリとハサミ」を使って独断的なインド論をつくりあげ、「イギリスのインド支配の将来の結果」を「資本の文明化作用」という視点から展望したのである（Marx［1853a］、［1853b］：邦訳［一九六二］）。このような視点がいかに独断的なものであったかは、今日ではすでに丹念な研究によって証明されているが（小谷［一九七九］）[7]、一九六〇年代までの学問状況は、このような発達した資本主義世界の側から及ぼされる影響を中心として「低開発世界」を分析しようとする視点の影響力は依然として強かったのである。

その意味において、新興独立国の内部に焦点を当てて、そこに存在している多様な生産の方法と生産方法の独自の編成のあり方を分析しようとした「国家資本主義論」は、従来までの低開発分析の視角とは根本的に異なっていた。筆者はこれを「内部からみる」視角とよんで、発達した資本主義が「低開発世界」を包摂することによって及ぼす作用しかみようとしなかった従来までの視角と区別した（坂田［一九八〇］）。〈尾崎・国家資本主義論〉の最大の功績は、実はこの点にある。この「内部からみる」視角こそ、一九七〇年代から八〇年代にかけて、低開発世界分析において影響力をもった「従属理論」や「世界システム論」を克服する有力な手がかりを与えてくれたものである。

これらの理論は、発達した資本主義世界（「中心部」とか「中枢」と呼ばれる）が、周辺の外部世界（「周辺部」とか「衛星」と呼ばれる）を資本主義の「世界システム」に包摂することによって「周辺部」がどのような変容を被り、どのようなメカニズムを通じて「資本主義世界システム」に組み込まれていくかという側面を分析したが、「世界システム」のなかで「周辺部」がどのような主体的な対応を示していくかという側面は顧みられることはなかった。要するに、作用する力の方向（ベクトル）はあくまで発達した資本主義の側、すなわち「中心部」の側からだけであり、「周辺部」の側から及ぼされる反作用のベクトルや「周辺部」内部に働く内側からのベクトルはほとんど問題にされることはなかったのである。

筆者は、このような分析方法を、「中心部中心視座」と呼んでその欠陥を指摘し（坂田［一九八〇］、［一九九一］、［一九九四］）、「内部からみる」視角（比喩的にそれを「周辺部視座」と呼んだこともある）に基づく分析を対置させたのである。後述するように、「内部からみる」視角は、一九七〇年代末から注目されるようになった「新興工業国」（ＮＩＣｓ）の分析において不可欠のものとなり、「新しい型の国家資本主義的発展の途」の検証に重要な役割を果たしてくれることになった。

三　〈国家資本・主義〉の挫折

このように、「国家資本主義論グループ」は、日本においてはじめて、「低開発世界」を内部から分析することによって、これらの国の新しい発展の可能性を示した。日本においては、「国家資本主義論」によってはじめて「低開発経済論」という学問領域が切り拓かれたといっても過言ではなかろう。言い換えれば、「帝国主義論」の延長でしか語られることのなかった「低開発世界」の分析を、「低開発世界」の内部に視点をすえることによって独自の学問領域として確立したのである。(8)

しかし、「内部からみる」視角を共有していたとはいえ、このグループの「国家資本主義論」は必ずしも一枚岩ではなかった。実は当時から、この学派内部には、第二次大戦後の政治・経済情勢の分析をめぐって異なった理解が並存しており、その認識の違いから、国家資本主義の機能をめぐって、二つの解釈が存在していた。

その違いとは、国家資本主義の本質をめぐる解釈の違いに起因するものであった。すなわち、新興独立国に出現した国家資本主義を、「民族・民主国家」のもとにおける「非資本主義的発展の途」の下部構造として「過渡的性格」を強く刻印されたものであるとみる見解と（尾崎［一九六八］）、それを一九世紀において遅れて資本主義的工業化に乗り出した後発資本主義国にみられた現象（国家主導による資本主義的工業化）と基本的には同じ現象であるとして、国家資本主義の「原蓄的性格」を重視する見解（本多［一九七〇］）の違いである。しかし、両者の違いは、一九六〇年代までは、決定的なものとはならなかった。

両者の違いが鮮明になってくるのは、「民族・民主国家」のもとで展望された「国有セクター」の拡大を通じた「非資本主義的発展の途」がことごとく挫折し、国家資本主義の矛盾が明らかになってきた一九七〇年代に入ってからのことである。この時期には、「第三世界」の「非資本主義的発展の途」の展望は完全に閉ざされ、かわって「民族・

民主国家」とみられていた国々は相次いで工業化の隘路に直面し、工業化の挫折と「ハイコスト・エコノミー」の悪循環に陥っていったのである。

アジアでは、国家資本主義（国家資本・主義）のもとで「非資本主義的発展の途」を歩んでいる典型とみなされていた「国民会議派」政権下のインドにおいて、「自立的国民経済」形成を目指して進められていた「重工業優先発展」戦略がまず挫折していった。(9)

今日インドは、一二億人の新興市場として、中国とともに世界的な注目を集めているが、インドが投資市場あるいは販売市場として世界的に注目されるようになったのは、一九九〇年代初頭に、従来までの国内市場に依拠した「輸入代替工業化」から外資導入を柱とした世界市場へ向けた「輸出指向工業化」へと大胆な経済政策の転換を行って以降のことである。(10)それまでのインドは、経済的にはきわめて規制の多い、半ば閉ざされた社会であった。

インド経済は、「自立的国民経済」の建設を目指して、ながらく重工業を中心とした「輸入代替工業化」戦略を取ってきたが、このような国内市場に依拠した工業化（内向きの工業化）を目指そうとする場合、外国製品との競争を避けるためには、当然のこととして国内市場を保護しなければならない。国内市場を保護する手段としては、高率関税や輸入規制のほか、外国投資の制限などが実施された。

加えてインドでは、「混合経済」と呼ばれた国有部門の肥大化が図られていった。「混合経済」とは、政府が、民間部門の拡大をある程度規制しながら、国有企業などの国有セクターの拡大を計画的に図っていこうとする特殊な体制を指しており、一般的には市場経済と経済計画との並存を意味している。もちろん、このような体制下での「経済計画」は、独裁政権のもとですべての生産手段の公的所有に基礎をおく「中央指令型経済」のような社会主義的計画経済とは異質である。インドの場合、民主主義的選挙によって選ばれた政府は、公正と分配を重視する立場から、各五カ年計画を通じて市場介入を続けたのである（あまり知られていないが、インドはアジアでも日本と並んで戦後最も早く「民主主義」が普及していた社会である）。

だが、このようなインド型「混合経済」は、結果的には「ハイコスト・エコノミー」に帰結した。「ハイコスト・エコノミー」とは、内向きの工業化が追求されたことにより国内市場が保護され、海外との競争が回避されたためにイノベーションが欠如し、結果として生産性の上昇が抑えられることによって経済の高コスト構造が慢性化する状態を指している。

旧ソビエト連邦や「改革・開放」前の中国経済が、工業製品の国産化を国是として、国際競争力を無視した自動車や家電製品を自給していたことはよく知られている。今日では、一部の軍需産業を除き、「社会主義」計画経済時代に生産された工業製品で、国際競争力をもっているものはまったくない。

インドでも、乗用車は早くから国産化され、インドはアジアで日本に次いで工業化の進んだ国とみられていた。しかし、このような工業化は、「幅広い関連・下請工業の発展に先行して最終資本財・耐久消費財の近代的生産体系（組み立て加工）を一挙的に先進国から移植する仕方で展開された」（西口［一九八六］、三三一ページ）ものであり、その後、先進諸国の巨大企業の技術独占によってインド国内での関連工業の発展に対して制約的に作用したのである。しかも、国際収支の悪化によるインド政府の厳しい輸入制限は、(11) 多様な原材料・部品要素の極端な内製化に拍車をかける結果となり、「非効率・高費用生産構造」（同、三三三ページ）を生み出していったのである。

さらに、一九六五年の「九・三〇事件(12)」以前のスカルノ政権下でのインドネシアは、インドやビルマとともに、「国家資本主義」が国民経済の転回軸としての機能を担っており、「非資本主義的発展」に向かう国家資本主義の物質的基礎の獲得に向けて発展しつつあるとみなされていた。しかし、「九・三〇事件」とその後の一連の政治変動を経てスハルトへ権力が集中されて以降のインドネシアは、「国家資本主義の形骸化」、官僚資本主義化といった現象が指摘されるようになった。具体的には、一方で深刻な農業問題を抱えながら、米国・EC（EU）・日本など先進諸国と世界銀行をはじめとした国際機関からの援助に依存し、他方では、従来からの資源産業に加えて製造業への外資導入政策が追求されることになった。インドネシアに代表されるこのような事態の進行は、「国家資本主義」の挫折とみなされるようになっていった。

このような世界史的な状況を受けて、「国家資本主義の変質・形骸化」が新たな課題として浮上することになった。ここにいたって、「国家資本主義」の「官僚資本主義化」あるいは「世界資本主義システム」のもとでの「従属的発展」の道が新たに取り上げられることになったのである。

第二節　「新興工業国」の出現と「国家資本主義論」の動体化

一　「国家資本主義論」再構築の試み

このような従来の「国家資本主義論」（〈国家資本・主義〉論）と現実との乖離をまのあたりにして、「国家資本主義論」の再構築の試みが行われることになったのは、けだし当然であった。その作業を担った最初の代表的な研究者が、本多健吉である。

〈本多・国家資本主義論〉がまず取り組んだのは、国家資本主義の歴史的出自の検討であった。本多は、不毛な「ウクラード」論争からは距離をおきながら、「国家資本主義」を「特定の国家」のもとに出現する「経済的下部構造」と考えたのである。こうして、戦後、「第三世界」の一部の国に登場した国家資本主義は、一九世紀後発国（ドイツ、ロシア、日本）に当時みられた国家による本源的蓄積過程への介入（国家主導による原蓄過程の圧縮）と本質的には共通した性格をもっており、国家の経済過程への介入を特徴とするという結論に到達したのである。

本多［一九七〇］は、一九世紀後発国の国家による本源的蓄積過程への介入の歴史的事例として、一八三四年のドイツ関税同盟成立以降のプロイセンを中心として進められた国家政策（国民的統一市場形成のための諸政策、鉄道建設とそれにつづく綿工業、鉄鋼業建設過程への国家的な保護育成など）、一八六一年の農奴解放後のロシアの近代化政策（新国立銀行の設立、国債発行、外国借款の受け入れなど国内外の資金動員、鉄道建設、鉄道関連工業の設立など）と並んで、明治維新政府のもとで進められた一連の近代化政策（一八七三年の地租改正による国庫資金の確保、幕藩営工場の接収、鉄鋼、機械、造船を中軸とする官営工場の設立など、いわゆる殖産興業政策の積極的な推進など）をあげている（同、六七ページ）。

第二次大戦後、「第三世界」の一部の国でみられるようになった「国家資本主義現象」（直接的生産活動への国家の広範な介入と中央集権的な経済開発計画にもとづく経済建設の領導）は、基本的には、「一九世紀において遅れて資本主義的再生産構造の確立にのりだした後発資本主義国の歴史のなかにみることができる」（同、六七ページ）という本多の指摘は、〈国家資本・主義〉として構築された〈尾崎・国家資本主義論〉からは逸脱していた。本多自身は、〈国家・資本主義〉と〈国家資本・主義〉を截然と区別したわけではなく、理論的には国家資本主義を通じた「非資本主義的発展の途」の可能性を認めるなど依然として〈国家資本・主義〉論に近い立場に立っていたが、国家の経済過程への広範な介入という視点は、国有企業（国有セクター）の拡大に着目した〈国家資本・主義〉論とは次元を異にするものであり、明らかに〈国家・資本主義〉論への旋回を開始しつつあった。

だが、本多自身は、「第三世界」の一部の国でみられるようになった「国家資本主義」は一九世紀後発諸国における「原蓄的性格をもつ国家資本主義」と本質的に同じ性格のものであるとの認識から、「それがブルジョア的本質をもつかぎり、その『進歩的』側面である自立的な国民経済形成という課題が、不可避的に多くの矛盾と隘路を内包することになる」（本多［一九七〇］、九四ページ）として、国際収支難、赤字財政とインフレーション、外資政策の不徹底などを、「自己矛盾の表現」だと考えた。そのうえで、国家資本主義の一定の発展段階においては、「国家資本主義の形骸化」が生ずる可能性がでてくることになり、そして、「この自己矛盾のブルジョア的解決の方向こそ、国家資本主義の官僚資本主義化あるいは従属的発展にほかならない」（本多［一九七七］、四三ページ）と考えたのである。

先に指摘したインドの「重工業優先発展」戦略の挫折とハイコスト・エコノミーへの帰結も、インドネシアで一九六五年に惹き起こされた「九・三〇事件」以降の官僚資本主義化も、このような「国家資本主義の形骸化」にほかならないとみなされたのである。実際、この時期には、「国有セクター」の拡大（輸入代替工業化）に基づいて「自立的国民経済」の確立を目指そうとした国々は、ほとんど例外なく経済的停滞を経験した。

残念ながら、〈本多・国家資本主義論〉は、国家資本主義の形骸化の側面のみをとらえ、当時すでに「開発独裁」下で、「輸出指向工業化」戦略に基づいて「キャッチ・アップ型工業化」にまい進していた「新興工業国」（ＮＩＣｓ）の動向には目を向けることはなかった。その結果、〈本多・国家資本主義論〉は、それまでの「国家資本主義論」がもっていたイデオロギー性を払拭し、国家資本主義の客観的な分析に途を切り拓いたにもかかわらず、国家資本主義は「非資本主義的発展の途」が挫折した後に、官僚資本主義化あるいは従属的発展が惹き起こされるという逆の側面だけが分析され、国家資本主義のもとでの資本主義的工業化の実現という側面の分析はなおざりにされてしまったのである。

だが、〈本多・国家資本主義論〉の最大の功績は、国家資本主義の歴史的出自を、一九世紀後発国の資本主義的工業化過程のなかに見出したことである。このことによって、国家資本主義は、「国家の性格」と「歴史的条件の違い」

によって、実際にはいくつかの発展類型を示すことになるという分析視角を可能にしたのである。

それゆえ筆者は、「国家資本主義」の出自を一九世紀後発国の資本主義的工業化過程に求めつつ、戦後の国家資本主義の具体的な発展過程を分析しようとしたこのような新たな立場を、従来までの「国家資本主義論」と区別して、〈本多・国家資本主義論〉と呼ぶことにしたのである。〈本多・国家資本主義論〉は、つまるところ、「第三世界」の国家資本主義は、国家の性格によって、非資本主義的発展の途に向かうものと官僚資本主義あるいは従属的発展へと形骸化していくものとの両極分化が起こると考えることによって、「国家の性格」に焦点をあてたのである。

二　「新興工業国」出現のインパクト

だが、上述したように、この時期には、「国家資本主義学派」が対象とした「第三世界」の内部に、さらに新しい状況が出現しつつあったのである。後に「新興工業国」（ＮＩＣｓ）あるいは「新興工業経済群」（ＮＩＥＳ）と呼ばれることになる、「国家主導」による「輸出指向工業化」によって高い経済的パフォーマンスを達成した一群の発展途上国の出現である。これらの国では、必ずしも「国有セクター」の比重はそれほど高くはなかったが、明らかに国家の果たした経済的役割は他の発展途上国におけるよりも強力であった。

にもかかわらず、「新興工業国」の出現というこの新しい状況を説明する理論は、〈尾崎・国家資本主義論〉からも〈本多・国家資本主義論〉からも、導き出すことはできなかった。「新興工業国」は、明らかに「国家主導」による資本主義的工業化を目指しており、しかもそれを、〈本多・国家資本主義論〉が想定した「従属的発展」と呼ぶにはあまりにも恣意的に過ぎた[13]。

戦後の世界経済は、技術革新や「テーラー・システム」に代表される生産システムの革新によって著しい内包的発展を遂げ（大量生産・大量消費）、同時にＩＭＦ・ＧＡＴＴに象徴される自由・無差別かつ多角的な国際経済体制を発展させることによってグローバル化を推し進めていった。その結果、一方では「南北問題」を拡大させながら、他方では資本主義の未曾有の世界的拡大をもたらしたのである。このような現象は、明らかにそれまでの「国家資本主義論」が想定していた世界とは異質であった。

「民族・民主国家」というあいまいな概念と「自立的な国民経済の形成」という閉鎖的な「内向きの工業化」戦略にもとづいた〈国家資本・主義〉論が現実の事態との乖離を深めるなかにあって、東アジアでは、非民主的な「強権的国家」のもとで外向きの工業化（輸出指向工業化）に乗り出した一群の成長国家が出現したことは、あらためて「開発」と「国家」の関係を問い直すきっかけとなった。

三 「国家資本主義論」の動体化

「民族・民主国家」のもとにおいてのみ工業化が展望され、非民主的独裁国家のもとでは工業化は挫折するという図式は、あまりにも恣意的なものである。東アジアに出現した一群の成長国家（新興工業国）は、「非民主的独裁国家」のもとにおいて工業化に成功した国々であった。

しかも、これらの国の工業化には、国家が重要な役割を果たしており、それは「市場の失敗」を補完するというような対症療法的な役割をはるかに超えたものであった。その役割とは、先に指摘したように、「上からの資本主義化」を領導するというような資本蓄積の性格そのものにかかわる次元での国家の経済過程への介入であった。

すなわち、東アジアの「新興工業国」の成長は、〈国家＋資本主義〉として把握せざるをえない「国家」と「資本主義的工業化」との特殊な関係を示しており、このような関係こそ、「新しい型の国家資本主義」システムであると考えた。それゆえ、〈本多・国家資本主義論〉が指摘した「国家資本主義の官僚資本主義化・従属的発展」とも区別される「新しい型の国家資本主義」（国家資本主義的発展の第三の途）と規定したのである[14]。

筆者が検証しようとした「国家資本主義の新しい発展の途」とは、「開発主義国家」のもとでの「キャッチ・アップ型工業化」プロセスであり、具体的には、ＮＩＣｓの出現を「国家資本主義の新しい発展の途」と捉えたのである。そして、このような発展プロセスを、〈尾崎・国家資本主義論〉とも〈本多・国家資本主義論〉とも区別して、「国家資本主義的発展の第三の途」と呼んだのである。

このような理解は、確かに従来の「国家資本主義論」が取り組んできた〈国家資本・主義〉とは異質であるが、国家の経済過程への介入は、「国有セクター」の存在以上に重要な意味をもっており、それはもはや〈国家資本・主義〉の範疇では捉えられないが、国家の経済過程への強権的な介入なしには成り立ちえない資本主義であるという意味で、〈国家・資本主義〉と呼ぶにふさわしいシステムであると考えた。こうして筆者は、現代の国家資本主義研究を〈国家資本・主義〉論から〈国家・資本主義〉論へと大胆に旋回させたのである。筆者はこれを、「国家資本主義論の動体化」と呼んだ（坂田［一九九二］、一三ページ）。

第三節　「国家資本主義論」の今日的意義

一　〈国家・資本主義〉論の構造

（一）原型としての日本資本主義

〈本多・国家資本主義論〉による「国家資本主義」の本質としての「原蓄的性格」の指摘は、他方では「国家資本主義の形骸化」の可能性を検証するものであったが、同時に、「本源的蓄積過程」と国家の関係をあらためて浮き彫りにするものであった。その際、とくに注目されたのが日本の明治期における資本主義的工業化プロセスと国家の関係である。

よく知られているように、日本の近代化と工業化は、明治維新政府のもとで、「富国強兵」・「殖産興業」政策として進められた。明治政府によって進められた一連の近代化政策は、一言でいえば、西欧の資本主義制度の「上からの移植」である。明治維新政府は、一八七三年には「地租改正」を行って国庫資金を確保しながら、鉄鋼、機械、造船などの重要産業を「官営工場」として設立し、自ら工業化の主体として機能した。これらの官営工場は、やがて政府の手によって民営化（官業払下げ）され、政府の保護のもとで、資本主義的工業化の道が追求されることになった。要するに、日本の資本主義的工業化は、国家による上からの資本主義システムの移植とその後の保護・育成政策によって発展の道を辿っていったのである。

このように、日本の資本主義的工業化と国家の関係は、〈国家＋資本主義〉であり、〈国家資本〉を中心として工業化を目指したものではない。国庫資金によって設立された「官営工場」は、国家が資本家の「肩代わり」をおこなったものにほかならず、「国営企業」の拡大によって非資本主義的工業化を目指したものでもない。

もちろん、歴史的には、国家と資本主義的蓄積の関係は、古くはドイツ歴史学派の「幼稚産業保護」論にみられるように、資本主義的工業化過程への国家の介入とそれにもとづく資本家の保護・育成など、表裏一体であった。また、資本主義的工業化の過程では、多くの国で「国有企業」が設立され、利用されていったことは、あらためて指摘するまでもなかろう。

にもかかわらず、明治期の日本資本主義の発展過程が、後述する戦後の「新しい型の国家資本主義」としての〈国家・

資本主義〉の「原型」とされるのは、国家と資本主義的工業との新しい関係を示しているからにほかならない。その新しい関係とは、筆者が「国家の領導的機能」と呼んできた資本蓄積に対する「強力な統制・誘導体制」である。

後述するように、それは「指導される資本主義」（韓国「第一次五ヵ年計画」）とさえ呼ばれ、資本に対する「生殺与奪」権をもった強権的国家による「開発独裁体制」を意味している。〈国家・資本主義〉の「原型」としての日本資本主義の発展過程とは、このようなものとして捉えることができる。

（二）「従属パラダイム」の転換

繰り返し指摘しているように、筆者は、「新興工業国」の発展を、「新しい型の国家資本主義的発展」と捉え、それを〈国家・資本主義〉論として展開した。だが、当時日本では、このような「新興工業国」における工業化を「世界資本主義システム」のもとでの「従属的発展」（主として多国籍企業などの外資に依存した従属的発展）として説明するA・G・フランク（Andre Gunder Frank）やS・アミン（Samir Amin）などの「従属理論」（Frank［1973］：邦訳［一九七六］、Amin［1974］：邦訳［一九七九］）が一定の影響力をもっており、一九七〇年代末までは「新興工業国」の発展は、「従属理論」の中に閉じ込められていたのである。(15)

「世界資本主義」システムを、「中心」と「周辺」という二極構造で説明する「従属理論」は、新興独立国の「低開発」はうまく説明することはできたが、世界市場で比較優位を追求する「輸出指向工業化」戦略の有効性も、「開発独裁」のもとで「キャッチ・アップ型工業化」を追及する道も、結局のところ「従属的発展」という範疇でしか説明できなかった。すなわち、先に指摘したように、発達した資本主義世界が周辺部地域に及ぼす一方的作用を分析する「従属理論」は、「低開発」はうまく説明しえたが、「開発」は説明しえなかったのである。

結局、ＮＩＣｓの発展をあくまで従属的発展に押し込めようとする「従属理論」は、「資本と技術の従属性」という恣意的な「従属指標」を利用して「キャッチ・アップ型工業化」の一面だけを強調し、その全体像を捉えることはできなかった。外資の導入や商業借款の利用、技術導入やライセシング、部品・中間財輸入など、今日では一般的現象となっている国際取引が、従属指標とされたのである。

しかし、一九八〇年代に入ると、「新興工業国」の発展を「従属理論」の範疇に押し込めておくことの矛盾が噴出した。たしかに、「新興工業国」の発展プロセスに、金融的、技術的、あるいは市場的な意味での「従属的契機」が常に内在していたことは否定できないが、これらの国が示した発展プロセスは、「従属理論」が指摘してきた発展プロセスとは明らかに異質であり、新しい分析の枠組みを必要としていることは誰の目にも明らかとなった。当然のことながら、筆者の関心は、「新興工業国」の発展を「従属理論」から解き放つことに向けられたのである（坂田［一九八六］）。その際、手助けとなったのが、先述した「内部からみる」視角である。「従属パラダイム」では、「周辺部」の国家は没主体的な役割しか与えられていない。しかし、「新興工業国」の発展は、当時の有利な国際的要因に支えられていたとはいえ、(16)多くの発展途上国が輸入代替工業化の隘路に直面して停滞を余儀なくされていたなかにあって、基本的には国家主導による「輸出指向工業化」への政策転換とそれにもとづく世界市場での比較優位の追求に負うものである。このような大胆な政策転換と開発戦略の策定は、国家の主体的な役割を抜きには語れないものである。「従属パラダイム」からの転換の鍵は、この国家の主体的な役割の評価にある。筆者が、「新興工業国」における国家の役割に注目した理由はここにある。

「新興工業国」の「キャッチ・アップ型工業化」のプロセスは、国家の役割を検証することによってしか把握できない。その意味では、国家資本主義の「原蓄的性格」を指摘した〈本多・国家資本主義論〉は、示唆に富むものであった。だが、

〈国家・資本主義〉という筆者が検証した国家資本主義の新しい発展類型の抽出は、〈本多・国家資本主義論〉の依拠していた「従属パラダイム」の転換によってはじめて可能となったのである。(17)

二 「国家資本主義」の歴史的被規定性

筆者は、〈本多・国家資本主義論〉に強く影響されながらも、〈本多・国家資本主義論〉がもっていた「従属パラダイム」の転換によって、新しい「国家資本主義論」を切り拓くことができた。筆者は、国家資本主義がどのような性格をもつかは、結局のところ「国家」の性格によって決定されるものであり、国家資本主義の本質はあくまで「国家による資本蓄積の領導」であると規定したうえで、韓国や台湾のような開発に向けた国家の総動員態勢を、「開発独裁」国家と規定し、そのもとでの「国家主導型」発展の途を分析し、それを特殊歴史的な資本主義システム＝〈国家・資本主義〉システムとして特徴づけたのである。

その際、「開発独裁」国家出現の歴史的契機として、①民族的分断、民族対立、イデオロギー対立など国内外での高い社会的緊張が「秩序ある発展」を掲げた国家の経済過程への介入を容易にしたこと、②反共国家といえども貧困の撲滅と平等主義を掲げた社会主義イデオロギーの影響から無縁ではいられず、中央集権的計画経済路線をとった社会主義国の経験が強い影響を与えたこと、③乏しい資源を最も効率的に利用するための手段として国家による経済統制を必要としたこと、④計画の立案を担ったテクノクラート層に大きな権限が与えられたこと、⑤金融システムの脆弱性が「金融の財政への従属」を帰結したこと、などを指摘した。

また、国家の強力な資本蓄積の具体的手段として、開発戦略の確定とそれにもとづく開発計画の立案、銀行の国有化による政策金融や財政支援による特定産業育成政策、投資規制や行政指導による産業調整（不採算企業の整理）、厳密な外貨管理とダブル・スタンダードにもとづく貿易政策、非民主的な労働政策、などをあげた（坂田［二〇一一］、一三五ページ）。

このような体制は、かつて韓国の朴正煕大統領が「指導される資本主義」と呼んだ体制であり、また、韓国を外国資本に従属した発展としてしかみようとしなかった「従属理論」を批判したC・A・バローネ（Charles A. Barone）が、韓国では、「国家によって保護、育成され、かつ統制も受けて成長してきた新興資本家が、蓄積された資本の大半を牛耳っているとしても、現在の構造のもとでは、国家が蓄積過程を支配し決定することが可能となっている」と指摘した体制である（Barone［1983］, p.60：邦訳［一九八六］、九四ページ）。

このような体制は、一言でいえば、「キャッチ・アップ型工業化を目指す国家の経済的役割の肥大化」という点につきる。香港のような特殊な地域を例外とすれば、今日のような生産力格差が著しく拡大している歴史的な条件のもとで、先進工業国への一足飛びの「キャッチ・アップ」を目指そうとすれば、〈国家・資本主義〉システムの出現は不可避でさえある。

だが、東アジアＮＩＣｓ（ＮＩＥＳ）が「国家資本主義」（＝国家・資本主義）体制のもとで、「キャッチ・アップ型工業化」を追及することが許容された時代はすでに過去のものとなっている。グローバル化が著しく進展した今日の歴史的条件のもとで、〈国家・資本主義〉システムを利用した「キャッチ・アップ型工業化」を追及しようとすることは、歴史の歯車を逆回転させることにほかならず、周辺国との摩擦を拡大させずにはおかない。今日取り上げられている「二一世紀の国家資本主義」（第六章参照）もその例外ではありえず、〈国家・資本主義〉はもはや、歴史的役割を終えたといわざるをえない。

［注］

（1）「国家資本主義」という言葉をもっとも頻繁に使ったのはロシアの革命家レーニン（Vladimir.I.Lenin：1870–1924）である。社会主義革命直後のロシアにおいて、当時、プレオブラジェンスキー（Preobrazhenskii, E.）らの共産党左派グループは、資本主義的なもの一切の「断固たる社会化」を主張していたのに対し、レーニンは、「私経営的資本主義」と「国家資本主義」とを区別することによって、生産力の発展段階の後れたロシアにおいては、共産党の独裁政権下での資本主義的生産方法の利用の必要性を主張した。レーニンは、このような体制を「国家資本主義」と呼び、国家資本主義とは、本来は（教科書的な意味では）、「資本主義制度のもとで、国家権力がある資本主義企業を直接に自分に従属させている場合の資本主義」のことをさしているが、ロシアの場合にはすでに「ソビエット権力」が樹立されており、したがってそのような国家のもとでの「国家資本主義」とは、「われわれが制限を加えることができ、その限界を定めることができるような資本主義のことである」（Lenin［1922］：邦訳二八二ページ）と主張したのである。ここでは、明らかに、「国家資本主義」とは、「国家＋資本主義」とみなしていることがうかがえる。

しかし、彼はまた別の箇所では、「国家資本主義はわれわれにとって救いの手」であり、「国家資本主義は社会主義への一歩前進である（Lenin［1918a］：邦訳、二九六ページ）とも述べている。そこでは、国有財産の資本家への賃貸しや利権事業を通じた資本主義制度の利用などが念頭におかれており、国家資本（国有セクター）の資本主義的運用（国家資本・主義）と資本主義的生産方法の国家的コントロール（国家・資本主義）という二重の意味が含まれている。このように、レーニンが使った「国家資本主義」という言葉のなかに、すでに、〈国家資本・主義〉と〈国家・資本主義〉の混乱があった（坂田［二〇一二］）。

（2）筆者は二〇〇二年、ロシアのサンクトペテルブルグ大学経済学部主催の国際セミナーに出席して“What is a socialistic market economy in China ?”（中国の社会主義市場経済とは何か）というテーマで報告する機会があった。筆者の報告論旨は、「中国共産党は自らを社会主義市場経済と名乗っているが、それは社会主義などではなく国家資本主義と捉えるべきである」というものであった。そのセミナーの席上で、同大学の著名な教授から、「ロシアには九九の社会主義の定義があるが、坂田の考える社会主義の定義は何だ」との質問を受けた。突然の予期せぬ質問に戸惑いながらも、「キーワードは平等性だろう」

と答えたが、その教授は、「すばらしい、ロシアではそれは新しい一〇〇番目の定義だ」とのジョークで軽くあしらわれた。もちろんこれは、ロシア人特有のブラック・ユーモアであるが、かくのごとくに社会主義の定義は多様かつ恣意的に行われてきた。

(3) インド共産党書記長のA・ゴーシュ（Ajoy Gosh）は、ルビンシュタイン論文は、インド国民会議派政権下での国有部門の拡大が「それだけですでに非資本主義的な道に入ったとか、非資本主義的な道を目指して進んでいる」というのは、国民会議派政権の過大評価につながるものであるとして厳しく批判した（Gosh [1956]：邦訳［一九五七］）。

(4) 「ウクラード」（уклад）とは、日本語では「社会・経済制度の諸要素」と訳されており、英語版では"elements of socio-economic structure"と"elements of economic system"の双方の訳語が不規則に充当されている。「多ウクラード社会」とは、これらの諸要素が同時に並存していることが前提とされており、その意味ではマルクス経済学で使用される「社会構成体」に対応する「生産様式」という概念とは区別されていた。それは社会・経済構造を構成するもっとも「基底的」な「生産のあり方」であり、つきつめれば「生産方法の具体的な存在形態」を指しているといえよう。だが、「ウクラード」と「生産様式」は全く別ものとみなされていたわけではない。「ウクラード」と「生産様式」はともに社会の「生産のあり方」を意味しながらも、概念上の「審級」という点で次元を異にしているに過ぎない。これらの「審級」関係をマルクス経済学になぞらえて、あえて示すとすれば、おそらく〈ウクラード――生産様式――構成体〉という順になるだろう。だが、「生産様式」という概念とは一応区別されているとはいえ、特定の段階にある社会の経済制度全体を構成する個々の「生産のあり方」という点では、「生産にもとづく社会関係」を反映しており、その意味では、マルクス経済学で使われる「生産関係」という概念に限りなく近い。だが、実際のところ、今日では、「ウクラード」という概念を厳密に定義することにはほとんど意義はない。

(5) 「自立的（自律的）国民経済」という概念は、きわめて抽象的かつイデオロギー的なものであった。にもかかわらず、かつて植民地支配を経験した多くの新興独立国では、おしなべて「自立的国民経済」の建設を国家目標に掲げていた。そこでは、外国資本に依拠しない（あるいは外国資本を排除した）自国の民族資本と国家資本（国有セクター）に依拠した、重工業から軽工業、農業にいたるすべての産業を備えた経済構造の樹立が想定されていた。

(6)「民族・民主国家」とは、一九六〇年十一月の「八一カ国共産党・労働者党代表者会議の声明」(いわゆる「モスクワ声明」)において、「徹底的に自国の政治・経済上の独立を守り、帝国主義とその軍事ブロック、自国領土内の軍事基地に反対してたたかう国家、独裁専制政治のやり方をしりぞける国家、人民に広範な民主的権利と自由を確保し、農地改革を実行し、民主的・社会的改革の分野でその他の要求を達成する可能性、国家の政策の決定に参加する可能性を人民に与える国家」と規定された(坂田[一九九一]、四九〜五〇ページ)。だが、後に述べるように、このような国家は現実にはどこにも存在しなかったのである。

(7)小谷[一九七九]は、マルクスがインド社会分析にさいして参考資料として使った当時の文献を大英博物図書館(現・大英図書館)から丹念に追跡して、それがいかにずさんな使われ方(本来ある文章を省略し、本来ない文章を書き加えるという)をしているかを実証した。「ここには、インドの農民経営と村落共同体を自己完結的・自給自足的・閉鎖的な存在とみなすマルクスの先入観が作用しているといわざるをえない」(同、六一ページ)という。

つまるところ、マルクスのアジア社会論は、「強い先入観」にもとづく発見、原書の誤読、都合の悪い箇所の省略、などによってつくり上げられたものにすぎず、「それは現実のアジアの歴史からは完全にかけ離れたものとならざるをえなかった」(同、九二ページ)のである。小谷はこれを「アジア的なるもの」の観念化にほかならないという(同、一五六ページ)。

(8)低開発国の「内部からみる」視点という点では、若くして亡くなった赤羽裕も、大塚史学の立場から低開発諸国の「前近代的伝統的な社会構造」の克服という課題を強調している(赤羽[一九七一])。だが、まず何よりも「前近代的伝統的な社会構造」の解体こそ、「工業化の普遍的基礎条件」であると主張する赤羽理論は、急速な工業化を前提とした「国家資本主義論」(国家資本・主義)に対しては批判的であった。同じように「内部からみる」視点を強調しつつも、工業化のための「普遍的基礎条件」にこだわる赤羽[一九七一]の立場は、〈国家資本・主義〉論とは距離があった(坂田[一九九一])。「工業化の基礎条件」として「前近代的伝統的な社会構造」の解体にこだわった赤羽理論は、工業化のプロセスではなく工業化後の社会を見据えていたのである。

(9)「重工業優先発展論」とは、旧ソビエト連邦がおこなった重工業部門への優先的投資による工業化路線の優位性を示す理論として普及していったものである。「ドップ=マハラノビス・モデル」とも呼ばれ、M・ドップ(Dodd[1955]:邦訳

［一九五六］）やP・マハラノビス（Mahalanobis［1955］）によって理論化され、マルクス主義経済学の側から提起された成長モデルであった。だが、ソビエト連邦の「社会主義」工業化モデルが、多くの国民（ことに農民）の犠牲の上に行われた強蓄積であったことは今日ではよく知られている。この点については、坂田［二〇一一］参照。

(10) インドが、本格的な「外向き」の政策（新産業政策）に転じたのは、一九九一年六月に発足した国民会議派のラオ（Narashimha Rao）政権以降のことである。その結果、インドに対する外国直接投資は、認可額で、九一年の五三・四億ルピーから九五年の三二〇七・二億ルピーへとわずか四年間で六〇倍にも増大した（坂田［一九九六］）。

(11) 一九七八年末のインドの累積債務は一五三億ドルにも達し、一九七〇年代末には、ブラジル（二七二億ドル）、メキシコ（二四八億ドル）と並ぶ累積債務のワースト・3にランクインされていた。デフォルト（債務不履行）の危機に直面して、インド政府は厳しい輸入制限をとらざるをえなかった。

(12) 一九六〇年代初頭のインドネシアでは、東南アジア最大の共産党員を擁した共産党が勢力を拡大しており、当時のスカルノ大統領は共産党の力を背景として「国軍」とのバランスを図りながら「自立的国民経済」の建設を進めようとしていた。「九・三〇事件」とは、一九六五年九月三〇日に、インドネシア共産党がいっきに社会主義革命を目論んで国軍との衝突を惹き起こした事件であるとされている。共産主義の脅威を感じた国軍のスハルト少将は、ただちに部隊を動員してこれを鎮圧し、徹底した共産党員の弾圧を行った。これによって、インドネシア共産党は壊滅的打撃を受け、以後、スハルトによる長期独裁政権（一九六六年～一九九八年）が樹立されることになった。「九・三〇事件」については、今日でもなぞに包まれているところが多く、真相の解明は必ずしも十分ではない。

(13) 一般的に「従属的発展」と呼ぶ場合も、そこには論者によってニュアンスの違いがある。ラテン・アメリカの代表的な「従属理論」家ドス・サントス（Theotonio Dos Santos）は、「従属とは、ある国々の経済が、他国経済の発展と拡張によって制約を受け、それに服従を強いられているという状況である」としつつ、そのような従属の状態は、「支配国の拡張の反映としてのみ拡張・推進を遂げる」とのべて、条件付ながら発展の側面をも指摘している（Dos Santos［1978］：邦訳［一九八三］）。〈本多・国家資本主義論〉でいうところの「従属的発展」が具体的にどのようなものであるかについての記述は少ないが、「九・三〇事件」以後のインドネシアなどが想定されていたことからみて、それは必ずしも「低開発」一色で塗りつぶされていたわけではなかろう。

(14) このような筆者の「新しい型の国家資本主義的発展」という指摘に対して、朴［一九八七］は、国家資本主義的発展にいくつかの類型があるのではなく、「非資本主義的発展の道から外れたすべての途上国の国家資本主義に従属的発展と『NICs的発展』の双方の契機が内在している」（同、四二〜四三ページ）、と批判した。だが、その後の経緯は、国家の性格から両者を区別することの必要性を実証している。

(15) 日本では、「従属理論」は一九七〇年代に普及し急速にその影響力を失っていったが、一九八〇年代に入るとそれはI・ウオーラスティン（Immanuel Wallerstein）の「世界システム論」（Wallerstein［1974］，［1979］：邦訳［一九八一］，［一九八七］）によって補強され、継承されていった。「従属理論」が「低開発世界」をおしなべて「周辺部」として「中心部」に従属させたのに対して、ウオーラスティンは、「近代世界システム」が繰り返す世界的景気上昇と世界的景気下降という変動局面においては、「周辺」（periphery）の内部においてある程度の変化が起こると主張した。すなわち、ウオーラスティンは、「中心」（core）と周辺の間に「準周辺」（semi-periphery）を想定し、世界的景気上昇局面においては、「周辺」の「準周辺」への上昇や「準周辺」の拡大（発展）現象が起こると説明したのである。日本では、「世界システム論」に共鳴した論者によって、NICs現象をこのような「周辺」の「準周辺」への上昇局面と捉える試みが行われた。

　だが、驚くことに、ウオーラスティンは、アジアでは、トルコ、イラン、インド、インドネシア、ベトナム、中国、北朝鮮を「準周辺」国と分類し、韓国や台湾、シンガポール、タイ、マレーシアなどを「周辺」国と分類したのである（Wallerstein［1979］, p.100：邦訳［一九八七］、一三三ページ）。われわれの常識からいえば、当時の北朝鮮は経済的に後れたソ連の「衛星国」であり（ソ連の援助なしには国内経済が成り立たないという意味において）、韓国や台湾、シンガポールは、OECDレポート（OECD［1979］）がいうように、先進工業国に「衝撃」を与えるほどの「キャッチ・アップ型工業化」を遂げつつあったのではないか。アジアの実態に疎かったとはいえ、あまりにも独断的かつ偏見に満ちた分類である。

(16) 当時の有利な国際的要因としては、南北問題を背景として途上国の輸出拡大を可能にするために導入された「一般特恵関税制度」（GSP）や、金融の自由化が進展したことによって可能となった「海外貯蓄」の導入など、概して「従属理論」が批判の対象としてきた「IMF・GATT体制」のもとでの変化に起因するものである。

(17) 実は、〈本多・国家資本主義論〉は、「新興工業国」の出現という新しい状況に直面して、当初の「国家資本主義の自己矛盾の結果としての従属的発展」という認識から、「資本主義世界システム」のもとにおける構造的従属性という認識へと大きく旋回していくことになった。本多［一九九〇］は、このような従属性を「世界システム」のもとでの「周辺部性」ととらえ、韓国のＮＩＣｓ的発展をそこに位置付けた（本多［一九九〇］）。さらに、「周辺部性」の具体的内容としては、工業化のための資金源として公共借款や民間借款、あるいは海外直接投資などの海外資金に大きく依存せざるをえないこと、さらには工業化技術、資本財・中間財、製品市場などにおいて強い対外依存性をもっていること、などを指摘した。本多［一九九〇］は、このような構造的従属性をもつ国家資本主義を、「周辺部国家資本主義」と呼んだが、Ｉ・ウオーラスティンが、「周辺部」の発展は「世界システム」が繰り返す世界的景気上昇と世界的景気下降という変動局面に規定されていると考えたのにたいし、本多［一九九〇］は、韓国の「中心部」への移行は、「韓国の社会構造がもつ諸問題の解決」が重要な鍵を握ると考えた。「世界システム」を唯一の社会システムと考え、国民経済システムを認めようとしないウオーラスティンを批判し、自らは「全体システム」（世界システム）に働きかける「下位システム」（国民経済システム）も分析単位たりうることを主張した必然的結果であろう（本多［一九九六］、三ページ）。この点について詳しくは、坂田［二〇〇八］を参照してほしい。

第三章　「東アジアモデル」と「国家資本主義」

はじめに

第二章で取りあげたように、筆者が二〇世紀後半に出現した「新興工業国」（ＮＩＣｓ）の「キャッチ・アップ型工業化」プロセスを「国家資本主義的発展の新しい途」（＝国家・資本主義の出現）ととらえ、その発展過程の光と影を最初に分析したのは一九八〇年代末のことである（坂田［一九八六］）。

他方、一九九〇年代にはいると、「新興工業国」（ＮＩＣｓ）に加えて、「輸出指向工業化」に転じたＡＳＥＡＮの一部の国も含めて、それらの国が採用した「キャッチ・アップ型工業化」戦略を、一般に「東アジアモデル」と総称し、「強い開発意思をもった政府」（開発主義国家）のもとでの「賢明な政策」の結果として評価する議論が百出した。こうした議論に強い影響を与えたのが、一九九三年に発表された「東アジアの奇跡――経済成長と政府の役割」と題する膨大な『世銀報告書』である。

以後、これらの国の工業化は、「政府主導型発展」あるいは「国家主導型発展」と呼ばれ、とくに政府の果たした経済的役割が強調されることになった。しかし、「東アジアモデル」と呼ばれる場合の開発プロセスは、「開発独裁」

や「権威主義体制」と不可分の、社会に対する国家の強いコントロールのもとで実現されたものであり、単なる「政府主導型」工業化に矮小化されるものではない。それゆえ、筆者が分析した「国家資本主義」(=国家・資本主義)と、経済発展における政府の役割を強調した「東アジアモデル」の関係を改めて問い直さざるを得ない。

したがって、第三章では、「国家資本主義」(=国家・資本主義)と「東アジアモデル」の関係を中心に、「東アジアモデル」と呼ばれるものの内実を検討し、加えて、開発理論としての「東アジアモデル」の歴史的評価を試みてみたい。

第一節　「東アジアモデル」とは何か

一　「世界銀行報告」と「東アジアモデル」

実際のところ、「東アジアモデル」について、必ずしも統一した解釈があるわけではない。この言葉が意味する内容には、かなりのヴァリアントがある。だが、一般に「東アジアモデル」と呼ばれている内容は、強い開発意志をもった政府(開発主義国家)の賢明な開発政策の立案、およびその高い実行力、市場メカニズムへの政府の介入(政府主導型発展)、開発政策としての世界市場での絶えざる比較優位の追求(輸入代替工業化から輸出指向工業化への転換)、「不均衡成長戦略」などを特徴としている。

このような「東アジアモデル」の理解に強い影響を与えたのは、一九九三年に発表された『世銀報告書』(A World Bank Policy Research Report) ,*The East Asian Miracle : Economic Growth and Public Policy*, (World Bank [1993] : 邦訳 [一九九四]) である。この報告書では、東アジア諸国にみられる政府の市場介入に対して、それを「基礎的政策」と「選択的介入」の二つに区分したうえで、(1) とくに「選択的介入」に対しては、それが急速な経済成長を実現できた理由として以下の二つを上げた（*ibid*.,pp.6～11：邦訳、六～一〇ページ）。

①北東アジアの政府は、選択的介入のためのパフォーマンスの基準と、そのモニタリングが可能となるような組織的なメカニズムを開発し、介入は非常に規律あるパフォーマンスにもとづいた方法で行われた。

②介入のコストは、顕在的にも潜在的にも過大にならなかった。マクロ経済の安定が最重要視されたため、介入が過大なコストを伴ったり、安定性を阻害するようになった際には、即時に修正されるかまたは廃止された。

要するに、東アジア諸国の政府は、基礎的政策（マクロ経済運営、銀行制度の健全性、教育政策、農業政策、合理的な価格政策、知識・技術の開放性など）により忠実であったことと、「選択的介入」に際しても、介入の実施の仕方において他のあまり成功を収めていない国々とはかなり異なっていたという認識を示した。

以上が、政府の市場介入にもかかわらず、市場メカニズムをうまく活用しながら高い経済的パフォーマンスを実現できた理由であると世銀エコノミストたちは説明する。「他のあまり成功を収めていない国々」とは伝統的に強い政府介入を続けてきたインドをはじめとした南アジアの国々が念頭に置かれていることは疑いない。これらの国では、政府の市場介入に加えて、「国有セクター」の比重が大きく（民間企業の成長が抑えられ）、それらが経済の非効率性をもたらし、結果として「ハイコスト・エコノミー」に帰結していったと考えられている。

同じように政府による市場への介入が行われたにもかかわらず、東アジアと南アジアの経済的パフォーマンスに大きな違いがみられる理由を、主として介入の「柔軟性」と「外向きの政策」（輸出指向工業化）にもとめる世界銀行エコノミストたちのこのような見解は、その後多くの批判にさらされながらも、一定の影響力をもっていった。「東アジアの奇跡」を可能にした「東アジアモデル」とは、そのような「賢明な政府」の柔軟な市場介入による「外向き」の開発モデルと理解されている場合が多い。

もっとも、『世銀報告書』では、東アジア諸国は「経験の多岐性（diversity of experience）、機構の多様性（variety of institution）および政策の大きな変動性（great variant in policies）から、公平を伴った高成長に関して単一の東アジア・モデルは存在しない」（*ibid*.,p.366：邦訳、三五〇ページ）との認識を示している。にもかかわらず、『世銀報告書』が、これらの国を「高いパフォーマンスを示す東アジア諸国」（HPAEs：High-performing East Asian Economies：日本、香港、韓国、シンガポール、台湾、インドネシア、マレーシア、タイ）と一括りにして、「東アジアの奇跡」を「賢明な政府」による「柔軟な政策」の結果として分析したことによって、「東アジアモデル」という呼び名がひとり歩きすることになった。先の言葉にもかかわらず、『世銀報告書』は明らかに、「東アジアモデル」を提示している。

しかし、果たして東アジアの政府の役割に対する世銀エコノミストたちのこのような見解を妥当なものとして受け入れることができるのであろうか。次に、この点について検討してみたい。

二 「東アジアモデル」と「ダブル・スタンダード」

（一）「東アジアモデル」の二重基準

東アジアの成長が、戦後米国主導のもとで進められた、ＩＭＦ・ＧＡＴＴを梃子とした経済のグローバル化の恩恵を最大限享受してきたことは疑いない。主要な開発政策として追求された比較優位にもとづく「輸出指向工業化」は、世界的な貿易自由化の恩恵に浴したものであり、国内の工業化に重要な役割を果たした外資の導入も、国際的な金融・資本の自由化のもとではじめて可能となった。東アジアの成長と世界経済のグローバリゼイションは分かちがたく結びついている。

かつて、アジアＮＩＣｓ（ＮＩＥＳ）の成長を説明する国際的循環メカニズムとして指摘された「太平洋トライアングル」構造も、世界経済のグローバリゼイションの延長に位置づけられる。日本から輸入した資本財・中間財を利用して組立・加工を行い、最終製品として米国市場へ輸出するという、日本を供給者、米国を需要者とする成長のトライアングル構造のもとで、ＮＩＣｓは輸出指向工業化を成功させ、併せて産業構造の高度化に成功してきたという成長メカニズムの指摘は、基本的には正しい現状認識であろう。

このようなトライアングル構造は、八五年のプラザ合意以降、日本企業の海外直接投資の急増とＡＳＥＡＮの成長などによって大きく変調をきたすことになり、かわって、九〇年代には、資本財・中間財供給国としての日本・ＮＩＥＳ――最終製品生産・輸出国としてのＡＳＥＡＮ・中国――最終製品市場としての米国・ＥＵ・日本、という多角的な連鎖構造が形成されていくことになるが、このようなトライアングル構造の変化も、基本的にはグローバリゼイションの進展に対応したものである。

しかし、東アジア諸国が世界経済のグローバル化の恩恵に浴してきたとしても、それは「グローバル・スタンダード」の採用によって可能になったわけではない。"Outward Looking Policy"（輸出指向工業化）にもとづく「キャッチ・アップ型工業化」の成功例として特徴付けられる「東アジアモデル」とは、けしてグローバリゼイションの時代に対応した開発モデルでも、新古典派経済学が重視するような「グローバル・スタンダード」にもとづくモデルでもない。

前述したように、政府の市場介入と市場メカニズムの利用とのバランスの取れた発展を指摘する先の『世銀報告書』では、東アジア諸国の政府が採った政策は、市場介入に際して、「基礎的政策」（マクロ経済運営、銀行制度の健全性、教育政策、農業政策、合理的な価格政策、知識・技術の開放性など）により忠実であったことと、「選択的介入」（緩やかな金融抑制、政策金融、選択的産業振興、工業製品の輸出促進のための貿易政策など）に際しても、介入コストを最小限にとどめ、マクロ経済の安定を最重要視してきたことの二点において、「賢明な政府による柔軟な選択的介入」であったとして高く評価した。

だが、このような説明は、説得力に乏しい(2)。政府の市場介入にもかかわらず、市場メカニズムをうまく活用しながら高い経済的パフォーマンスを実現することができたとする東アジア諸国の開発政策には、実は二重のスタンダードが色濃く反映されていることを、『世銀報告書』は見落している。

たしかに、「東アジアの奇跡」と賞賛された著しいマクロ経済成長は、世界市場での絶えざる比較優位の追求の結果として実現されてきた。しかし、それはけして企業レベルで追求されてきたわけではなく、「輸出指向工業化」を開発戦略とした「開発主義国家」の政策レベルにおいて追求されてきたものである。その結果、「国家」の経済過程への介入は、『世銀報告書』のいう「柔軟な選択的介入」の次元をはるかに超えて、広範囲にわたり、世界市場での比較優位の追求と国内市場での保護・規制が同居するという特殊な構造が形成されてきた。そのことは、産業構造の転換に直面して(国内産業の保護・育成を図るために)、「輸入先多角化品目制度」という名のもとで九〇年代末まで続けられてきた韓国の、日本製家電製品や乗用車の徹底した「輸入禁止措置」という政策一つを例にとっても明らかであろう(3)。

このように、「東アジアモデル」とは、けして政府の「選択的介入」といえるような緩やかな市場介入の結果として描かれるものではない。実際には、東アジア諸国は、世界市場での自由競争原理への果敢な挑戦と国内市場での国家による保護・規制という、相反する二つの原理にもとづく開発戦略のもとで工業化を成し遂げてきたのである。換言すれば、「グローバル・スタンダード」と「ナショナル・スタンダード」という二重の基準をうまく使い分けながら、工業化に成功してきたといえるのである。そうであるならば、次に、このような「ダブル・スタンダード」を可能にした要因は何かということが問題になるだろう。

(二)「東アジアモデル」の特殊歴史性

周知のように、戦後の世界経済は、「ＩＭＦ・ＧＡＴＴ体制」に象徴される「自由・無差別・多角」主義（アメリカン・スタンダード）に先導されたグローバリゼイションが著しく進展する状況にあった。にもかかわらず、東アジア諸国がこのような二つのスタンダードを使い分けることが可能となった要因はどこに求められるのであろうか。おそらく、その最大の要因こそ、当時の国際政治・経済状況に求めることができる。すなわち、米国を中心とした西側先進国は、九〇年代初頭までは、東アジア諸国（新興工業国）のこのような二重のスタンダードを許容せざるを得ない国際政治・経済環境におかれていたのである。

そもそも、このような二重のスタンダードの起源は、一九六四年に開催された第一回国連貿易開発会議（ＵＮＣＴＡＤ・Ｉ）に提出された『プレビッシュ報告』に求めることができる。『プレビッシュ報告』は、ＧＡＴＴは、「すべての国の相互にとって利益となるように貿易を拡大するために世界経済の中でこれらの経済因子を自由に働かせ、それを拒む傷害を除去しさえすればよいという考えの政策に啓示を得ているかのように見える」が、「これらの規則や原則は、また漠然とした経済の同質性という考えに基礎をおき、工業地域と周辺諸国との間に存在する大きな構造的相違に目を塞いでいる」（Prebisch［1964］：邦訳［一九六四］、三四ページ）として激しく批判し、先進国と発展途上国との「構造的相違」を考慮した二重の基準を要求したのである。

ＵＮＣＴＡＤ・Ｉの場での途上国からの要求は、二重基準を認めようとしない先進工業国の側からはことごとく拒否されることになるが、「構造的相違」への配慮という点においては、いくつかの譲歩が示された。その最初の具体化は、一九六五年のGATT総会においておこなわれた「貿易と開発に関する新章」（いわゆる「低開発条項」＝GATT規約第四部として追加）の採択である。GATTは、この「新章」において、先進国と発展途上国との間では貿易障害の軽減において「相互主義」を期待しないことなどを中心として、途上国の貿易促進のための先進国の協力を謳ったのである。UNCTAD・Ⅱ（一九六八年）において、南の側の要求を受け入れて、途上国の工業製品輸出を促進するために一九七〇年から先進国に導入された「一般特恵関税制度」（GSP：Generalized System of Preferences）は、こうした先進国側の譲歩として実現したものである。[4]

以後、「東西冷戦構造」と「南北問題」の同時並存という特殊歴史的な国際的環境のもとで、世界市場での比較優位を追求しようとする後発工業国の「ダブル・スタンダード」を許容ないし黙認するという先進国の共通のスタンスが形成されていった。[5]

こうして、一九七〇年代に入って、「新国際経済秩序（NIEO：Newly International Economic Order）」樹立路線を掲げた発展途上国の「七七カ国グループ」（G・七七）とは一線を画した韓国、台湾、シンガポールなどアジアNICs（NIES）は、「ダブル・スタンダード」のもたらす恩恵を最大限享受することができたのである（発展途上国の中には、GSPの導入をめぐって、特恵の対象を製品・半製品に限定することによって先進国との合意を早期に実現しようとする工業製品輸出国と、あくまでこれに一次産品を含めるべきであるとする一次産品輸出国との間に、激しい対立が見られ、「NIEO樹立宣言」に向けて収斂していったG・七七の結束とは対照的な南の側の分裂を際立たせる結果となった。いわゆる「南南問題」の出現である）。

このように、七〇年代～八〇年代こそは、グローバル化の進展にもかかわらず、東アジア諸国が、「ダブル・スタンダード」に依拠した「キャッチ・アップ型工業化」を追及する上で有利な国際環境に恵まれた時期である。しかも、二度にわたるオイルショックによる賃金上昇と欧米との貿易摩擦に直面した日本企業が、「迂回輸出」を狙ってこれらの国に進出し、結果として工業化を後押ししたのもこの時期である。

したがって、「東アジアモデル」とは、グローバリゼイションという世界的潮流に対応した開発モデルではなく、対外的にはグローバリゼイションの流れに身をゆだねながらも、国内的には「ナショナル・スタンダード」に固執した特殊歴史的な開発モデルであったと理解されなければならない。

たしかに、「東アジアモデル」が、歴史上類をみない「キャッチ・アップ型工業化」を成功に導いてきた事は、否定しようもない事実である。だが、このモデルを踏襲した国は、世界的な冷戦構造が崩壊し、「グローバリズムのビッグ・ウエーブ」といわれる自由化と構造改革の波が容赦なく押し寄せてきた一九九〇年代以降、「ダブル・スタンダード」が世界的に許容されなくなった途端に深刻な危機に直面することになった。(6) このことが何よりも、「東アジアモデル」とは、特殊歴史的なモデルであり、普遍性をもった開発モデルではないということを証明している。

三　「東アジアモデル」と国家の役割

いうまでもなく、「東アジアモデル」を提供しているのは、東アジアＮＩＣｓ（ＮＩＥＳ）であった。だが当時では、ＮＩＣｓの評価を巡って、それを「従属論」の範疇で説明しようとする議論から、(7)「東アジアの奇跡」という賞賛に代表される「新古典派経済学」の議論まで、多様な評価が入り乱れていた。しかし、それらの議論のいずれも、現実の一面を強調しているに過ぎず、東アジアＮＩＣｓの全体像を描くには不十分なものでしかなかった。

たしかに、東アジアＮＩＣｓの目指した「輸出指向工業化」は、世界市場における比較優位を追求したものであり、市場メカニズムに依拠したものであった。その限りでは、「新古典派経済学」の主張する「自由貿易体制下における比較優位の追求」という指摘は一面を突いていた。他方、これらの国の工業化は、先進工業国からの商業借款の導入や直接投資（ＦＤＩ）によって担われたものであり、「従属論」の立場から指摘された「外資への従属的発展」という側面は、あながち的外れではなかった。

しかし、「従属論」は、一九八〇年代後半からのＮＩＣｓに続くＡＳＥＡＮの「輸出指向工業化」への転換とそれに伴う高い経済的パフォーマンスの実現という歴史的事実によって、ほとんど影響力を失っていった。外資の積極的な導入がみられたとはいえ、ＮＩＣｓの発展はもちろんのこと、新しくインドシナ諸国をも巻き込んで「広域自由経済圏」を形成しつつあったＡＳＥＡＮの成長を「従属的発展」の範疇に押し込めようとすることは、あまりにも恣意的であることはだれの目にも明らかであった。結局のところ、「従属論」は、「第三世界」の「低開発」はうまく説明することはできたが、「開発」についてはほとんど説明することはできなかったのである。

他方、「新古典派経済学」の側からの説明に対しても、多くの異論が寄せられることになった。とくにクローズ・アップされたのが、開発における「国家」の役割の評価に関してであった。「東アジアモデル」の「典型」とみなされていた韓国の発展過程については、多くの研究者は「政府」の果たした役割の重要性を指摘し、「官主導型」経済発展とか「政府主導型」経済発展と特徴付けた。(8)

この点についてはまた、日本ではとくになじみが深く、東アジア（とくに韓国）の後発工業化の歴史に詳しいＡ・アムスデン（Alice H. Amsden）も、後発工業国における国家の役割は、「産業発展における基本的な先導者」であり、産業に対する国家の支援は「幼稚産業保護論によって意味されているものよりもはるかに強力である」と指摘しているところでもある（Amsden［1990］, p.12）。

繰り返し指摘してきたように、韓国の場合、開発において「国家」の果たした役割は、『世銀報告書』が指摘した

「賢明な政府による柔軟な政策」と言う範疇をはるかに超えていた。市場メカニズムにもとづく「比較優位」の追求の結果として東アジアＮＩＣｓ（ＮＩＥＳ）の成功を説く「新古典派経済学」の説明は、「開発主義国家」の性格とその役割の分析を欠いていたのである。

したがって、「東アジアモデル」と呼ばれる「東アジアの奇跡」を牽引した開発モデルは、強力な（しばしば強権的な）「開発主義国家」とそのもとでの「国家主導型」の開発体制と不可分に結びついており、達成された工業化の実績も、「新古典派経済学」が想定するような市場メカニズムに身をゆだねた結果ではない。

第一章で述べたように、筆者はこのような体制を「国家資本主義システム」（＝〈国家・資本主義〉システム）と呼んできた。ここでの「国家」の経済過程への介入は、「市場の失敗」を処方する対症療法的な（ケインズ主義的な）それではなく、開発と資本蓄積を牽引する主体としてあらゆる分野に及び、「指導される資本主義」（韓国第一次五カ年計画）とさえ呼ばれる特殊な体制をうみだしてきたのである。いうまでもなく、ここでいう「国家」とは、「政府」と同議ではない。筆者が「国家の領導的機能」として重視する「国家」の役割とは、司法、立法、行政などの国家機関とそれを支える官僚機構にとどまらず、治安を担う警察や軍隊などあらゆる権力機構をも含むものであり、行政機関としての「政府」の役割とは区別される。

第二節　「キャッチ・アップ型工業化」と「国家主導型発展」

一　「キャッチ・アップ型工業化」とは何か

一般に、「キャッチ・アップ型工業化」と呼ばれる場合、厳密な定義がなされているわけではない。歴史的には、

「後発国」が「先発国」の達成した工業化の成果を、短期間で達成しようとするとき、その工業化はほとんどの場合「キャッチ・アップ型」である。[9]

通常、「キャッチ・アップ」を目指す主体は、国家と個別企業が考えられるが、さしあたり個別企業はコスト削減と生産性の向上など競争力の強化を目指しており、このことは自由な市場経済（自由競争）を前提とすれば、企業の生き残りをかけた競争であり、あえて「キャッチ・アップ型」と呼ぶ必要性はない。そうであれば、「キャッチ・アップ型工業化」と呼ぶ場合、その主体は国家であるといってよかろう。

国家が主体となったキャッチ・アップ・プロセスの典型としては、古くは、明治期の日本資本主義の発展にみることができる。明治期の日本資本主義の発展は、まさに欧米の先進資本主義国に追いつき追い越すための、「キャッチ・アップ型」の工業化であった。しかし、このようなキャッチ・アップ・プロセスは、必ずしも日本特有の現象ではない。一九世紀後発国の資本主義的工業化は、意識するとしないとにかかわらず、おおむね「キャッチ・アップ型」であった。むしろ、遅れて工業化に乗り出す国において、「先発国」との間に広がる生産力格差を「キャッチ・アップ」しようとしないことのほうがまれである。したがって、「ナショナリズムの時代」においては、「後発国」の目指す工業化は、「キャッチ・アップ型」にならざるをえない。すなわち、ナショナリズムと「キャッチ・アップ型」工業化とは不可分に結びついている。

しかも、A・ガーシェンクロン（Alexander Gerschenkron）が指摘したように、一九世紀後発資本主義諸国は、「後発性の利益」を享受することによって、結果として「圧縮された発展」（キャッチ・アップ型工業化）をある程度まで可能にしていったのである。[10]

また、第二次大戦後の新興独立国における開発戦略の策定に対して、「マルクス経済学」陣営からはいわゆる「重工業優先発展論」が提起された。「ドップ＝マハラノビス・モデル」とも呼ばれるこの理論によれば、新興独立国の政治的独立をより強固なものにするためには、「自立的国民経済」（第二章、注5）の形成が不可欠であり、それを可能にするのが「重工業優先発展」戦略であるという。「ドップ＝マハラノビス・モデル」で示された「重工業優先発展論」は、「輸入代替工業化」を前提として、「消費財生産部門」よりもまず「資本財生産部門」へ国家投資を集中させることによって、高い成長率を実現しようという野心的な「キャッチ・アップ型工業化」論であった[11]。

したがって、「輸入代替工業化」戦略を採用するか、「輸出指向工業化」戦略を採用するかにかかわらず、後発国の目指す工業化は、いきおい「キャッチ・アップ型」にならざるをえない。解明されるべき課題は、そのような工業化が成功するか否か、成功するとすればどのような条件のもとにおいてであるのかにある。

第二次大戦後の新興独立国（そのなかにはいわゆる「社会主義」を目指した国も含まれる）の多くにおいて採用された、国内市場に依拠した「輸入代替工業化」にもとづく「重工業優先発展」開発戦略は、P・A・バラン（Paul A. Baran）によって「成長のための病気」（Baran [1959], p.282：邦訳［一九六〇］、三七四ページ）として片付けられた農業・消費財産業の後れと食料・日用消費財不足が結局「死にいたる病」となって破綻していったように、「キャッチ・アップ型工業化」に成功した国は皆無であった。

結局、国内市場に依拠した「輸入代替工業化」も、「重工業優先発展」戦略も、ことごとく隘路に直面して挫折していった。このような多くの後発国の状況の中にあって、いち早く、「輸入代替工業化」から「輸出指向工業化」へと開発戦略を転換した一部の国のみが、工業化の実績を積み上げていくことになる。したがって、実績を伴った「キャッチ・アップ型工業化」のモデルということになれば、国内市場に依拠した「内向きの工業化」ではなく、世界市場を目指した「外向きの工業化」ということになり、「キャッチ・アップ型工業化」と「輸出指向工業化」とは不可分の関係にあるということになる。

さらに、「キャッチ・アップ型工業化」を考えるうえにおいて重要なことは、キャッチ・アップと産業構造転換（高度化）の関係である。いうまでもなく、「キャッチ・アップ」プロセスは産業構造高度化のプロセスであり、産業構造の高度化の成否が鍵を握っている。

ただし、「キャッチ・アップ」プロセスを実際に実行するのは、個別企業の生産活動であるが、産業構造の転換（調整）をはかるためには個別企業レベルでの取り組みだけでは不可能である。一九七〇年代の初頭に、産業構造の転換という困難な課題に直面した韓国では、大統領自らが先頭に立って「重化学工業化宣言」（一九七三年）をおこなったように、国家の「領導的機能」が不可欠である。その意味において、「キャッチ・アップ型工業化」と「国家の領導的機能」とは不可分の関係にあるということになる。

したがって、戦後の「キャッチ・アップ型工業化」とは、「輸出指向工業化」戦略にもとづいて、国家の主導のもとで行われる産業構造の高度化プロセスである、ということができる。しかも、その場合の国家とは、「強い意志と権力」をもった国家でなければならず、「ナショナリズムの体現者」でなければならない。

二 「国家主導型発展」とは何か

（一）「政府主導型発展」の内実

これまで繰り返し述べてきたように、「東アジアモデル」では、多くの研究者によって政府の役割が強調されてきた。一般に、経済開発論の分野において、その開発の一定段階を「国家主導型」発展、あるいは「政府主導型」発展過程と特徴づけたり、そのような分類を行っている研究者は少なくない。現代低開発世界における国民経済形成過程において、「国家主導型」発展ないし「政府導型」発展を指摘する大方の議論は、必ずしも明確にではないが、開発の初期段階における政府の役割の重要性を前提にしている。しかしながら、このような議論では、「国家主導型」と「政府主導型」との区別はあいまいである。多くの場合、両者は同じ意味で使われている。だが、前述したように、「国家」と「政府」は明らかに区別されなければならない。新興工業国の場合、「政府主導型」と呼ばれる内実は、実は「国家主導型」と呼ばれる方が実態に近い。ではなぜ、後発工業化のプロセスにおいて「国家主導型」とみなされるような現象が出現するのであろうか。

開発過程の初期の段階で、経済過程への国家介入が広範に行われる理由としては、いくつかの要因が指摘できる。一九世紀後発工業国（ドイツ、フランス、ロシア）を対象としたA・ガーシェンクロン（Gerschenkron［1962］）の研究は、恐らく最初の数少ない研究の一つであるが、二〇世紀後半における後発資本主義国を対象とした研究としては蓄積に乏しい。

今日の新興工業国における一般論としては、かつての宗主国による支配と被支配の関係のもとで醸成されてきた強烈なナショナリズムが政治と経済の結びつきを増幅させてきたこと、そのため経済的国民統合が為政者の権力基盤を安定させるための唯一最大の要因となったこと、などが指摘できる。しかも、二〇世紀における資本主義世界システムのもとでの国民経済的統合には、一九世紀とは比較にならない国家の経済的役割が必要となる。そこでは、既存の世界経済秩序としての「自由・無差別・多角」主義（グローバル・スタンダード）を強要することによって、低開発世界での国民経済統合を妨げるような力が常に作用しているからである。

また、一九世紀後発工業国と比較しても、資本蓄積において国家の果たす役割は今日の新興工業国では明らかに質的に異なっている。それはいうまでもなく、一九世紀後発国と二〇世紀後半の新興工業国とのおかれていた歴史的条件の違いに起因するものであり、その主要な違いは、当時とは比較にならない生産力格差（その背後にある技術格差）の存在にある。一九世紀当時とは比較にならない生産力格差をキャッチ・アップする体制として国家の役割（国家の領導的機能）はより強化されるのである。とくに、「社会主義」を標榜する国家において、国家の策定した中央指令型「経済計画」に基づく工業化が追求されていた状況のもとで、それとの対抗上、開発における国家の役割が増幅され、「五カ年計画」のような国家が策定した開発計画に依拠した工業化が不可避となったのである。

加えて、東アジアでは、「集団主義」、「徳治主義」といった儒教的社会原理の伝統が、「指導される資本主義」としての国家介入を容易に受け入れる風土を創り出していた。この点は、「個人主義」、「法治主義」を基本とする欧米の社会原理とは極めて異質である。

およそ以上のような要因によって、二〇世紀後半の後発国の工業化は、国家と資本主義的工業化の特殊歴史的な関係を出現させたと考えることができるのである。

今日、開発経済論の分野において、「国家主導型」発展と呼ばれる場合も、開発過程における「国家の領導的機能」を指摘している場合が多いが、国家の役割の歴史的な区別は曖昧である。その際注目されるのは、政府による特定の開発戦略の確定とそれにもとづく開発計画の立案、政策金融や財政支援による産業政策、投資規制や行政指導による産業調整、通貨管理と貿易政策などであり、全体として政府による国民経済形成過程への政策的介入とそこでの主導的役割が強調されるのみで、第一章で述べたような資本主義の種差性にまで踏み込んだものではない。それ故に、筆者は、「国家主導型発展」というあいまいな規定を避けて、〈国家・資本主義〉という資本主義の「種差性」にまで踏み込んだ規程をおこなったのである。

（二）「調整国家」論と国家の役割

東アジアのＮＩＣｓ的発展を含めて、発展途上国の中から工業化に成功した国々について、筆者とは別の立場から「国家」の役割に注目して、「周辺部フード主義」という概念を使ってこれを説明しようとする一群の学派が存在している。彼らは、「レギュラシオン学派」と呼ばれ、「周辺部」世界に「調整国家」という概念をもちこむ事によって、筆者が〈国家・資本主義〉論において重視した「国家の領導的機能」とは異なる、これら国家の新しい役割を規定しようとした。

「国家の新しい役割」から「新興工業国」の工業化を説明しようとする点においては、「国家主導型」発展論の一部とみなすこともできるが、それを世界的な「周辺部フォード主義」現象と位置付けている点において、単なる「国家主導型」発展論とは区別される。それゆえ、彼らの議論をあらためて検討しておく必要があろう。

「レギュラシオン学派」を代表するフランスの政治・経済学者Ａ・リピエッツ（Alain Lipietz）によれば、一九七〇年代半ば以降、発展途上国の中から「周辺部フォード主義」と呼ばれる工業化の新しい段階に移行した国々が出現し（ＮＩＣｓ）、それらの国では、「現地の自立的資本」、「相対的に豊富な都市中産階級」、「経験を積んだ労働者階級の広範な生成」という三つの要因が結合されることによって、「独裁政権の崩壊」現象が起こったという。そして、「周辺部フォード主義」段階へ移行した国家の役割とは、「国家の相対的自立性」にもとづく、「調整」（レギュラシオン）が資本主義的蓄積において重要な役割を果たすというのである（リピエッツ、邦訳［一九七八］）。

「周辺部フォード主義」段階への移行とは、先進資本主義国における「フォード主義」の周辺部への波及（＝グローバル・フォーディズム）によってひき起こされる「経済的・社会的動態の時間的・空間的可変性」現象であるとされた。[12] いうまでもなく、「フォード主義」とは、戦後の成長を可能にした資本主義の「内包的蓄積体制」を意味する言葉であり、それは競争的賃金労働関係にかわるフォード主義的労使妥協によって労働者を同時に消費者として受け入れることにより、大量生産＝大量消費を実現したことによって支えられてきた。

「レギュラシオン学派」の主張の核心は、このような「内包的蓄積体制」はまた、国家による「管理された調整」によって保証されてきたと考える点にある。彼らによれば、「発展様式」とは、特定の適合的な「調整様式」を備えた「蓄積体制」の総体を意味するものであるという。国家が管理する「調整様式」とは、具体的には、労使関係、貨幣制度、競争形態、国家形態、国際関係などが指摘されるが、最も重視されるのが大量消費を可能にした労使関係、すなわちフォード主義的労働編成と生産性の上昇に対応したインデクセーション賃金（フォード主義的労使妥協とその制度化）である。

したがって、「周辺部フォード主義」段階への移行とは、「内包的蓄積体制」と国家による「管理された調整」（適合的な調整様式）とが「周辺部」へと波及していったことによってひき起こされた新しい「発展様式」の出現ということになる。

リピエッツはいう。「一九七〇年代に入り、若干の国ぐににおいて、現地の自立的資本、相対的に豊富な都市中産階級、経験を積んだ労働者階級の広範な生成、これらの三つの結合が現実化する。こうした結合によって若干の国家は、われわれが『周辺部フォード主義』と呼ぶことにする新しい論理を発展させるチャンスをつかむことになる」（邦訳、一一三ページ）。

要するにリピエッツは、現地資本の成長と中間層の出現などによって支えられた「国家の相対的自立性」を強調することによって、先進国におけると同様な、諸階級・諸集団の間の対立が社会的妥協を通じて制度化される調整様式の存在とそのもとでの資本蓄積の進展を指摘しようとしたのである。[13]

だが、このような「調整国家」という指摘について東アジアのＮＩＣｓ（ＮＩＥＳ）研究に詳しいＡ・アムスデン（Amsden［一九九〇］）は、後発工業国における国家の役割は、「調整国家」のそれよりもはるかに包括的であり、ここでの国家の役割は、「産業発展における基本的な先導者」であり、産業に対する国家の支援は、「幼稚産業保護論によって意味されているものよりもはるかに強力である」（*ibid.* p.12）と真正面から批判した。

実際、韓国の例にみられるように、経済発展の主翼を担った「財閥」は、けして政府から自立した存在ではなかった。朴正煕政権（Park Chung-hee：1961年～1979年）とそれに続く軍人出身の全斗煥政権（Chun Doo-hwan：1980年～1988年）も、明らかに「財閥」の「生殺与奪」権を握っており、国家の役割は「市場の失敗」を補完する対症療法的介入でもなければ、「レギュラシオン学派」が主張した「調整国家」としての役割にとどまるものでもなかった。ここにみられる国家介入の特徴は、度重なる「経済開発五カ年計画」にみられるように、社会主義国の計画経済と類似した性格さえもっていたのである。

そもそも、「レギュラシオン学派」の「周辺部フォード主義」と「調整国家」いう議論は、一九七〇年代に「独裁政権」が崩壊し、穏健な社会民主主義政権のもとで経済開発が進められた南ヨーロッパのＮＩＣｓ（主としてスペイン、ポルトガル、ギリシャ）を分析して組み立てられたものであり、一九八〇年代末まで「独裁政権」が延命し、「独裁政権」のもとで経済開発が進められた東アジアＮＩＣｓとは現状分析において際立った違いがある。[14] その意味でも、彼らの議論を東アジアに持ち込むことには無理がある。

一九八〇年代末までの韓国の現実は、「国家の相対的自立性」によって社会的妥協が形成されていくというリピエッツの想定するようなものではなく、工業化に向けた国家的総動員体制が目指されたのであり、独裁政権下での国家的規制と統制によって特徴付けられるものである。それはけして、社会的妥協と呼べるようなものではない。

第三節　「開発独裁」と〈国家・資本主義〉

一　東アジアの「開発独裁」

「開発独裁」という用語は、一九七〇年代にラテン・アメリカの政治学者の間で使われていた「権威主義体制」あるいは「官僚的権威主義体制」という用語が、その後、東アジアの実態に即して加工された概念である。「権威主義体制」(authoritarian regime) とは、若林［一九八七］によれば、「最初にファン・リンスが、『全体主義体制』『民主主義体制』の二分法ではとらえきれない、フランコ支配下のスペインの政治的特徴を理解する枠組みとして提示し、一九七〇年代初頭以来、ラテン・アメリカの多くの政治体制にもあてはまるものとして援用され広まった概念である」という（同、一七ページ）。

他方、こうした概念を東アジアに適応しようとした最初の試みは、高橋［一九八〇］や、恒川［一九八三］によって行われた。高橋は、「開発独裁」を、「経済成長のためには政治的安定が不可欠であるとして、政治体制への参加を著しく制限する体制」（同、一七〇ページ）と定義し、恒川も、ほぼこれと同じ定義を行った（同、六七ページ）。また、朴［一九九二］は、独裁政権と経済成長のパラレルな関係をとくに強調して、「経済成長という国家目標を設定することで正当性を付与され、その目標に対して一定の成果を収めた独裁政治」（同、四六ページ）と規定した。

さらに、先の恒川［一九八三］は、ラテン・アメリカの権威主義体制を、「文民官僚型」、「軍部官僚型」、「軍部派閥型」、「個人独裁型」の四つに分類し、アジアの「開発独裁」に最も近い特徴を備えているのは、「軍部官僚型」権威主義体制であるとしながらも、両者の間には多くの類似点とともに相違点もあると指摘した。最大の類似点としては、「経済開発」と「反体制派への過酷な強制力の行使」という二つの特徴をあげ、相違点としては、「出現の契機」、「経済開発の内容」、「不安定性」の三つをあげた（同、八一ページ）。

出現の契機の違いについては、軍部官僚型権威主義体制のほとんどは、すでに相当進んでいた輸入代替工業化の行き詰まりを契機として登場したのに対し、アジアの開発独裁は、独立後の「国民統合」の後れや工業化の初期の経済的困難をきっかけとして出現したという点が指摘され、経済開発の内容の違いについては、ラテン・アメリカの場合、経済開発の内容は国営部門の拡大を多国籍企業の誘致と同時進行させた国、徹底した経済の私企業化を実行した国、「人民主義」的な政策を一部実行した国など（キャッチ・アップ型工業化を目指した東アジアの国家主導型発展とは）大きな違いがある点が指摘された。さらに、不安定性という点では、「軍部官僚型」権威主義体制は、「開発独裁」よりも不安定であるという点に違いを指摘している。

たしかに、東アジアでは、ラテン・アメリカ以上に権力の集中度が高くかつ政権の経済開発への取り組みが顕著であった。しかも、ラテン・アメリカの「権威主義的体制」（たとえばアルゼンチンやブラジルなど）は、一九八〇年代にはことごとく経済開発において脱落していった。

こうして、「開発独裁」という用語は、東アジアの「強い国家」とその主導による経済開発体制を意味する言葉として一般に用いられるようになった。筆者も当時、「開発独裁」とは、韓国の朴正煕大統領が好んでもちいた「先建設・後分配」という言葉に象徴されるような、国家権力によって分配面での要求を抑えながら（たとえば労働運動の制限・禁止、反体制運動の抑圧）、経済建設（経済成長）を優先課題とするような体制と理解して、韓国や台湾などの「独裁政権」下での開発体制を指す言葉として使用した。

二 「開発独裁」と「開発主義」

このように、「開発独裁」という用語は、東アジアに出現した「独裁政権下での経済開発」を指す体制として一九八〇年代から九〇年代初頭にかけて普及していった。だが、一九九〇年代半ばにいたると、「開発独裁」という用語のもつ曖昧性が指摘されるようになり、用語の再検討が迫られるようになった。その最初の指摘は、末廣［一九九四］によってなされた。末廣は、「開発独裁」という言葉は、「開発と独裁の相互関係を必ずしも明確にしていない」として、「因果関係が曖昧な分析概念」であり、この言葉が流通しているのは「実は日本の学会やマスコミのなかだけでしかない」と指摘し、用語の再検討を迫った（同、二一二ページ）。

その背景には、「独裁」という言葉のもつ曖昧性だけでなく、強い否定的イメージとその言葉のもつ「政治性」があったことは疑いなかろう。したがって、「政治性」を排除して、分析概念として客観性をもたせるとすれば、東アジアの実態を反映した別の概念が必要とされたのである。

たしかに、軍事政権としての朴正熙時代の韓国（一九六一年～一九七九年）や蔣介石時代の台湾（一九四九年～一九七五年）ならまだしも、一定の民主主義的手続きを踏んで成立したシンガポールのリー・クアンユー政権やマレーシアのマハティール政権までも「開発独裁」というタームでくくることには強い抵抗があったことは想像に難くない。さらに、一九八七年六月の「民主化宣言」以後の韓国、一九八七年七月の戒厳令解除後の台湾は、明らかにそれ以前の統治体制とは質的に変化しており、「独裁」にかわる新しい規定が必要とされていた。

その結果、一九九〇年代中頃から、「開発独裁」に代えて、「開発主義体制」あるいは「開発主義国家」という言葉が多用されるようになった。

だが、「開発主義体制」あるいは「開発主義国家」という言葉にも、必ずしも厳密な定義があるわけではない。この点について、末廣［一九九八］は、発展途上国にみられる「開発主義」の特徴について、次のような共通する三つの特徴を指摘した。①開発の単位と目標が、個人・家族・企業・地域社会ではなく、あくまで国家や民族におかれていること、②国家が、つまり行政機能を担当する政府だけでなく、治安や国防を担当する軍も含めて国家が、広範に経済や社会の運営に介入していること、③途上国における開発主義の普及と持続には、経済成長イデオロギーの浸透と定着が密接に関連していること（同、二～三ページ）。

また、岩崎［二〇〇一］は、「開発主義国家」の要件として、①開発と成長志向、②そのための国家体制の構築（権威主義体制と国家主導型開発）、③資本主義原理にもとづく開発、の三点をあげている（同、一二一ページ）。

「開発独裁」か「開発主義」かという政治学者をも巻き込んだこのような日本での議論は、けして概念上の問題に終始したわけではない。そこでは、既成の輸入概念では捉えきれない東アジアの特殊な経済発展プロセスとその過程での国家の役割が問題にされていた。「開発独裁国家」にしろ「開発主義国家」にしろ、いずれも日本を含めた東アジアの土壌から導き出された概念であることからもうかがわれるように[15]、東アジアでは、「開発」と「国家」をめぐる他にみられない特殊な関係（＝〈国家・資本主義〉システム）が出現したのである[16]。

したがって、「開発」と「国家」をめぐる特殊な関係の分析こそ、新しい型の国家資本主義的発展の途の解明の本質的な内容となる。

三 「開発独裁」下の〈国家・資本主義〉

かつて、日本で最初に提起された「国家資本主義論」は、「民族・民主国家」のもとにおける国有セクターの拡大を通じた「非資本主義的発展の途」（漸進的社会主義化）を展望するものであった。当時、「資本主義の全般的危機」の深化という時代認識のもとで、資本主義的工業化の途は著しく制限されていると考えられていた。

しかし現実には、資本主義は戦後、技術革新やテーラー・システムに代表される生産システムの革新によって著しい内包的発展を遂げ（大量生産・大量消費）、同時にＩＭＦ・ＧＡＴＴに象徴される自由・無差別かつ多角的な国際経済体制を発展させることによってグローバル化を推し進めていった。その結果、一方では「南北問題」を拡大させながら、他方では資本主義の未曾有の世界的拡大をもたらしたのである。このような現象は、明らかに「資本主義の全般的危機」論が想定した世界とは異質であった。こうした現実の世界にあっては、国内市場を基盤とした輸入代替工業化による「自立的国民経済」の形成に固執し、「国有セクター」の強化による「非資本主義的発展の途」を追求しようとすることは、「ハイコスト・エコノミー」へと帰結せざるをえないものであったことはすでに述べた。

「民族・民主国家」というあいまいな概念と「自立的国民経済の形成」という閉鎖的な内向きの工業化にもとづいた〈国家資本・主義〉論が、低開発世界の現実との乖離を深める中にあって、東アジアでは、非民主的な「強権的国家」のもとでの外向きの工業化（輸出指向工業化）に乗り出した一群の成長国家が出現したことは、あらためて「開発」と「国家」の関係を問い直すきっかけとなった。

「民族・民主国家」のもとにおいてのみ工業化が展望され、非民主的「独裁国家」のもとでは工業化は挫折するという図式は、あまりにも恣意的なものである。東アジアに出現した一群の成長国家（新興工業国）は、非民主的「独裁国家」のもとにおける工業化に成功した国々であった。

しかも、これらの国の工業化には、「国家」が重要な役割を果たしており、それは「市場の失敗」を補完するというような対症療法的な役割をはるかに超えたものであった。その役割とは、先に指摘したように、「上からの資本主義化」を領導するというような資本蓄積の性格そのものにかかわる次元での国家の経済過程への介入であった。

すなわち、東アジアの「新興工業国」の成長は、〈国家＋資本主義〉として把握されるような「国家」と「資本主義的工業化」との特殊な関係を示しており、筆者は、このような関係こそ、「新しい型の国家資本主義」システムであると考えた。このような「国家資本主義」(＝国家・資本主義）の原型は、明治期の日本資本主義の発展過程に求めることができることはすでに指摘したが、東アジアの「新興工業国」の発展過程は、この点をいっそう明確に示しているという意味において、〈本多・国家資本主義論〉(第二章、第二節、参照）が指摘した「国家資本主義の官僚資本主義化・従属的発展」とも区別される「新しい型の国家資本主義」(国家資本主義的発展の第三の途）と規定したのである。

第四節　「東アジアモデル」と開発理論

一　開発理論としての「東アジアモデル」

「東アジアモデル」と総称される新興工業国の「キャッチ・アップ型工業化」は、「輸出指向工業化」を目指したものであり、比較優位産業に資源（投資）が集中される結果として、多くの面で不均衡を発生させた。

実は、地域間格差や産業間格差、あるいは内外格差を伴った発展途上国の開発モデルの理論的原型は、A・O・ハーシュマン（Albert O. Hirschman）の「不均衡成長論」(Theory of Unbalanced Growth）にまでさかのぼることができる（Hirschman [1958]：邦訳［一九六一］)。かつて、ハーシュマンは、R・ヌルクセ（Ragnar Nurkse）などが主張した「均衡成長論」(Theory of Balanced Growth）(Nurkse [1953]：邦訳［一九五五］）に対し、それは発展の契機を欠いた「低開発均衡」(低所得均衡)にすぎないと痛烈に批判し、自らは「不均衡成長論」を対置した。彼が主張した「不均衡成長論」は、中国の「改革・開放政策」の実例をもちだすまでもなく、特定地域・特定分野がもたらす高い成長力に牽引されて、飛躍的な経済成長をもたらす可能性を秘めていた。

このように、国民経済内部における不均衡は、意図的に作り出されるか否かは別にして、実はある程度までは発展のためのダイナミズムに転化しうるものであった。たしかに、「貧困の悪循環」からの脱出の途を「不均衡成長」に求めるハーシュマンの主張は、世界市場との関連性が希薄で工業化に際して一国内部の国民経済だけを問題にしていた当時としては、一定の理論的説得力をもち得たし、実際にも、開発の初期段階(低開発均衡局面)においては有効な開発戦略となりえた。その意味では、「不均衡成長」を伴う「東アジアモデル」は、開発理論としてはある程度の有効性をもっている。

しかしながら、「不均衡成長戦略」には、当然のことながら、経済政策論で問題にされるところのいわゆる「出口」戦略が不可欠である。周知のように、「不均衡成長戦略」は、「低開発均衡」からの脱却とその後の前方・後方連関効果による成長の経済全体への波及(トリクル・ダウン)を展望したものでるが、その波及効果には限界が存在する。現実には、ひとたび不均衡開発が進められると、社会のいたるところで不均衡(格差)が出現し、その不均衡によって利益を得る集団が形成される。このような利益集団は、既得権を守ろうとしてさまざまな手段を駆使して為政者に働きかけ、結果として「トリクルダウン効果」よりも「分裂効果」を強め、為政者による開発政策の転換を難しくさせる。

一九九七年後半から東アジア全域を襲った経済・金融危機の一因は、「東アジアモデル」に対する過信であった。「東アジアの奇跡」という心地よいフレーズが、いつしか人々の心を蝕み、「東アジアモデル」の影の側面(分裂効果)

への対応をなおざりにしてきたのである。[17]

さらに、東アジア諸国にとって、多くの国が輸入代替から輸出指向への政策転換を遂げ、世界市場での比較優位を絶えず追求し続けなければならないような現在の状況のもとでは、市場原理に身をゆだねる「不均衡成長」はあまりにも犠牲の大きい途であるといわざるをえない。[18]

このような戦略が行き着く先は、日本―NIES―ASEAN・4―中国・ベトナムと連なる技術水準の位階構造（比較優位構造）にもとづく「雁行形態的発展」論が想定するような重層的発展の途ではなく、「グローバル・スタンダード」をクリアーできる一部の産業（それはおそらく知識集約型・技術集約型産業に限られるであろう）と依然として低賃金と標準化技術にのみ依拠した大部分の産業群とのますます拡大する二重構造であろう。「大競争時代にあっては、「雁行形態的発展からの離脱こそが後発工業国の重要な経済発展経路となっている」（原田［一九九六］）からである。

二　「東アジアモデル」の評価について

第一章でも取り上げたように、渡辺［一九九二］は、「工業化の基礎的諸条件において未熟な後発国が、強い外圧とわずかに与えられた時間的余裕の中で急速な工業発展を遂げようというのであれば、国家主導型の開発戦略の採用は不可避であり、これはひとつの『経験則』でさえある」（同、一八八ページ）と述べて、「開発独裁を民衆排除型の開発体制としてこれを非難するのはあたらない」と主張した。そのうえで、渡辺［一九九二］はさらに、「そうした権威主義的システムのもとでの開発戦略がもし成功裡に進められるならば、その帰結として権威主義的政治体制それ自体が『熔解』するという論理が存在している」と述べて、「韓国、台湾は後発国経済開発の有力なモデルである一方、権威主義開発体制『熔解』のモデルをも提供した」と指摘した。

渡辺の議論からすれば、「開発独裁」は「必要悪」であり、「権威主義的政治体制」を伴う開発モデルとしての「東アジアモデル」はまた、今後とも有力なモデルである、ということになる。このような認識は、「共産党独裁」下で「輸出指向工業化」を追及している中国の「社会主義市場経済」を擁護するものであり、ひいては中国〈国家・資本主義〉を「必要悪」として正当化する立場につながる。

この点について、インド出身の経済学者A・セン（Amartya Sen）は、従来の厚生経済学が回避してきた経済学の倫理的側面に焦点を当てた「新しい経済学」を樹立しなければならないと指摘して、権威主義体制（開発独裁）下での経済開発の効率性という考え方に真正面から反論し、開発の「必要不可欠な要件」として「民主主義の保障」を強調している（セン、邦訳［一九九九］[19]）。

センの指摘を待つまでもなく、「東アジアモデル」がもたらした経済的パフォーマンスの評価と「開発独裁」の評価は分離させることができないものであり、表裏一体のものである。筆者も、「開発独裁」がたとえ効率的な経済開発を導くとしても、そのことをもって「必要悪」とする考えには組みしえない。

しかも、「東アジアモデル」には、「開発独裁」の評価とは別に、「ダブル・スタンダード」の問題が残されている。改めて指摘するまでもなく、「東アジアモデル」の原型として賞賛された韓国や台湾の「キャッチ・アップ型工業化」（輸出指向工業化）の追及は、世界市場において、経済のグローバル化がもたらした恩恵を最大限享受しながら、国内においては国家の市場介入に基づく「非市場経済措置」によって護られてきた。このような「ダブル・スタンダード」の採用は、基本的には、「東西冷戦構造」によって保証されたものである。だが、冷戦構造が熔解し、グローバリズムの進展が著しい二一世紀においても「ダブル・スタンダード」が許容されるとは考えにくい（この点については、第五章、

第六章において改めて検討する)。

「グローバリズムのビッグ・ウエーブ」が叫ばれている今日、「ダブル・スタンダード」に依拠した「東アジアモデル」を踏襲することは、周辺諸国、ひいては世界経済秩序との激しい摩擦を惹き起こさざるを得ない。おそらくそれは、二〇世紀の〈国家・資本主義〉的発展が惹き起こした対外的摩擦とは比較にならないものになるであろう。その意味で、「東アジアモデル」は特殊歴史的なモデルであったといわざるを得ない。

［注］

(1) ここでいう「基礎的政策」とは、マクロ経済安定の促進、人的資本への高い投資、安定した健全な金融制度、限定された価格の歪み、外国の技術への開放性などを意味し、「選択的介入」とは、緩やかな金融抑圧、政策金融、選択的産業振興、非伝統的な輸出製品を促進するための貿易政策などを意味している。

(2) 先に指摘したように、『世銀報告書』では、「マクロ経済の安定が最重要視されたため、介入が過大なコストを伴ったり、安定性を阻害するようになった際には、即時に修正されるかまたは廃止された」として、政府の政策を高く評価した。しかし、世銀エコノミストたちがいうとおりであったとすれば、一九七九年の韓国の朴正熙大統領の暗殺とそれに続く軍事クーデター、「光州の悲劇」(一九八〇年)はなぜ起こったのか。全斗煥政権下での緊縮財政への移行は、「過大なコスト」を伴った結果ではなかったか。しかも、八〇年代前半の韓国経済の危機的状況は、原油価格と国際市場金利の急落、円高・ウォン安の進行(三低現象)という「他律的」要因によって救われたのではなかったか。

(3) 韓国の家電産業や自動車産業は、戦略的産業として日本からの輸入を禁止することによって護られてきた。自由化すれば、特定の国(日本)からの輸入が集中して寡占状態が出現するという理由からである。これは、「柔軟な選択的介入」などと呼べる次元のものではない。「輸入先多角化品目」制度がＧＡＴＴ／ＷＴＯに違反していることは明らかであり、この措置はＷＴＯ発足を契機に九〇年代末から段階的に撤廃されていった。

（4）一九七〇年一〇月のUNCTAD特恵特別委員会において、先進十一カ国が、さし当たって今後一〇年間、九一の発展途上国に対して特恵関税（GSP）を実施することが決定された。このGSPには「卒業条項」がついており、GSPの恩恵を最大限享受したアジアNIESは、八〇年代末には相次いで適応除外におかれることになる。

（5）「ダブル・スタンダード」は、けして途上国だけのものではない。米国自身も、実は二重のスタンダードを使い分けてきた。国際法より優越する「米国通商法」は、「ダブル・スタンダード」の典型である。それゆえ、米国のいう「グローバル・スタンダード」とは、「アメリカン・スタンダード」ではないかという批判もある。

（6）「ダブル・スタンダード」崩壊のきっかけとなったのは、一九八九年の「ベルリンの壁崩壊」をきっかけとした一九九一年のソ連崩壊とその後の「社会主義体制の崩壊」（冷戦構造の終焉）である。東欧社会主義圏の崩壊と冷戦構造の終焉は、おりからの情報通信革命とあいまって、現象としてのグローバリゼイションをいっきに加速させることになり、それに伴って、「新自由主義」の側からは「グローバル・スタンダード」が唯一の基準として強要されはじめることになる。一九九七年後半から東アジアを襲った経済危機は、「グローバル・スタンダード」と「ナショナル・スタンダード」という二重基準をこれまでのように使い分けることができなくなった最初の危機の発現であった。

（7）日本では、一九七〇年代に「従属論」あるいは「世界システム論」と呼ばれる一群の学派が低開発世界の分析に一定の影響力をもった時期があった。彼らによれば、NICs現象は、多国籍企業などの外資に依存した従属的な発展でしかないとみなされた。「従属論」、「世界システム論」に対する批判的検討については、坂田［一九九一］、第四章：低開発世界分析への接近視角、を参照してほしい。

（8）韓国の工業化を「政府主導型」経済と「民間主導型」経済との対比において分析しているものとして、さしあたり、服部［一九八七］をあげることができる。

（9）「キャッチ・アップ型工業化」を体系的に研究した末廣［二〇〇〇］も、「一言でいえば、遅れて工業化にのりだした国、つまり後発国（late comer）、後発工業国（late-starting industrializer）がとろうとする、そしてとらざるをえない工業化のパターンが、『キャッチアップ型工業化』である」（同、四ページ）と述べている。

（10）日本やドイツの追及した「キャッチ・アップ型工業化」は、産業構造の高度化の過程で一九二九年世界恐慌に直面して、対外的膨張に向かわざるを得なかった。その意味では、未完の「キャッチ・アップ型工業化」であったのかもしれない。

(11) ドップ［一九五六］の主張は要約すると次のようなものである。一般論としては、圧倒的な供給不足社会である低開発国では、国民的立場に立てば、日用消費財を供給する軽工業部門（消費財産業）へ投資を行うほうが重工業部門への投資よりも優先されるべきであり、短期的効果をえやすい。しかし、そのことによって、生産財生産部門への投資が遅らされる事になれば、資本設備の蓄積が阻害され将来の発展はそれだけ制約されることになる。他方、生産財生産部門への重点投資は、短期的には日常生活品の不足を惹き起こし、国民の生活を圧迫することになるが、将来的には資本設備ストックを増大させることによって国民的生産力を引き上げ、生産性の上昇を通じた持続的発展を保障することになる（同、五二～五四ページ）。したがって、政府の開発計画における投資形態の選択としては、短期的には目にみえる成果が期待できるが、将来的には発展が制約されてしまうような投資形態（より早い成果を生み出す投資形態）を選ぶのか、それとも短期的にはより少ない成果で満足しなければならないが、将来的には飛躍的な成長率を実現することができるような投資形態（手に入れるのは遅いが結局は大きな成果を生み出す投資形態）を選ぶのかという、二者択一的な投資形態の選択問題に帰結することになる。ドップの結論は、いうまでもなく後者の投資形態を選択することにあるが、このような投資形態の選択は、先に指摘した経済組織の問題を抜きにしては考えられない。結局のところ、ドップは、社会主義的計画経済のもとでの重工業優先発展（実際には、ソビエト連邦の社会主義的工業化プロセス）の優位性を主張したに過ぎなかったのである。

他方、インドの数理統計学者として知られるP・マハラノビス（Prasanta C. Mahalanobis：1893－1972）は、W・レオンチェフ（Wassily Leontief：1906－1999）の「投入産出分析（産業連関）」モデルを応用して、インドの工業化において、重工業部門への重点的投資配分の必要性を説いた（Mahalanobis［1955］）。独立後のインドの国民会議派政府のもとで、実際に開発政策の立案に携わったマハラノビスは、インドの輸入代替工業化の方向を、重工業中心の輸入代替の方向に導いていった。インドでは、一般に「混合経済」（市場経済と計画経済の混合）と呼ばれる経済制度のもとで、五カ年計画を立案し、各五カ年計画のもとで重工業部門への優先的投資配分が図られていった。マハラノビスもまた、ドップと同様に、ソ連邦型の社会主義的計画経済の優位性を前提としていたのである。

(12)「レギュラシオン学派」と総称されている人々にとって、「周辺部フォード主義」という概念が一様に共有されているわけではない。「レギュラシオン学派」と呼ばれている人々には、フランス構造主義の流れをくむものからポスト・ケインジアンとみなされる人々まで、幅広い層が含まれており、R・ボアイエ（Robert Boyer）などは「周辺部フォード主義」という概念には否定的である（ボアイエ［一九八九］）。

(13) だが、このような蓄積体制は、技術水準の限界と市場の制約によって、周辺的な限界をもった「制限されたフォーディズム」であるという（リピエッツ・クレール・ビュイソン［一九九二］、一一七ページ）。

(14) 筆者は、南ヨーロッパのNICs（スペイン、ポルトガル、ギリシャ）についてはまったくの門外漢であるが、「レギュラシオン学派」が検証しようとした「周辺部フォード主義」という概念は、そもそも南ヨーロッパのNICsを対象にして導き出されたものであり、それを東アジアNICsにまで拡大することには無理がある。リピエッツは、南ヨーロッパのNICsを分析して、一九七〇年代の半ばに、これら南ヨーロッパ三国の独裁政権が崩壊して穏健な社会民主主義政権が樹立されたことの意味をとくに重視している。東アジアの独裁政権が崩壊するのは、一九八〇年代末のことであるが、東アジアではまさに独裁政権のもとで開発が進められたところに際立った特徴がみられるのである。

(15) 岩崎［二〇〇二］によれば、「開発主義国家」（Developmental State）という言葉は、日本の経済過程を分析したチャーマーズ・ジョンソン（Chalmers A. Johnson）が、「日本の成長要因は戦前と戦後を通じて一貫して行われた官僚（通産省）の産業政策が決定的な役割を果たしたことにあると理解し、このような国家を開発主義国家と名づけたことに始まる」という（同、一二一ページ）。

(16) P・エバンス（Peter Evans）の「三者同盟論」（国家・民族資本・外国資本＝多国籍企業の三者の関係から、ラテン・アメリカの従属的発展を説明）は、東アジアNICs（NIES）の分析に大きな影響を与えたが、そのエバンスも、東アジアでは国家と民族資本の果たした役割がラテン・アメリカとは決定的に違うことを認めざるを得なかった（Evans［1987］、pp.205～223）。東アジアでは、国家の経済過程への介入は、中央集権的官僚機構を通じて効果的に行われた。

(17) 東アジア経済危機に最初に見舞われたタイでは、一九九七年二月以降、三ヵ月連続して総合収支の赤字に直面し、外貨準備も一月末の三九二億ドルから四月末には三七三億ドルに減少していた。しかし、中央銀行経済調査局のクレオソーン局長は、「（資本流失）は海外でのハイリターンを求めたものやドル投機に向かったものであり、一時的なものである」として楽観していた（JETRO『通商弘報』No.14006，1997年6月20日）。ちなみに、タイの外貨準備高が前年同期比でマイナスに転じたのは、一九八四年以来十三年ぶりであった。それでも、当時はまったく危機感はなかった。同様のことは韓国にも当てはまる。韓国の経済危機の背景には、銀行の「モラルハザード」と企業の「拡張主義」があった〈第四章、第三節、参照〉。

(18) 社会的犠牲という意味では、一九八〇年の韓国の「光州事件」がよく知られているが、一九九七年から東アジアを襲った経済危機による社会的犠牲についてはほとんど語られることはない。一九九七年末からの経済危機に見舞われた韓国では、最大一八〇万人近い労働者が職を失い（失業率八・七％）、中高年の男性を中心に自殺者が急増した。テレビでは、「お父さん死なないで」というキャンペーンまで流された。経済学者は、一家の大黒柱の失業も、失業率という数字でしか把握しないが、韓国の経済危機では家庭崩壊、自殺者の急増など、悲惨な事態が進行したのである。

(19) アジア出身者としてははじめて、一九九八年に「ノーベル経済学賞」を受賞したA・センは、一九九九年二月に韓国の首都ソウルで開かれた韓国政府・世界銀行主催の「民主主義、市場経済、開発に関する国際会議」における記念講演の中で、「民主主義が開発の一つの要素として、そして現代にあってよき社会を作っていくための必要不可欠な要件として、いかに重要であるかを論じたい」と述べて、民主主義が果たす三つの積極的な貢献――①政治的・市民的権利を含む自由を拡大して個人の生活を豊かにすること、②統治者に、国民の必要と要求に応じて積極的に行動を起こさせるような政治的インセンティブを与えること、③民主主義のもとで可能となる公開の対話や議論プロセスが、価値観や優先事項の順序形成を助けること――を指摘し、「この民主主義の構築機能が，効率性はもとより平等や正義の実現に非常に重要となる」と主張した（セン［一九九九］、一三一～一三二ページ）。

第四章　韓国〈国家・資本主義〉の歴史的展開過程

はじめに

一般的にいって、第二次大戦後の新興（後発）工業国では、とくに開発過程の初期段階において、経済過程への国家の広範な介入がみられる。このような現象は、通常、「官主導型」経済体制とか「政府主導型」経済体制、あるいは「国家主導型」経済体制と呼ばれることが多い。

だが、経済過程への国家（その機能的実態としての行政機構・官僚機構）の広範な介入という現象は、なにも今日の発展途上世界に限られたものではない。一九世紀後発資本主義国の発展過程において、「後発性の利益」にもとづく「圧縮された発展」を検証しようとしたA・ガーシェンクロン（Alexander Gerschenkron）も、「後発性の利益」が内部化（現実化）されるためには産業部門に対する政府の強力な指導（特殊な制度的要素）が不可欠であったと指摘しているように（Gerschenkron［1966］, Chap.1）、「キャッチ・アップ型工業化」を目指そうとする多くの後発国において国家の経済過程への介入現象がみられることは、後発工業化の世界史においては一般的な現象であった。

このことは、戦前の日本の工業化の歴史においても当てはまる。第二章でも述べたように、開発と自立を志向する強力なナショナリズムが国家へと収斂され、それが権威主義的権力と結合して「開発志向国家」を出現させて、国家の主導によって国民経済形成へ向かっていくというプロセスは、明治期の日本においても典型的にみられた現象である。そして、筆者は、このような発展プロセスを、二〇世紀後半に出現した〈国家・本主義〉的発展の原型であると考えた（第一章、図1、参照）。

今日では、こうした国家は、「開発独裁」、あるいは「官僚的権威主義体制」と呼ばれ、新しい機能的位置づけが与えられている。「官僚的権威主義体制」とは、近代化（おもに工業化、経済成長）の進展にもかかわらず、政治形態としては民衆排除型の独裁政権（通常それは軍事政権である場合が多い）がテクノクラート層を利用しながら支配を維持している政治体制を指しており、「開発独裁」とは、とくに東アジアにおいて、独裁政権が民衆の政治参加を著しく制限しながら他方ではテクノクラート層を利用して経済開発を主体的に担っていく体制であると考えられている（第三章、第三節、「開発独裁」と〈国家・資本主義〉、の項を参照）。

ここでの国家の経済的機能の中枢は、官僚機構によって担われているが、その背後には、国家と国民の間の特殊な政治・社会関係を反映した権力機構が控えている点に特徴がある。その特殊な関係とは、「ナショナリズム」、「冷戦構造」、「南北問題」といった当時の特殊な要因によって規定されたものである。換言すれば、「国家資本主義」（国家・資本主義）とは、強烈なナショナリズムに支えられた「権威主義的独裁政権」のもとで、あらゆる国家機構を総動員して「キャッチ・アップ型工業化」を追及しようとする資本主義システムを意味している。

このような〈国家・資本主義〉的発展の典型として、筆者は韓国の「キャッチ・アップ型工業化」に注目してきたのである。本章では、韓国〈国家・資本主義〉の歴史的展開過程を検証し、併せて〈国家・資本主義〉の終焉過程とその後の後遺症について考察してみたい。

第一節　権威主義体制の確立と〈国家・資本主義〉

一　政治的混乱と軍事クーデター

韓国において権威主義体制が出現した契機には、朝鮮戦争による分断の固定化と南北間の軍事的対峙という厳しい社会的緊張、反日運動に象徴される民族的ナショナリズムの高揚、国内における政治的腐敗と経済的混乱など、発展途上国の中でもとくに厳しい経済・社会状況を指摘することができる。

ことに、李承晩（Lee Seung-mam：1875−1965）大統領時代（第一共和国：一九四八〜一九六〇年）の韓国は、朝鮮戦争による戦禍も加わって、極度に国力が低下し、六〇年代初頭には国民の不満は頂点に達していた。李承晩政権は、一九六〇年四月の大学生を中心とした退陣要求運動の高揚によってついに崩壊し（多くの死傷者を出したために韓国では「四・一九学生革命」とよばれている）、李承晩自身は五月末には米国ハワイに亡命することになった。その後、韓国は議院内閣制に移行し、李承晩政権下で副大統領を務めた張勉（Jang Myeon：1899−1996）が首相の座に着いたが、政治的混乱を収束させることはできず、政治空白の状況が続いた。

気鋭の軍人朴正熙（Park Chung-hee：1917−1979）少将が、軍事クーデターによって政権を掌握したのはこのような状況下においてであった。朴正熙は、朝鮮半島南部の慶尚北道の農村地帯で生まれ、幼少期より韓国農村の「ポリ・コゲ（麦の峠）」と呼ばれた貧しい悲惨な状況を肌で体験していた。師範学校を卒業し、一時期教壇に立ったこともある。その後、日本の陸軍士官学校にも学び、反共国家の職業軍人の道を歩みながらも、共産主義に共鳴するなど、屈折した経験のもち主でもある。[1] その彼が、政治的腐敗と混乱、経済的停滞をまのあたりにして、軍事クーデターに向かったことはけして理解不能なことではない（開発独裁といわれる際の独裁者には、このような個人的な経歴が影響している場合が少なくない）。

こうして、一九六一年の「五・一六軍事クーデター」によって権力を掌握した朴正熙は、分断国家と南北対立という厳しい社会的緊張を背景として、李承晩政権時代の腐敗政治と経済的混乱を立て直すために、存分の権力を行使したのである。政治的・軍事的独裁と経済開発をパラレルな関係としてとらえる「開発独裁」という言葉は、東アジアに出現した特殊な開発体制を語源としているが、まさに韓国における朴正熙体制の出現こそ、その原型を提供したものにほかならない。

二　権威主義体制の確立

朴正熙は、経済的には、はやくも、クーデター直後の一九六一年六月には市中銀行株の政府還収を行って市中銀行を政府支配下におき、[2] 七月には経済企画院を設立して経済開発計画の立案にあたらせた。市中銀行を支配下におくことによって、韓国の金融は全面的に財政に従属させられることになった（伊東［一九八一］）。以後、朴政権は、民間貨幣資本を集中的にコントロールすることを通じて資本家を開発体制へ誘導していったのである。[3]

その後も、朴正熙政権の経済政策への取り組みは矢継ぎ早であり、徹底していた。「農漁村高利債整理法」を公布して年利二〇％以上の高利に喘ぐ農漁民の救済を行う一方、「不正蓄財に関する特別法」を公布して前政権のもとで不正に富を蓄積した資本家二四名を逮捕してその財産を没収した。ここには一九五〇年代に政権と結びついて財閥化した資本家のほとんどが含まれていた。[4]

朴政権の不正蓄財処理は、最終的には逮捕した資本家を釈放し、財産を没収する代わりに政府が国家プロジェクトで指定した工場などの設立に投資するという「投資命令」に落ちついたが、この時以来、朴政権と財閥の特殊な関係が築かれた。

不正蓄財処理は、当初の意図から後退して結果的には財閥の温存につながっていったが、それが不徹底に終わった事をもって、資本家への朴政権の妥協とみるなら、それはまったくのミス・リーディングである。この点について、朴［一九九〇］は、「不正蓄財処理政策こそ、商人資本的蓄積にとどまっていた財閥を産業資本へと転化させる一大転機となった」（同、四六ページ）と指摘しているが、まさしく韓国の本源的蓄積過程は国家の強制的な手段によって開始されたのであり、本格的な産業資本化は、国家の強権的措置によってレールが敷かれたのである。朴政権は、国家プロジェクトに投資した財閥には、外貨の優先配分や低利の銀行融資といった特権を付与することも忘れなかった。

不正蓄財処理に限らず、当時の数少ない資本家達の「生殺与奪」権を握っていたのは朴政権であり、彼はその「生殺与奪」権をもって国家の開発戦略の具体化に資本家達を最大限動員していったのである。軍事政権下で初めて実施された「第一次経済開発五ヵ年計画」（一九六二年～六六年）は、前政権の下で準備されていた計画をほぼそのまま踏襲したものに過ぎなかったが、数少ない手直しのなかでも、韓国が目指す方向として「指導される資本主義」（Guided Capitalism）という理念を挿入する事は忘れなかった。

資本家にとって、国家プロジェクトに組み込まれる事こそが資本蓄積を保障される唯一の道であり、生き延びる道であった。だが、その過程で、政府は容赦なく「生殺与奪」権を行使した。一九六七年に初めて実施されその後の模範となった「不実企業」(5)の整理などはその典型である。

他方、軍事政権の正当性とその支持基盤を確実にしていくための努力もおこなわれていく。当時、圧倒的農業社会であった韓国において、農業・農村の近代化は工業化の成否を握る重要な課題であった。農業・農村の近代化にとって、地主（旧支配階級）が君臨する伝統的農村社会の解体（〈地主―小作〉制度の解体）が最大の課題となる。その点で、地主階級の後ろ盾を必要としなかった朴正熙政権は農業政策において自由であった。実際、農村社会の変化にとって、朴政権下で行われた農業政策は決定的な意味をもった。

韓国における農地改革の出発点は、米軍政下（一九四五～四八年）で起草され「大韓民国」成立後の一九五〇年から実施に移された「農地改革法」であるが、李承晩政権下で行われたこの農地改革の一九五〇年代末までの実績については、「日本と違って政治権力に引き続き参与している地主勢力の抵抗が根強いなかで、その内容はより妥協的なものであった」（趙［一九七四］、七四ページ）と指摘されているように、きわめて不徹底なものであった。

だが、農村の貧困と農民の塗炭の苦しみを熟知していた朴正熙政権は、一九六二年十二月に行った憲法改正（第三共和国憲法、第一次維新憲法とも呼ばれる）において、「農地の小作制度は法律の定めるところにより、これを禁止する」（一一三条）と明確に規定して、従来の憲法条文にあった「農地は農民に分配する」という規定を超えて、地主制度の解体の意思をより鮮明にしたのである。その後も、「農地担保法」（一九六六年制定）、「農業基本法」（一九六七年公布）[6]などの農業関連法を通じて、農業近代化への取り組みが強化された。

一九七〇年代に大々的に展開されることになる「自助・自立・協同」をスローガンに掲げた「セマウル運動」とあわせて[7]、この時期の農村近代化への積極的な取り組みが、多数の農民の支持を得て、韓国における「権威主義体制」を支える土台となっていったとみることができる。「開発」と「独裁」のパラレルな関係は、このようにして築かれていったのである。

三　〈国家・資本主義〉システムの形成

韓国における資本主義的工業化のプロセスが、「新しい型の国家資本主義」(国家・資本主義)としての特徴を示し始めるのは一九七〇年代に入ってからである。しかし、一九六〇年代の韓国経済は、「貧困の悪循環」(Nurkse [1953]：邦訳 [一九五五]) から抜け出し、成長軌道へと向かう「離陸 (take off)」(Rostow [1960]：邦訳 [一九六一]) 期を経験した。(8)

すなわち、「第一次五ヵ年計画」(一九六二年〜一九六六年) と「第二次五ヵ年計画」(一九六七年〜一九七一年) は、当初計画を大きく上回る実績を達成し、低開発国にとってもっとも困難で厄介な問題 (農業・農村の近代化) を解決するための経済的基礎を提供した。「第一次五カ年計画」の最終年度に当たる一九六六年段階においては、第一次産業就業人口は全就業者の五七・九%と高い比率を示していたが、(9)「第二次五ヵ年計画」期には、GDPの年平均成長率九・六%という高成長に支えられて、非農業部門の雇用機会の増大と農村過剰労働力の吸収という重要な問題が解決され、農業・農村構造の転換がはかられていったのである。

さらに、この二つの五ヵ年計画の期間中に、韓国の工業化は消費財輸入代替から輸出指向型へと大胆な政策転換が図られ、一九七〇年代からの本格的な「キャッチ・アップ型工業化」のための基礎が準備された。「重化学工業化宣言」が出された「第三次五ヵ年計画」期 (一九七二〜七六年) の高い年平均GDP成長率 (九・七%) と年平均輸出増加率 (四二・七%) は、このような農業構造の転換 (農業近代化) と輸出指向工業化への大胆な政策転換抜きには語れない。

そもそも、「重化学工業化宣言」とは、当時世界市場において労働集約的軽工業部門で圧倒的競争力をもっていた韓国や台湾が、タイやマレーシアなどの後発工業国の追い上げを意識して、国内の産業構造を高度化しようとした「産業構造高度化宣言」ともいうべきものであり、そのターゲットは、造船、自動車、石油化学、機械、電器・電子などの資本集約的産業の育成におかれた。

これらの資本集約的産業は、当時の韓国の企業家には荷が重すぎ、当然のことながら政府の手厚い保護と資金的支援がなければ軌道に乗せることはほとんど不可能であった。政府は、鉄鋼産業については国有企業として発展させることとし、その他の産業については政府が直接民間企業を選別していった。[10] したがって、この時期の産業政策の基本となった「振興法」、「育成法」は、上からの重化学工業と輸出産業の集中的・選別的育成をねらったものであり、政府が強いイニシアティブを発揮したものであった。

政府は、まず民間企業の経営を立て直すために、当時民間企業が抱えていた最大の問題であった私債市場への過度の依存という不健全な状況を解消するために「私債凍結措置」(通称八・三措置、一九七二年)という本来資本主義社会では考えられない「非常措置」を強行した。[11] とくに、輸出指向的重化学工業化戦略においては、戦略的な育成業種を政府が選定し、国内競争を回避するための寡占体制づくりがもくろまれた。一九七五年には、「輸出ドライブ」の切り札として、日本の総合商社を模した韓国版総合商社が政府の肝煎りで急遽設立された。この総合商社の指定を受けた韓国の「チェボル」と呼ばれる財閥グループは、政府の手厚い保護のもとでこの時期重化学工業分野で肥大化を遂げていったのである。

このように、韓国における〈国家・資本主義〉的発展のプロセスは、同時に国家の手による財閥の生成と発展のプロセスでもあったわけである。この点において、戦後、「民族・民主国家」と呼ばれた新興独立国にみられた〈国家資本・主義〉的現象とは明確に区別されるものである。

四　〈国家・資本主義〉と構造調整

だが、「漢江の奇跡」と自賛された重工業化ではあったが、韓国における〈国家・資本主義〉的発展の途は、けして順風満帆であったわけではない。韓国〈国家・資本主義〉は、早くも一九七〇年代末から八〇年代にかけて、最初の試練を迎えることになった。

その最初の引き金となったのが、七〇年代の強引な重化学工業化の結果としての過剰投資であった。韓国経済は、七〇年代末にいたって、重化学工業分野での重複投資と過剰投資を抱えて危機的な状況に直面したのである。この時期、輸入の急増（一九七八年三八・五%、一九七九年三五・八%）による貿易収支の赤字の急激な拡大（一九七八年二三億ドル、一九七九年五三億ドル、一九八〇年四八億ドル）と激しいインフレーション（消費者物価上昇率一九七八年一四・五%、一九七九年一八・二%、一九八〇年二八・七%、一九八一年二一・六%）によって、国民の不満が高まり、各地で反政府デモが沸き起こった。この危機の中で、一九七九年一〇月朴正熙大統領は最も信頼していた側近（韓国中央情報部部長・金載圭［Kim Jae-gyu］）に暗殺されたのである（「一〇・二六事件」）。

同年十二月に新たな軍事クーデターによって政権の座についた全斗煥（Chun Doo-hwan）政権（第五共和国：一九八〇〜一九八八年）は、もはや前政権の政策をそのまま踏襲することはできなかった。全斗煥政権は、重工業と軽工業、大企業と中小企業、製造業と農業部門、輸出産業と内需部門などとの間に広がった二重構造の弊害を解消し、構造不況業種の合理化と不実企業の整理を断行するための新たな構造調整政策を余儀なくされた。

まず、一九八〇年代初頭には、政府の産業支援を強化し、産業合理化を推進するための機関として産業政策審議会が設置された。自動車産業では、産業合理化措置により、乗用車の生産は現代自動車と大宇自動車の二社体制とし、起亜産業には小型トラックの製造だけが認められた。

さらに、海外建設ブームの終焉による建設会社の倒産が相次ぐ中で、韓国建設部は大胆な不実企業整理と建設業界の再編に乗り出した。海外建設ブームのさなかに建設部門に新たに参入した韓国財閥ランキング第七位の財閥グループ「国際商事」は、海外建設での巨額の赤字が引き金となって一九八五年に政府によって抜き打ち的に銀行管理へと移された。その後、系列企業は、一部が整理されたのち競争企業にそれぞれ吸収合併された。

この時期の産業再編成の具体例には枚挙に暇がない。先の産業政策審議会は、一九八七年までに約七〇社を「不実企業」として整理している。それらのいずれも、政府の産業政策の一環として強行されたのである。「国際商事」の例は、巨大財閥といえども政府の産業構造調整の前にはまったく無力である事を白日の下に晒した出来事である。

韓国において一般に指摘されている「政府主導型」発展とは、以上のような内実をもった発展であり、たんなる経済過程への政府の政策的介入に矮小化できるようなものではない。ここでの国家の役割は、「市場の失敗」を補完する調整的機能とは無縁である。このような型の資本主義的発展では、国家は、資本蓄積のための環境整備という本来の役割を超えて、資本の蓄積過程に一方の主体として直接かかわっているという意味で（すなわち、国家＋資本主義という意味で）経済政策の範囲を超えている。[12]

筆者は、このような国家の役割を、「国家の領導的機能」と呼んだのである（坂田［一九八六］）。その際、民族的分断と極度の社会的緊張という状況のもとでは、「国家の領導的機能」は不可避的に強化され、社会・経済・文化・思想などあらゆる分野において国家が前面にたち現れ、国民経済全体の強引な統括者・牽引者として機能せざるをえないと指摘した（同、二六ページ）。

こうした「国家の領導的機能」に導かれて、「キャッチ・アップ型工業化」を邁進したのが、韓国〈国家・資本主義〉の発展過程に他ならないのである。

第二節　〈国家・資本主義〉システムの再編

一　「民間主導型」経済体制への移行議論

（一）「自由化・規制緩和」の始まり

一般論として、後発工業化の初期段階には、国家が経済過程に介入する「政府主導型経済体制」が出現し、資本主義的工業化を牽引していくが、一定の発展段階にいたるとこのような経済開発に対する国家介入が逆に桎梏となって経済効率性を奪い、民間セクターの活力を閉塞させるという指摘がある。これを回避するためには、国家介入の漸次的低下と経済自由化を行ない、「民間主導型」体制へ移行しなければならないという議論である。このような議論は、当時世界的な潮流となりつつあった国家（この場合には主に政府）の積極的不介入主義を前提として、「国家の失敗」を説く「新自由主義」の議論と連動して一層強化されていった。

現実にも、多くの途上国において一九八〇年代後半以降、政府規制の緩和、経済自由化措置、民営化といった一連の政策転換がみられる。インドやミャンマーといったこれまで強固な「政府主導型」経済体制あるいは「混合経済体制」にあるとみられていた国々においても、「国家の失敗」、規制緩和、経済自由化がキー・ワードになっていった。

韓国でも、一九八一年八月に全斗煥政権が準備した「第五次経済社会発展五ヵ年計画」（一九八二年～八六年）において、一九八〇年代の経済運営を「民間主導」で臨むという方針が表明された事を契機として、「政府主導型」体制から「民間主導型」体制への移行を強調する議論が噴出した。従来までの「経済発展計画」という名称も、「経済社会発展計画」に改められ、社会開発の重要性、市場原理の導入、公企業の民営化、金融の自立化などが謳われた。

全斗煥政権は、自由化・規制緩和の第一弾として、政府管理下にあった商業銀行の民営化を発表し、一九八一年にまず韓一銀行の民営化を皮切りに、一九八三年までに国内五大市中銀行の民営化を実行した。韓国では、もともと国有部門の比重は他の途上国と比べても小さく、製造業全体に占める公企業の付加価値のシェアーは一九七二年の段階で一五・一％とそれほど高い数値ではなかった。しかし、これとは対照的に、金融部門の比重は際だった特徴を示しており、同シェアーは八七・〇％にも上っていた（Jones and Sakong [1980], p.150）。前述したように、国家による資本蓄積の領導は、国営企業などによる生産手段の直接的支配を通じて行われたのではなく、金融部門の支配による民間貨幣資本の管理を通じて行われたのである。「民間主導型」体制への移行議論が、銀行の民営化以降活発に論じられるようになった背景がここにある。

また、一九八六年に制定された「工業発展法」は、産業の合理化と産業構造の調整を柱として、従来までの政府による特定産業への選別的支援方式から、重複投資の調整や構造不況業種の合理化など効率性を重視した機能別の支援方式に転換しようとするものであった。いわば、民間活力を引き出す産業支援政策への転換である。

のちにみるように、この時期の自由化議論は、実態よりもムードが先行し、一九八〇年代初頭の危機的状況に直面してやむなくとられた政府の財政緊縮政策でさえ、「小さな政府」を主張する新自由主義の政策と同一レベルで論じられてきた。たしかに、政府の一般会計予算の伸び率は、一九八二年に一六・一％と一九七四年（五四・七％）以来最低の伸び率に抑えられ、八四年には八・八％と一桁の水準まで落ち込んだ。しかしこの時期の緊縮財政は、危機的な状況にあったインフレーションを何とか鎮静させ韓国経済の競争力を再び回復させせようとする緊急措置の一環として取り組まれたものである。政府予算はその後の「三低景気」(13)の出現で再び二〇％を超える伸び率を示すようになる。

(二)「民主化宣言」と「民間主導型」経済体制

韓国における「民間主導型」体制への移行議論は、一九八七年六月の「民主化宣言」とその後の大統領直接選挙による盧泰愚（Noh Tae-woo）政権の登場（第六共和国：一九八八〜一九九三年）によって勢いづいた。「民主化宣言」はそれまで閉塞させられていた労働者の不満をいっきに噴出させ、労働三権の確立と大幅な賃上げに向かった。政府は、労使紛争に対しては極力不介入の姿勢を貫こうとするポーズをとった。[14]労使紛争と社会運動はいたるところで噴出し、しかも非常な激しさをもって旧秩序を揺さぶった。

他方、国際社会における韓国の地位は著しく上昇した。一九八六年には現代自動車の北米市場への乗用車輸出が世界的な注目を集め、三星半導体通信が米・日に次いで世界で三番目に大容量メモリーの自社技術開発に成功し、韓国経済のアキレス腱ともいわれ、対外債務を圧迫し続けていた貿易収支が初めて黒字に転換した。韓国の財閥グループは米国の『フォーチューン』（Fortune）誌の世界の大企業の上位にも顔をのぞかせるようになり、「チェボル」（chaebol：財閥）の名前は世界的に轟くことになった。

また、「三低景気」に支えられて輸出を拡大し念願の貿易黒字を実現した途端、アメリカとの激しい貿易摩擦に直面し、外圧によって貿易自由化と国内市場開放を迫られる事になった。その結果、一九八〇年代末には貿易自由化（関税化）は品目ベースで九五%を超えるまでになり、[15]国内証券市場や金融市場の部分的な開放も行われた。貿易自由化と国内市場の部分的な開放は避けられない趨勢となったのである。

一九八七年の「民主化宣言」は、長年にわたる権威主義体制の終焉と認識され、政治における民主化が経済における自由化と一体のものとして受けとめられた。

たしかに、「分断国家」というこれまで韓国社会に重くのしかかっていた社会的緊張感は、盧泰愚政権が掲げた「北方政策」の結実や[16]、一九八八年の「七・七宣言」による南北経済交流の解禁などによっていっきに解き放たれ[17]、国際社会における地位の上昇と対外的緊張緩和は国内の自由化ムードを増幅した。一九八八年にはIMFの八条国（国際収支の悪化などを理由に貿易などの経常取引について為替取引制限を行わない国）に移行し、さらに一九九〇年にはGATTの十一条（建て前としての輸入数量制限の撤廃）を受け入れる「十一条国」にもなった。こうした自由化ムードの中で、一九八九年からは一般の韓国人も自由に海外旅行を楽しむことができるようになったのである。

さらに、一九八〇年代後半以降の記録的な高成長（実質GDP成長率、一九八六年一二・九％、一九八七年一三・〇％、一九八八年一二・四％）と賃金上昇にともなって、韓国資本の海外直接投資が急増し、資本の国際化にともなって「民間主導型」体制はいっそう強化されたと認められるようになった。外国人投資に対しても国内市場が漸次開放され、とくに自由化の進んでいた製造業での自由化率は一九八八年には九九％まで拡大された。

一九八〇年代後半は、韓国経済はバブル経済に涌き、奢侈品を中心として過剰な消費を謳歌する風潮が現れた。「民間主導型」体制への移行という議論は、このような社会的風潮のもとで不動のものとなったかにみえた。盧泰愚政権も、経済過程への直接介入はできるだけ自重し、行政指導をつうじた「民間主導」経済の支援というポーズをとろうとした。

こうして、「政府主導型」発展を支えていた権威主義体制は、経済成長にともなう「中間層」の出現など社会変動の過程で自らの存立基盤を失って「熔解」せざるをえず、「民間主導型」体制への移行を必然化するという「弁証法」の典型として、韓国の実例がしばしばあげられるようになった（渡辺［一九九二］）。

たしかに、経済成長に伴って権威主義体制は熔解するという指摘は、一般論としては正しいであろう。同様に、〈国家・資本主義〉としての資本主義の「種差性」も熔解すると考えるのが自然であろう。問題は、「民間主導型」体制への移行と指摘されているこの時期の韓国経済の内実が、はたしてそれを実証しているか否かである。

二「民間主導型」体制の内実

（一）基準としての国民経済の性格

一九八〇年代に入って盛んになった「民間主導型」体制への移行議論は、たしかに韓国経済の新しい局面の一端をついている。韓国において「政府主導型」と指摘された体制が、三〇数年を経てなお依然としてなんの変化も経験していないとみることは、余りに恣意的に過ぎる。一九八〇年代以降韓国で行われた数々の規制緩和や自由化措置は、従来までの直接的な国家統制や介入とは明らかなスタンスの違いがある。政府の経済過程への直接的な介入は、明らかに背後に退いている。だが、問題は、「政府主導型」と「民間主導型」として対比される場合の境界の内実である。もともと、「政府主導型」とか「民間主導型」といわれる場合、その基準はまったく曖昧であった。何をもって「政府主導型」というのか、あるいは何をもって「民間主導型」というのか、その内実は常に曖昧にされたまま、言葉だけがひとりあるきしていた。この点は今日でも変わっていない。これまで「政府主導型」といわれる場合でも、市場メカニズムの存在を否定したものではなく、市場メカニズムへの政府介入の相対的な程度が問題にされていた。恐らく、その場合の基準は、欧米先進資本主義国のそれにおかれていたであろう。それゆえに、「政府主導型」から「民間主導型」への移行にあたって、自由化措置や規制緩和が重視されたのである。

しかし、現実の低開発世界では、政府による市場メカニズムへの介入という「市場の失敗」を補完する側面が問題であったのではなく、「国家」が市場メカニズムを創り出しそこへ資本を誘導していくといういわゆる資本の蓄積過程での特殊な道筋が問題にされたのである。それゆえ筆者は、「政府主導型」体制（あるいは「国家主導型」体制）という曖昧な表現に代えて、それを資本主義の「種差性」という認識から「国家資本主義」（国家・資本主義）と性格規定したのである。〈国家・資本主義〉とは、資本の蓄積過程における国家の特殊な役割に注目して、二〇世紀後半の特殊歴史的な性格を刻印された資本主義的国民経済形成に焦点をあてたものである。

したがって、「民間主導型」体制への移行という場合には、国民経済の質的な側面に焦点をあてなければならない。単なる自由化措置や規制緩和といった政策的な側面だけをとらえるのではなく、その背後にある国民経済の性格と資本蓄積の構造を問題にする必要がある。

資本蓄積の有効な手段として対外的な市場指向（＝比較優位にもとづく輸出指向工業化）を追求しようとすれば、市場メカニズムへの適応がある程度はかられるのは当然のことである。その結果、国内市場の開放や規制緩和、自由化といった措置がとられるようになるのは避けられない。問題は、政府主導で進められる市場メカニズムを利用した蓄積体制とは、実際にはどのようなものであるかという点である。市場メカニズムとの関係だけで国民経済の性格を考えるのは危険である。

(二) 国民経済の上からの再編過程

このような視点にたてば、当時「民間主導型」体制への移行と指摘された内実は、実は「国家」による上からの国民経済の再編過程であった事がわかる。すなわち、資本蓄積の新しい段階に対応した政府主導による「民間主導型」体制づくりの提唱である。その意味で、先進国でみられた規制緩和・民活路線とは一線を画するものである。この点について、いま少し韓国の実例に即して検討してみよう。

韓国における「民間主導型」体制への移行が議論されるようになったのは、すでに述べたように一九八〇年代に入ってからである。それは、「開発独裁」の典型とみられていた朴正熙大統領の「維新体制」[18]の終焉と無関係ではない。軍事クーデターによって政権の座についた全斗煥政権は、一九八〇年「ソウルの春」を鎮圧し、民主化を要求する反体制勢力を力で抑え込んだとはいえ、しかし「維新体制」をそのまま継承する事はできなかった。朴正熙政権がほかならぬ「維新体制」そのものによって崩壊した事は、ここで何らかの体制的再編を不可避としていたのである。しかも、その再編は維新体制の焼きなおしにとどまることはできない。資本蓄積を国家が領導していくという体制のなかに、その体制を安定化させる機能を植え付けなければならなかった。「第五次五ヵ年計画」で社会開発の重要性が謳われ、市場原理の導入と「民間主導型」体制への移行が打ち出されたのはこのような理由による。

一九八一年という年は、アメリカでレーガン大統領が就任した年であり、「レーガノミックス」と呼ばれた政府規制の一連の緩和が唱えられた時期である。当時、サプライサイド・エコノミックス、マネタリストと称される一群の経済学者達は、大々的なケインズ批判と「国家の失敗」を喧伝していた。アメリカで経済学を学び、学位を取得して韓国に帰国した経済企画院を始めとした官庁エコノミストたちにとって、「国家の失敗」をクローズアップした新しい潮流の影響力から無縁でいる事は困難であっただろう。しかも、韓国経済の現実は、七〇年代の国家主導による財閥を総動員した重化学工業偏重投資によって、重複投資・過剰投資をかかえて危機的な状況にあった。経済構造が高度化し、産業連関が複雑化しているにもかかわらず、依然として国家主導で開発計画を立案する事は不可能に近かった。「国家の失敗」という論調は、まさに韓国の現実にぴったりであった。

このような状況のもとで、韓国では自由化・規制緩和を政策基調として「第五次経済社会発展五ヵ年計画」（一九八二年〜八六年）が立案されたのである。

(三)「自由化・規制緩和」の内実

では、この時期の自由化・規制緩和の内実とはどのようなものであったのだろうか。最も象徴的に語られる場合が多いこの時期の自由化措置として、前述した「金融の自律化」＝市中銀行の民営化が挙げられる。たしかに、国内五大市中銀行の民営化は比較的短期間のうちに実施され、一九八二年新韓銀行、一九八三年韓美銀行と、新たに二つの市中銀行が相次いで設立された。しかし、このような銀行の民営化にもかかわらず、その後も、窓口指導、金利規制、通貨量規制、人的支配などを通じた政府の実質的コントロールは依然として続けられ、金融の自律化にはほど遠い状況であった。政府は、「重要企業に対してメイン・バンクを指定し、その銀行が、当該企業のあらゆる財務内容を把握する」（野村総研［一九八八］、二三二ページ）というメイン・バンク制度を利用して、企業の財務状況を管理しようと企図した。しかも、民営化にもかかわらず、一九八〇年代前半の不況下で銀行の抱える不良債権は大幅に増大し、中央銀行借り入れを通じて市中銀行の中央銀行への依存度は急激に高まった。野村総研［一九八八］によれば、「国内負債に占める中央銀行からの借入額の比率は、一九八一年の一五・四％から八四年には二一・七％へ、さらに八五年には二五・一％にまで高まった」と指摘されている（同、二三〇ページ）。「民間主導型」体制への移行に際して最も象徴的とされる銀行の民営化でさえ、実はこのような内実のものであった。

アメリカとの貿易摩擦の激化にともなって、一九八〇年代後半から積極的に進められた輸入自由化・国内市場の開放についても、多くの日本商品は「輸入先多角化品目」に指定されて[19]、日本からの輸入は厳しく規制された。当時韓国国内で走っていた数少ない日本車は、日本企業（ホンダ）がアメリカで現地生産した特定の乗用車（USアコード）のみであった。韓国の国際空港や釜山港の通関では、一時は日本の電気炊飯器をはじめとした家電製品をおみやげに抱えた韓国人の列でごった返していた。

もちろんこうした「輸入先多角化品目」制度という名の特定国からの輸入禁止措置は、GATT規定違反の可能性が高く、WTO（世界貿易機関）の設立にともなって早晩廃止される運命にあった。しかし、貿易自由化に際しても、多くの日本商品の輸入を規制せざるを得なかった背景にこそ、この時期の「民間主導型」体制への移行の実態がよく示されている。

また、一九八〇年代後半は、韓国経済は未曾有の消費ブームに涌き、政府はあまりに加熱した消費ブームを抑えるのに腐心した。大幅な賃上げにもかかわらず、金融資産や不動産所得を中心とした社会的不平等感の拡大は、バブル経済を煽った。拡大する一方の不動産投機にたまりかねた政府は、一九八八年についに土地の公的概念の導入に踏み切った。土地の公的概念の導入とは、「公共性」という名のもとで行われた政府による私有財産の制限である。「宅地所有上限に関する法律」、「開発利益回収に関する法律」、「土地超過利得税法」という三つの法律によって、とくに大都市での宅地所有の上限が厳しく制限され、開発業者などの土地開発によって生じた開発利益の半分を国家に納付することが義務づけられるなど、不動産投機を厳しく抑制した（李［一九九三］）。

しかし一九八〇年代後半は、「三低景気」にささえられて、全体として政府の介入政策はその比重を低下させてきたことは疑いない。この時期には、かつてのようなあからさまな介入の形態は影をひそめ、行政指導を中心とした安定成長への誘導が中心となった。一九八六年には財閥への経済力の集中を抑制するために厳しい内容を盛り込んだ「公正取引法改正案」を発表したが、結局財閥側の強い反発をまえにして、文面通りの実施を延期し行政指導によって財閥の健全化と競争力の強化をはかろうとする方向に転換した（朴［一九八九］）。「民間主導型」体制への移行という議論の隆盛も、このような状況を反映したものであった。

三　「移行議論」の核心

一九八〇年代に入って主張されるようになった韓国経済の「政府主導型」経済体制から「民間主導型」経済体制へ

の移行という議論は、韓国〈国家・資本主義〉の本質的変化を意味するものではないという筆者の立場に対しては、いくつかの批判が寄せられた。

なかでも、もっとも直截的な批判は、朴［一九八七］による次のようなものである。「（坂田は――引用者）韓国における国家資本主義的発展の連続性を強調するあまり、八〇年代韓国の政府主導から民間主導経済へのダイナミックな社会・経済構造の変化（公企業の経営改善と民間払い下げ、市中銀行の民営化と第二金融圏の成長、外資導入の自由化促進など）を見失っている。このような民間主導経済否定論は、そもそも政府主導経済を国家資本主義と同一概念化したり、韓国における民間主導経済論を先進国で進められている『民活』の動きと同一視したりする誤解に基づいているといってもよい」（同、四三～四四ページ）。

あらためて指摘するまでもなく、筆者の基本的な立場は、韓国において「政府主導型」経済体制として一般に指摘されてきた「開発独裁」下での「キャッチ・アップ型」工業化を追及しようとする体制は、「国家資本主義」的発展の新しいプロセスの出現であり、「自由化・民営化・規制緩和」が進行したといわれる八〇年代においても本質的な変化はみられない、という点にある。したがって、「八〇年代韓国の政府主導から民間主導経済へのダイナミックな社会・経済構造の変化」とはどのような「社会・経済構造」からどのような「社会・経済構造」への変化なのかが明らかにされなければならない。「社会・経済構造の変化」という限りは、「政府主導」とか「民間主導」というあいまいな表現では許されないであろう。

この点について、金［一九八七］は、両者の違いを、「八〇年代のダイナミックな社会・経済構造の変化」という視点から次のように指摘している。

「（坂田は――引用者）国家の領導的機能の歴史的（被）規定性を重視することによって、たとえ『政府主導型』経済発展という事実は認めるにせよ、国家の領導的機能はそれに等値されるものではなく、従って『民間主導型』への移行には何ら本質的な変化を認めないという立場を表明された。これに対して、朴氏は、八〇年代韓国の『政府主導型』から『民間主導型』への移行を、社会経済構造のダイナミックな変化として捉え、国家の領導的機能が、その過程で、当然、変化を余儀なくされるという見解を示された。……しかし、（坂田が――引用者）『民間主導型』への移行が本質的な変化ではないといわれる点には賛成しえても、八〇年代の本質的な変化までも見落とすべきではないと筆者は考えている」（同、一二三ページ）。

たしかに、一九八〇年代以降の韓国経済の発展過程のなかに、国家財政を梃子とした強蓄積パターンから、行政指導を梃子として安定的蓄積へと向かわせる誘導的パターンへの国家介入形態の重要な変化がみられることは否定できない。このような形態のもとで行われる産業政策は、企業が市場メカニズムを積極的に利用することによって安定的な資本蓄積が果たせるように誘導していくことに主眼がある。ことに韓国の場合、一九八〇年代の「民間主導型」体制への移行という議論は、直面する経済危機から脱出する方途として、政府の側から提唱され、主導されたものであった。

「政府主導から民間主導への移行過程で、かえって政治の経済への介入が露骨にみられる」（服部編［一九八七］、二九七ページ）という指摘は、「民間主導型」への移行そのものが政府主導で行われざるを得ないという国民経済の特殊な性格を前提とすればよく理解できる。

「民間主導型」への移行議論に対して筆者が問いたかったのは、「八〇年代の本質的な変化」とは何かという点である。韓国の場合、「民間主導型」への移行現象は、必ずしも「開発主義国家」としての特殊な経済的機能までも否定するものではない。たしかに、一九八〇年代末の一連の民主化措置によって、あからさまな軍事政権は終わりを告げたが、そのことをもって「権威主義体制の熔解」＝西欧型民主主義体制の確立という図式でみるならば、それこそミス・リーディングである。新しい段階に対応した開発主義国家の政治形態として、「新・権威主義体制」（朴［一九九二］）が指摘されざるを得ない背景がここにある。(20)

第三節　〈国家・資本主義〉システムの終焉

一　グローバル化の進展と〈国家・資本主義〉

一九八〇年代の韓国では、「政府主導型」経済から「民間主導型」経済への移行という議論が噴出したが、〈国家・資本主義〉的発展という本質的な面では変化はなかった。だが、一九九〇年代に入って韓国経済を取り巻く状況に大きな変化が訪れた。

その変化とは、一言でいえば、世界経済のグローバル化の著しい進展である。一九九〇年代以降、戦後世界経済を律してきた「冷戦」という世界的構造が崩壊するに伴って、グローバリズムの潮流がいっきに世界経済を席巻し、経済の「ボーダレス化」、「グローバル化」といわれる現象が進展した。それに伴って、世界は「大競争時代」に突入したのである。韓国経済は、このようなグローバル化と大競争時代の到来に直面して、深刻な危機に直面することになった。すなわち、世界経済のグローバル化に直面した韓国〈国家・資本主義〉は、世界的冷戦構造のもとで許容されていた「ダブル・スタンダード」がもはや機能しなくなり、「ナショナル・スタンダード」と「グローバル・スタンダード」との矛盾に直面することになったのである。

「大競争時代」の到来とともに、「成長のエンジン」ともいわれた輸出にかげりがみえはじめ、再び貿易収支が悪化していくに伴って、国内でも「政府主導の政策推進が強化されなければならない」と主張する「新産業政策」論争さえ起きるようになった（李［一九九三］）。一九八〇年代後半の自由化ムードは、一九九〇年代に入ってからの不況局面を迎えて一掃されることになる。不況局面を迎えて再び政府主導の経済運営が強調されるところに、韓国の「民間主導型」体制への移行といわれたものの本質をみることができる。

このような状況のもとで、一九六一年の軍事クーデター以来はじめての「文民政権」（非軍人政権）の誕生として期待された金泳三（Kim Young-sam）政権（一九九三〜九八年）は、就任二年目を迎えた一九九四年、産業の国際競争力を強化するという名目で、「民間主導型」経済とはまったく逆行する形で、大胆な財閥系企業の「業種別専門化政策」を打ち出したのである。

「業種別専門化政策」とは、国内三〇大財閥のうち、上位一〇大財閥には三つの専門業種を、十一位以下の財閥には二つの専門業種をそれぞれ選択させ、専門業種の中で売上高が一〇％以上の企業を「主力企業」と認定し、銀行の貸出規制の緩和などの優遇措置を講ずる一方、非主力企業の統・廃合を誘導するというものである。これによって、三星グループ（三星財閥）は、電気・電子、機械、化学を、現代グループ（現代財閥）は、自動車、電気・電子、エネルギー（精油）を、ラッキー金星グループ（現・LGグループ）は、電気・電子、化学、エネルギーを、大宇グループ（大宇財閥）は、機械、自動車、流通をそれぞれ選択したといわれる（姜［一九九四］）。

もともと、財閥グループの「タコ足（ムノバル）」的業種拡大は、政府の産業政策の結果という側面が強い。韓国の三〇大財閥は、平均して八つ以上の業種に手をのばしていたが、このようなタコ足的経営拡大は、政府の産業育成政策において最も手っ取り早い方法として財閥を利用したこと、不実企業などの整理の過程でそれらを既存財閥に吸収・合併させたことなどの結果であった。こうした政府の産業政策と、計画性と合理性を欠いた財閥の経営多角化追求が合体して、日本の企業グループと比べても格段に多いタコ足的異業種拡大が生み出されたのである。

そして、このような非合理的なタコ足的業種拡大が厳しい国際競争に晒されて効率性を発揮できなくなったとき、またしても政府が強引にこれを「非市場経済措置」によって整理しようとしたのである。そこには、市場メカニズムに任せておけば、タコ足的業種拡大の結果効率性を失った財閥系企業のいくつかは国際競争によって淘汰され、その結果韓国経済にとって深刻な事態が招来されるという政府の強い懸念があった。

財閥系企業の業種別専門化という方針は、盧泰愚政権時代にも検討されたことがあるが、財閥などの猛反対にあって「金融実名制」とともにこれまで実行を見合わせていたものである。「民間主導」経済というポーズを最大限とり続けようとした盧泰愚政権は、行政指導を通じてなんとか財閥系企業の体質改善をはかろうとしたが、行政指導だけではいかんともしがたく結局無策の政府とのそしりを免れなかった。結果的には、韓国企業の国際競争力は著しく低下し、財閥系企業のタコ足的異業種拡大はとどまるところを知らなかったのである。こうして、政府の行政指導だけでは財閥の体質を改善し、国際競争力を強化させることは出来ないという認識にいたった金泳三政権は、「民間主導型」体制とはおよそ逆行する大胆な産業再編措置を断行しようとしたのである。

金泳三政権の「業種別専門化」というドラスティクな産業再編成の試みは、ＷＴＯの設立にともなって予想された一層の市場開放圧力を前にして、韓国企業の競争力を強化するためにもくろまれた最後の手段であった。

金泳三政権は、「国家によって保護、育成され、かつ統制も受けて成長してきた新興ブルジョアジーが、蓄積された資本の大半を牛耳っているとしても、現在の構造のもとでは、国家が蓄積過程を支配し決定することが可能となっている」（Barone [1983], p.60: 邦訳、九四ページ）というC・A・バローネ（Charles A. Barone）の指摘にみられるように、自らの権力によって産業組織の上からの改編が可能であると考えたのである。[21]「金権」（資金力）によって一九九二年暮れの大統領選挙で金泳三候補に挑んだ現代財閥総帥鄭周永会長（当時）に対するその後の金泳三政権のあからさまな制裁は、このことを何よりも雄弁に物語っている[22]。

韓国の経済学者の間でさえ、「韓国経済は戦後五〇年間、めざましい発展を遂げてきたが、いまだ十分な市場経済の秩序を確立しているとはいえない。……韓国経済の最も重要な課題の一つは、中央集権的な命令や権威主義的な政府統制を廃止することである」（鄭［一九九五］、五六ページ）という認識は、当時ではかなり根強く残っていた。

二　アジア経済危機の波及と〈国家・資本主義〉

（一）「ダブル・スタンダード」の崩壊

以上のように、一九八〇年代から九〇年代前半にかけての韓国における〈国家・資本主義〉システムは、官僚主義的な硬直性からくる弊害を克服し、効率を失った「直接的指導体制」をより柔軟な「間接的指導体制」へ移行させようとする再編過程にあったとみることができる。したがって、一九八〇年代にいたって〈国家・資本主義〉システムが再編を余儀なくされたとしても、一九九〇年代前半までの韓国の「キャッチ・アップ型工業化」は、一貫して「国家資本主義の第三の途」と規定した〈国家・資本主義〉体制のもとで追求されていったというのが、これまでの筆者の認識であった。

では、韓国の〈国家・資本主義〉システムは、いつごろ、どのようにして終焉を迎えていったのであろうか。おそらく、最初の契機となったのは、一九九三年二月の金泳三政権の登場であろう。この時期、韓国の〈国家・資本主義〉システムは、世界経済の著しいグローバル化の進展と自由化・規制緩和を求める「グローバル・スタンダード」の隆盛によって、「権威主義的国家」体制のもとでの「キャッチ・アップ型工業化」という国内的な「ナショナル・スタンダード」の温存と世界市場での「グローバル・スタンダード」の利用（比較優位にもとづく輸出指向工業化）という「ダブル・スタンダード」をとり続けることがすでに国際的には許容されない状況を迎えていた。とくに、「社会主義陣営」の崩壊と米ソの冷戦構造の終焉は、おりからの情報通信革命とあいまって、現象としての「グローバリゼーション」をいっきに加速させることとなり、「ダブル・スタンダード」にまもられてきた韓国の財閥も、「グローバル・スタンダード」の採用を強く迫られることになったのである。

しかし、このような状況を前にして、金泳三政権が試みた先のドラスティクな産業再編成の試み（業種別専門化政策）は、結局財閥側の抵抗によって実現することはできず、政権そのものの弱体化へとつながっていった。このことは、当時すでに、それまでの〈国家・資本主義〉システムが機能不全に陥っていたことを意味する。一九八〇年代に〈国家・資本主義〉システムの再編成が試みられていったにもかかわらず、結局、一九九〇年代の激変する世界経済の新しい状況に対応することができなかったというのが筆者の基本的な認識である。

(二) 一九九七年「経済危機」

さらに、韓国〈国家・資本主義〉の終焉にとって決定的契機となったのは、おそらく一九九七年末から韓国を襲った経済危機であろう。当時の韓国の〈国家・資本主義〉システムは、一九九〇年代のグローバリズムの著しい進展と財閥の肥大化のもとで、国内的な矛盾を拡大させていたが、その矛盾の爆発こそ、九七年末からの経済危機にほかならない。

韓国では、一九九七年一月、韓宝（HAN PO）という財閥ランキング一四位で韓国第二の鉄鋼メーカーが、世界で第五位に相当する大規模な製鉄所（年産九〇〇万トン規模）を建設中に倒産した。しかも、韓国の複数の銀行は、この韓宝にたいして十分な担保も取らずに当時の為替レートで約四六億ドルもの巨額の貸し付けを行っていた。この銀行からの巨額の融資に当たって、金泳三大統領（当時）の次男が関与していたという疑惑も浮上した。

韓国の銀行は、一九八〇年代初頭まで国家管理のもとにおかれ、民営化されて以降も政府の強いコントロールのもとにあったことはすでに述べた。韓国では一般に、「官治金融」と呼ばれている。

この事件をきっかけにして、銀行の不良債権問題がいっきに浮上した。これに拍車をかけたのが、韓国第二位の自動車メーカー・起亜（KIA）の経営破綻である（一九九七年一〇月）。韓国の自動車産業は、当時すでに飽和状態にあった。その自動車産業に、一九九七年から財閥ランキング第二位の三星（SAM SUNG）グループが日本の日産自動車から技術供与を受け、参入準備を進めていた（生産開始は一九九八年三月）。起亜の経営破綻の直接の原因は、累積赤字の拡大による経営危機にあったが、三星グループの自動車市場参入が引き金になったことは間違いない。

この他にも、一九九七年には、拡張路線にのって異業種に手を伸ばした多くの財閥が次々に倒産した。九七年十一月に顕在化した外貨危機は、このような韓国企業の無秩序な拡張路線と政府の成長優先主義が背景にあった。

国家破産の危機に直面した韓国政府は、ＩＭＦや世銀、日本政府に多額の特別融資を仰がなければならなくなったのである。東アジアの通貨・金融危機を救済するにあたって、ＩＭＦや世銀は、東アジアの「ダブル・スタンダード」に矛先を向けてきた。ＩＭＦが特別融資の見返りとして要求した融資条件（コンディショナリティー）は、一言で表現すれば、国内市場での「グローバル・スタンダード」の採用である。(23)

韓国では、五七〇億ドル（ＩＭＦ二一〇億ドル、世銀一〇〇億ドル、日本一〇〇億ドル、アメリカ五〇億ドルなど合意額）を超える特別融資を受ける見返りとして、国内市場の開放（貿易・投資・金融の自由化と政府規制の緩和）、公企業の民営化、財閥の構造改革、金融制度の改革、労働市場の柔軟化（整理解雇制の導入）、財政改革（緊縮財政）、金融引き締め、為替レートの柔軟化（実質的ドル・ペッグ制の廃止）、など国内経済の抜本的改革（構造改革）を約束させられた。

ＩＭＦのこのような「コンディショナリティ」は、通貨危機に陥った国にたいしておこなう「構造調整融資」の際に一様に要求してきた処方箋であり、そこには、途上国の度重なる通貨危機・累積債務危機の背景には、途上国の構造問題（保護・規制というナショナル・スタンダードの温存）があるという認識が支配的であった。

このような考え方は、当時米国で主流となっていた「新古典派経済学」の主張と通じており、グローバル・スタンダードに基づく国際経済の再編という立場につながっている。韓国では、ＩＭＦの要求は、アメリカの利益を代表するものであるという批判が巻き起こったが、それはあながち的はずれではない。[24] 国際経済の専門家の間にも、グローバル・スタンダードの強要は、アメリカ政府・ＩＭＦ・世銀三者の「ワシントン・コンセンサス（Washington Consensus）」にもとづくものであるという指摘がある。

危機に直面した東アジア諸国は、否応なくこのグローバル・スタンダードを突きつけられた。その対応において、マレーシアと韓国は全く違った方向を選択したが、国家破産にも等しいデフォルトの危機に直面していた韓国の場合は、グローバル・スタンダードのほぼ無条件に近い受容となったのである。

（三）構造改革と〈国家・資本主義〉システムの終焉

韓国政府は、ＩＭＦのコンディショナリティを実行に移すべく、金融・企業・公共・労働の四つの部門の構造改革（四大構造改革）を打ち出して、政権の最優先課題として取り組んでいった。

経済危機に直面した韓国では、一九九八年に倒産した企業は、過去最大の二万二八二八社にものぼった。その結果、韓国の金融機関が抱えることになった不良債権は、いっきにふくらみ一九九八年三月末には一一二兆ウォンに達した。

不良債権はその後も増え続け、一九九九年七月には約一三二兆ウォンにも達した。これは韓国の政府歳出（一九九八年一〇七兆ウォン、九九年一一三兆ウォン）を大きく上回る額であった。

一九九八年二月に就任した金大中（Kim Dae-jung：1925‐2009）大統領が、真っ先におこなわなければならなかったのは、この不良債権処理と金融機関の再編であった。政府は、不良債権処理と金融機関の経営改善のために、二〇〇〇年五月末までに、国会の同意を受けた公的資金六四兆ウォン、公共基金やその他手続きを経た二五兆六〇〇〇ウォンなど併せて一〇一兆八〇〇〇億ウォン（当時の為替レートで約九〇〇億ドル）を投入した。その一方で、各種銀行の再編と総合金融会社と呼ばれるノン・バンクの多数を整理した。

また、財閥の構造改革を促すために、タコ足的事業拡大を可能にしてきた財閥グループ内の相互債務保証を認めず、連結財務表の作成を義務づけた。さらに、財閥グループの業種別専門化を促すために、財閥間での事業交換（ビッグ・ディール）を要求した。[25]

ビッグ・ディールについては、最大財閥三星グループの抵抗などによって難航したが、その他の財閥のドラスティックな改革は、経済危機の過程で、政府によって外圧を利用して断行されていった。韓国を代表する巨大財閥であった現代グループは創業者鄭永周総帥の死後空中分解し、[26]大宇グループは財閥総帥の国外逃亡とともに消滅した。[27]その他、経済危機の過程で、三美、真露、大農、起亜など日本でもよく知られていた有名財閥が次々と倒産していった。加えて、政府は、経営不振に陥った整理対象企業を選定し、銀行を通じた新規融資の停止措置などによって、財閥の系列企業の売却や旧経営陣の退陣など、改革を迫った。こうした財閥整理を通じて、「韓国の産業界を支配してきた六四財閥のうち三四の財閥が法定管理やワークアウトによって事実上解体した」（朴［二〇〇四］）といわれている。

金大中政権下で進められた構造改革の中でも、金融改革と企業改革については比較的高い評価が与えられている。

たしかに、金大中政権が取り組んだドラスティックな企業改革によって、生き残った財閥系企業は、従来の高い負債比率を低下させ、財務構造を大きく改善した。企業の透明性も高められ、コーポレート・ガバナンスもある程度強化された。大胆な金融改革によって、不良債権処理は一挙に進展し、金融部門のドラスティックな再編が実現した[28]。

だが、このような大胆な構造改革は、未曾有の経済危機とIMFの厳しい監視という「外圧」によって実現されたものであり、他律性が強い。韓国の〈国家・資本主義〉システムは、この構造改革によって終焉を迎えたとはいえ、このような改革も、結局のところ「政府主導」で行われなければならなかったところに、このシステムの特異性がある。「金大中政権の改革政策の興味深い特徴は、強力な政府介入という手段によって、政府介入の少ないアングロサクソン・モデルや新自由主義型経済を定着させようというディレンマにあるといえよう」（高［二〇〇九］、二三ページ）という指摘は、まさに正鵠を射たものである。

第四節 〈国家・資本主義〉の後遺症

韓国の経済危機は、はやくも一九九九年には驚異的な回復力をみせた。一九九八年にはマイナス六・七％にまで落ち込んだGDP成長率は一九九九年には早くも九・四％のプラス成長を記録するなど、驚異的な回復をみせたのである。貿易収支も大幅な黒字を計上し、深刻な外貨の流動性危機は克服された。外貨準備高は九九年末には七四一億ドルにも達した。一九九八年二月にはいっきに一〇〇万人を超え最大一七九万人にまで達した失業者は（一九九二年二月：失業率八・七％、男性失業者一二〇万人、女性失業者五八万人）、一九九九年十二月には九七万人（失業率四・四％）にまで低下した。マクロ経済指標でみる限り、韓国経済は見事によみがえったかのようにみえた。

韓国経済の一九九九年以降の回復プロセスを牽引してきた要因としては、上述した金融・企業改革を中心とした構造改革の成果に加えて、資本市場の自由化と為替相場の下落による外国資本の戦略的M&A資金の大量流入と、(29)大企業を飛び出してIT関連のベンチャービジネスに身を投じた若き起業家たちの成功、為替相場の下落による輸出拡大効果、コスダック（KOSDAQ）と呼ばれる店頭株市場でのベンチャー・情報通信関連を中心とした新規公開企業の株価上昇に引きずられた株式市場の回復、抑制されていた消費需要の回復など、いくつかあげることができる。

しかし、二〇〇〇年代に入って以降の韓国経済の動向は、けして楽観視できる状況ではなかった。二〇〇〇年以降の成長率は、かろうじてプラス成長を維持したものの、その変動は激しく、不安定な状況で推移した。民間最終消費支出はマイナスないし低水準で推移し、国内設備投資も低い水準で推移した。

この点について、笠井[二〇〇七]は、「韓国経済は一九九七年の通貨危機以前の高成長から危機を境に低成長に移り、とくに現政権下（盧武鉉政権――筆者）では潜在成長率を下回る成長を続けていることも含めて、ほぼ長期不況期に入ったものと考えられる」と指摘している。

国内経済の不振にもかかわらず、韓国経済が全体として危機的状況を回避できた最大の要因は、「歴史的中国機会」であった。韓国は、日本、台湾と並んで「歴史的中国機会」の最大の受益者であった。韓中貿易は、二〇〇八年の米国サブプライムローンの破綻とその後のリーマンショックによって惹き起こされた世界的不況までの時期（二〇〇〇年〜二〇〇七年）、年平均二一・二％という高い伸び率で推移し（四三二億ドルから一六五八億ドルへ三・八倍増）、二〇〇三年にはついに米国を抜いて中国が貿易相手国第一位に躍り出た。(30)対中貿易はこの間一貫して韓国の大幅黒字を記録し、韓国経済の長年のアキレス腱であった対日貿易赤字を補填して有り余った。

韓国は、対日赤字を対米黒字で相殺するというかつての貿易構造から、対日赤字を対中黒字で補填しながら、全体として貿易収支黒字を積み上げるという構造に移行したのである。韓国経済が、依然として貿易を成長のエンジンとしている（外需依存型）という笠井［二〇〇七］の指摘は、本質をついている。

貿易とともに、対中依存が著しいのは投資である。韓国企業の対中進出は二〇〇二年以降急増し、二〇〇七年末の投資残高は、中国二二五億ドル、香港四九億ドルの合計二七四億ドルにも達し、韓国の対外投資総額（残高）の三〇％にも達した[31]。とくに、中国側の統計によれば、二〇〇四年の韓国の対中投資（再投資、現物投資を含む）は六二・五億ドルで、日本の五四・五億ドルを抜いて事実上トップの座に躍り出たのである[32]。

貿易と投資に象徴される韓国と中国との深い経済的結びつきによって、韓国経済は二〇〇〇年代の長期不況期を何とか乗り切ることができたとみることができる。

しかし、一般論としていえば、〈国家・資本主義〉の後遺症としては、他にも、地域格差の拡大、農村経済の疲弊、裾野産業の欠如、環境破壊と公害問題の深刻化、社会資本の立ち後れ、安易な模倣、拝金主義、権威主義・官僚主義の横行、などが指摘できよう。

韓国の場合、「不均衡成長戦略」がもたらした地域格差の拡大は、今日でも最も深刻な問題である。ソウル首都圏への人口集中はすさまじく、ソウル特別市（約一〇一四万人：二〇一四年四月現在、住民登録数）とその周辺都市（仁川広域市および京畿道）を含めた首都圏の人口は二五二五万人に達し、首都圏への人口集中度は四九・三％にも達している（韓国の人口は、二〇一四年四月現在約五一二〇万人、住民登録数基準）。ソウル特別市内の住居はすでに飽和状態に達してかつてのような激しい人口増加傾向はおさまっているが（ソウル市の人口は二〇一〇年以来減少に転じている）、現在は地下鉄の延伸などによってソウル市を取り囲んでいる京畿道の人口が増え続けている。その結果、京畿道の人口はいまや一二二二万人にも達している（二〇一四年四月現在、住民登録数）。ソウル特別市と仁川広域市、京畿道を合わせた「首都圏人口」（国土面積の約一二％）が五〇％を超えるのはもはや時間の問題であろう。全人口の半分が「首都圏人口」というのは、異常な状態であるといえよう。

韓国では、地方での就業機会は著しく制約されており、人々は仕事を求めて依然としてソウル首都圏めざして移住を続けている。首都圏への集中は、当然、経済・文化・芸術・学術機関などあらゆる分野に及んでおり、韓国はまさに「人口集中の悪循環」に陥っているといえる。

このような首都圏への人口集中に何とか歯止めをかけようと、二〇〇三年には、当時の盧武鉉（Roh Moo-hyun：1946－2009）大統領（在位：二〇〇三〜〇八年）は選挙公約に掲げた「行政首都移転」を実行に移すべく、「新行政首都建設のための特別措置法」などを相次いで制定し、移転候補地として忠清南道公州市の燕岐郡（ソウルから南へ約一二〇キロメートル）を決定した。しかし、その後、移転に反対する国会議員、市会議員、民間団体など反対派の人々が憲法裁判所への違憲訴訟を起こし、その結果、裁判所からは首都圏移転について違憲判決が出された。

結局、首都圏移転は、一部の行政機能を移転させる「新行政都市」建設計画に縮小され、二〇一二年七月に「世宗特別市」が誕生し、国の行政機関九省および三六政府関係機関の移転が開始された。大統領府、国会、大法院（最高裁）外交部、国防部、統一部、行政安全部などの主要機関は移転の対象とはなっておらず、目標達成最終年度の二〇三〇年でさえ、予想される人口規模は五〇万人程度に過ぎない。「大山鳴動して鼠一匹」ということわざがこれほどぴったり当てはまる事例も少ない。

韓国の農業も、日本同様深刻な問題に直面している。国家主導による「圧縮された発展」は、農業・農村開発の問題を先送りし、結果として零細農業の温存と農民の高齢化、過疎化を深刻化させた。韓国も、日本同様、自由貿易協定（ＦＴＡ）の締結交渉に当たっては農業問題の扱いに苦慮している。[33]

さらに、国家主導による「キャッチ・アップ型工業化」は、「輸出指向工業化」と「不均衡成長理論」（トリクルダウン仮説）の採用によって、輸出向け最終製品の組立・加工産業の育成を重視し、結果として国内での裾野産業（サポーティング・インダストリー）の育成を怠ってきた。韓国を含む後発工業国の工業化パターンを「組立型工業化」と特徴づけ、その構造的弱点を指摘してきた服部［二〇〇七］によれば、韓国では、一九九七年の経済危機において器械類輸入が減少し、国産機械への代替が進むような兆候もみられたが、その後の推移はその傾向が順調に進展したとはみられず、基本的には多くの輸入部品に依存する「組立型工業化」パターン上を進んでいると指摘している。

社会資本の整備など、インフラ面での開発は、この間重点的に取り組まれてきた課題であり、目覚しい進展がみられた。しかも、金大中大統領（在位：一九九八〜二〇〇三年）、盧武鉉大統領（在位：二〇〇三〜二〇〇八年）と二代にわたる「民主党」政権期に、国内の民主主義は一段と促進され、名実ともに先進国の仲間入りを果たした。今日では、多くの市民団体による社会問題への取り組みが活発に行われており、NPO法人やNGOの活動が活発である。しかし、韓国社会のなかから、権威主義・官僚主義の弊害が完全に払拭されたとはいいがたい。三〇年以上続いた韓国の〈国家・資本主義〉システムの後遺症を、完全に払拭するのは容易ではない。[34]

［注］

（1）朴正煕は、日本軍属として満州で終戦を迎え、朝鮮半島解放後、南北に分断された南（韓国）に戻り、ふたたび職業軍人としての途を歩みはじめた。しかし、一九四八年十一月に突然軍捜査当局に逮捕されソウルの西大門刑務所に収監された。逮捕の容疑は、韓国内部で秘密裏に活動していた北朝鮮労働党の韓国内地下組織「南朝鮮労働党」（南労党）の軍内組織に所属し秘密活動をしていたというものであった。趙［一九九二］によれば、朴正煕は取り調べに対しすべてを認め「転向」

を表明したようである。「粛軍過程で重刑が宣告された軍人の中で救命された唯一のケース」（同、一三八ページ）といわれるように、朴正熙は刑の執行を猶予され、一ヵ月後には釈放されてふたたび韓国軍の情報局に就任した。「転向」表明に加えて、満州軍官学校卒、日本陸士卒という肩書きと当時からの軍内部における人脈が有利に作用したことは疑いなかろう。韓国の「開発独裁」を主導した朴正熙とは、このように屈折した経歴の持ち主であり、それゆえにこそ当時の農村の貧困と政治の腐敗を見過ごせずにクーデターに向かったともいえよう

（2）政府は、「金融機関に対する臨時措置法」を制定し、民間株主の議決権を法的に制限することによって、一般商業銀行を事実上政府の管理下においたのである。

（3）このことはまた、他方で私債市場という非制度金融の肥大化を誘発していった。高利で運用される私債市場は、庶民の間でみられる「無尽」の性格をはるかに超えて肥大化し、財閥でさえこれに依存するという畸形的な金融構造を創り出した。

（4）今日の三星財閥の創業者である李秉喆（Lee Byeng-cheol：1910–1987）は、クーデター当時、東京に滞在しており逮捕を免れたが、「全財産を国家に献納する」との声明を発表して、六月二六日に帰国した。空港から連行された李秉喆は、朴正熙と面談し、「その場で不正蓄財を処罰するより経済再建のため活用することを進言した」（池［二〇〇二］、六二ページ）といわれている。その後の推移は、不正蓄財者として逮捕された企業家たちは釈放され、「経済再建促進会」を設立して朴政権の開発計画に積極的に協力していった。「経済再建促進会」は、その後「韓国経済人協会」を経て、一九六八年には「全国経済人聯合会」（全経連）へと改称され、現在に至っている。

（5）「不実企業」とは、放漫経営などにより、経営状態が不良で、経営危機に直面している企業、あるいはその可能性が大きいとみられる企業などを指す。

（6）この「農業基本法」は、「先ず農業が国民経済の基盤であることを認め、農業の近代化と生産力の増強、そして農家所得の安定を計り、文化生活を営む為の基本施策を規定している」と評価されている（窪田［一九八八］）。

（7）朴正熙政権下で進められた「セマウル運動」とは、基本的には社会主義国でたびたび行われる精神主義を鼓舞した無償の勤労動員によるインフラストラクチャーの建設と同じ性格のものであるが、韓国の場合、政府は農民のインセンティブを引き出すために、さまざまな恩典を付与した。たとえば、政府はセメントやブロック、木材、鋼材などの必要な資材を

農村に提供したり低利融資を行うことによって、農村での自発的な集団労働によって道路や橋、家屋を建設させるといった方法をとった。「セマウル運動」とは、本来は、「新しい村」創り運動であったが、次第に工場などでも運動が推奨されるようになり、「工場セマウル」、「都市セマウル」などが展開されるようになった。

(8)「離陸」という概念に厳密な定義があるわけではなく、きわめて抽象的な概念である。「離陸」という言葉を最初に使ったW・W・ロストウによれば、離陸のための条件とは以下の三つを同時に充たすことであるという。①生産的投資が国民所得の五%以下から一〇%以上へと上昇すること、②高い成長率をもつ一つないしそれ以上の重要な製造業部門が発展すること、③離陸を助けるような政治的・社会的・制度的枠組みが出現すること。

(9) 韓国経済企画院編『主要経済指標』一九八五年。本章での韓国経済の主要指標については、とくに明記しない限り『主要経済指標』各年版によっている。

(10) この時期、後に巨大財閥として成長する現代、三星、大宇、起亜などのグループは、政府の保護を獲得してこれらの産業に次々と参入していった。ただ、石油化学産業だけは、六〇年代に国営企業との合弁という形で米系多国籍企業が導入された。韓国の工業化は、主として国内資本（民族資本）によって担われており、石油化学産業だけが例外であった。

(11)「私債凍結措置」とは、産業構造の転換という困難な課題に直面した韓国政府が、一九七二年八月三日に突然発表した「経済の安定と成長に関する緊急命令」のことをさす。韓国では、金融制度の未発達に加え銀行が国家管理におかれていたことによって、「私債市場」と呼ばれる非制度金融が肥大化していた。韓国の民間企業の多くも、この「私債市場」への依存を強めていたが、「私債市場」での金利は年率に換算すると四〇%〜五〇%にも達し、企業の経営を圧迫していた。民間企業の経営を立て直し、これら企業を利用した産業構造の高度化を図っていくためには、なんとしても企業の「私債市場」への依存を断ち切らねばならなかった。朴正熙政権は、債権者・債務者の双方に債権・債務額を申告させ、債権・債務関係を三年間凍結させたのち、制度金融の基準に応じた償還計画をたてさせた。

(12) 厳密に言えば、「政府主導型発展」と「国家主導型発展」とは、区別されなければならない。「政府」という場合、それは行政機構を指しており、「政府主導」とは行政機構を通じた、という意味になる。これに対して、「国家」という場合、行政機構にかぎらず、立法機関、司法機関、警察機関などあらゆる国家機構が想定されており、「国家主導」とは国家目標に向けてこれらの機関が総動員される体制を意味することになる。

(13) 一九八〇年代前半の韓国経済は、「借款亡国論」がささやかれるなど、対外累積債務の増大による「デフォルトの危機」に直面していた。しかし、このような危機的状況を救ったのが「三低景気」の出現である。「三低景気」とは、原油価格の急落、国際市場金利の下落、円高・ウォン安（いわゆる「三低現象」の出現）という韓国を取り巻く国際経済環境の急変によってもたらされた高成長現象をさしている。

韓国の輸入原油価格（CIF）は、一九八一年の一バーレル当たり三五・六ドルから八六年には一五・一ドルへと急落し、貿易収支赤字の改善に大きく貢献した（その結果、一九八六年には貿易収支がはじめて黒字に転換した）。国際市場金利は、ユーロー・ダラー（九〇日）金利を例に取ると、一九八一年の一三・八八％から一九八六年の六・三一％へ急落し、韓国経済のアキレス腱といわれた対外債務の返済負担を大幅に軽減した（韓国の債務はその七割が変動金利によって占められていた）。さらに、韓国ウォンは、一九八〇年代前半には対ドル相場を小刻みに切り下げ（一九八〇年平均：一ドル＝六五九・九〇ウォン、一九八五年平均：一ドル＝八九〇・二〇ウォン）、一九八五年のプラザ合意に伴うドル高是正局面では、対円相場が急落し（一九八一年平均：一〇〇円＝三一八・九六ウォン、一九八七年平均：六四二・三二ウォン）、輸出競争力の回復につながった。

(14) しかし、この時期にはなお、労使紛争に対するあからさまな介入が行われていた。実際にも、公安当局に逮捕された活動家の数は、全斗煥時代よりも大幅に増加した。しかも、一九八八年一〇月の国政監査によって、国家安全企画部、国家保安司令部などの公機関が労働対策会議を設けて労働運動に介入していた事実が明らかにされた。

(15) 韓国の輸入自由化（関税化）率は、一九八〇年の六八・八％から一九八九年には九五・五％にまで引き上げられた。ただし、後述するように日本の乗用車や家電製品の輸入を事実上禁止する「輸入先多角化品目制度」は、九〇年代後半まで続けられた。

(16)「北方政策」とは、一九七三年六月二三日、当時の朴正熙大統領が打ち出した外交政策に由来する。「六・二三宣言」とも呼ばれるこの外交政策の基本は、韓国の北方に位置する社会主義国との間に門戸を開放し、北朝鮮との平和的統一をもめざしていくというものであった。当時はまだ、社会主義諸国との間で国交を樹立できるような条件は存在しなかったが、一九八八年に就任した盧泰愚大統領は、「モスクワを経て平壌にいたる」という外交路線を掲げて、東欧社会主義圏に対する積極的な外交政策を展開した。その結果、一九八九年二月には、社会主義国としてははじめてハンガリーと国交を樹立した。その後、一九九〇年九月にはソ連と、一九九二年八月には中国と国交を樹立した。「北方政策」の最大の成果は、一九九一年の南北国連同時加盟である。

(17) 南北経済交流の解禁とは、朝鮮半島分断以後、朝鮮戦争をはさんで厳しく対峙していた韓国と北朝鮮との間で、商品交易などの経済交流を容認するという盧泰愚大統領の特別宣言（通称「七・七宣言」）に由来する。この特別宣言では、社会主義諸国に対して広く門戸を開放するとともに、対北朝鮮貿易を民族内部の交易（関税免除）とみなしてこれを容認することが宣言された。

(18) 「維新体制」とは、一九七二年一〇月に、朴正熙大統領が「大統領緊急措置」を宣布して、非常戒厳令の施行、国会解散、憲法改正、政治活動の禁止などをおこなった、一連の独裁措置強化体制を指す。

(19) 「輸入先多角化品目制度」については、第三章、注3を参照。

(20) 朴［一九九二］は、一九八〇年代後半の韓国の独裁政権（おもに盧泰愚政権）を「新権威主義体制」と呼び、「新権威主義体制」のもとでの民主化の進展をある程度評価しつつも、「現在の体制に権威主義体制を生み出した諸条件が温存されていることに留意しなければならない」として次のように指摘している。「一九八七年の『六・二九民主化宣言』以降、労働三権の補償と労働紛争への不介入を表明した政府であったが、労働紛争が長期化した八九年から『賃金ガイドライン』を発表し、ふたたび労働統制を行う気配をみせている」（同、六五ページ）。あわせて、「民主化の推進力として中間層の役割を過大評価することも危険である」として、「韓国において権威主義システムを払拭した本当の民主体制を実現するには、かなり時間がかかりそうである」（同、六八ページ）とも指摘している。一九八〇年代後半の一連の民主化措置によって、「権威主義体制が姿を消した」というのは誤りであると断定する朴［一九九二］の主張は、筆者もまったく同感である。

(21) 業種別専門化政策は、金泳三政権のその後の弱体化と腐敗によって、財閥のサボタージュにあい、当初の目的を達することはできなかった。このことが一九九七年末からの未曾有の経済危機へと繋がっていったのであるが、後述するようにこのことが当時の韓国〈国家・資本主義〉がおかれていた状況を端的に物語っている。

(22) 一九九二年末の激しい選挙戦を戦って破れた現代グループ総帥の鄭周永（当時）は、その後大統領に就任した金泳三によって現代グループの抜き打ち的税務査察を受けるなど、あからさまな制裁を受けた。とくに、一九八八年の「七・七宣言」（注17、参照）によって道が拓かれた南北経済交流へ真っ先に名乗りを上げて、はやくも一九八九年一月には訪朝して金日成主席と会談し金剛山共同開発事業に関する議定書まで交換したにもかかわらず、鄭周永の生まれ故郷（現・北朝鮮江原道通川郡）に馳せる夢は、金泳三政権五年の内にはついに実現することはなかった。金剛山観光事業を中心とした北朝鮮での経済開発事業への協力という鄭周永の夢は、金大中政権の登場を待つほかはなかったのである。

(23) 当時ＩＭＦは「コンディショナリティ」の具体的内容については公表していなかったが、融資を行うに当たっての前提条件、融資を継続するための基準となる目標、段階的な改革目標など、包括的な内容を含んでいるとみられていた。当然、融資が開始されれば、合意された政策が実際に実行されているかどうかの厳しい審査が行われ、場合によっては融資の停止が決定された。これまで多くの国に求められた「コンディショナリティ」からみて、その矛先が「ダブル・スタンダード」に向けられていたことは疑いない。その具体的内容としては、価格の適正化（保護措置によって生み出された相対価格の歪みの是正、通常、輸出価格と国内価格、農産物価格と工業製品価格の間にみられる）、関税・非関税障壁の撤廃（輸入の自由化）、公企業改革（公企業の民営化や市場原理の導入）、公共投資の見直し（優先順位の作成など）、為替改革（通常一次産品輸出国に多くみられる過大評価されている為替レートの切り下げ）、税制改革（歳入の安定化）、財政改革（財政赤字の削減と財政均衡）、行政改革（過剰人員の削減など効率的な行政組織の確立）、補助金の廃止、金融改革（国有銀行の民営化などの機構改革と金融の自由化）、資本の自由化（外資規制の撤廃）など、「市場メカニズムの導入」を柱とするものである。

(24) かつて、米国クリントン政権の「大統領経済諮問委員会」の委員長を歴任し、東アジア経済危機が勃発した一九九七年当時世界銀行の上級副総裁兼チーフ・エコノミストであったジョセフ・E・スティグリッツ（Joseph E. Stiglitz）は、グローバル・スタンダードに基づいてＩＭＦが危機に陥った東アジア諸国に突きつけた「構造改革」の要求は、結局大国の利益のためでしかなかったとして、次のようにＩＭＦのコンディショナリティを批判している。「不幸にも、この騒乱の時期にＩＭＦが押しつけた政策は、状況を一層悪化させた。もともと、ＩＭＦはこの種の危機を避けるため、あるいはそれに対処するために設立されたのだが、そのIMFがじつに多くの面で失敗したという事実は、IMFの役割を根底から考え直す契機となった。アメリカでも諸外国でも、多くの人びとがIMFの多くの政策と、この機関そのものを徹底的に見直しはじめた」（スティグリッツ［二〇〇二、二三五～二三六ページ］）。当然のことながら、危機に陥った国では、IMFの介入が逆に危機を深刻化させたという批判が噴出した。IMFの「コンディショナリティ」は、危機に陥った国の個別の事情を考慮することなく、一律の処方箋を強要し、結果として病状を悪化させたという認識である。

(25) 政府主導による財閥間での事業交換（ビッグディール）の具体案としては、当初、三星自動車を大宇に、大宇の電子事業を三星にそれぞれ事業交換する案や、現代石油化学と三星総合化学が統合する案など、いくつかの大型案件が検討された。しかし、こうした大規模な事業交換や統合にたいしては当初から財閥側の抵抗が強く、結局、現代電子産業がLG半導体を買収した例など少数の実現例を除いてほとんどの案件は計画倒れに終わった。

(26) 現代グループは、経済危機によって経営を悪化させ、二〇〇〇年五月には債権金融機関主導によって現代自動車がグループから切り離された。その後、二〇〇一年に鄭周永総帥が死去すると、グループの統制はいっきに乱れ、現代重工業が分離されるとともに、分裂を繰り返していった。

(27) 当時、現代財閥・三星財閥と並んで三大財閥に数えられていた大宇財閥は、傘下の主力企業大宇自動車の経営悪化を引き金として、多額の負債を抱えて一九九九年に政府により解体させられた。財閥総帥の金宇中は、不正資金疑惑で検査当局による任意での取調べ中に、巨額の資金（数兆円ともいわれている）をもって海外逃亡した。二〇〇五年に帰国して懲役刑を受けて服役したが、二〇〇七年に大統領特赦によって出獄した。

(28) ただし、この改革によって金融システムの問題が完全に解決されたわけではない。この点について、高［二〇〇九］は、「通貨危機以前に、『官治金融』と呼ばれた政府に大きく依存する金融システムの問題や、危機以前に拡大志向の財閥をモニターできなかった問題を克服して、新しい金融システムをどう築いていくかという、より根源的な課題は、依然として残っている」（同、三八ページ）と指摘している。

(29) 韓国へのM&A資金流入は、一九九七年一七億二〇〇〇万ドル、九八年八四億八〇〇〇万ドル、九九年一一九億八〇〇〇万ドルと増え続けた（『朝鮮日報』二〇〇〇年二月二二日付）。外資の大量流入は、アングロサクソン型の経営システムの導入につながっていったことは疑いない。

(30) その結果、韓国の対中国貿易依存度（香港との貿易を含む）は、二〇〇三年以降二〇％を超え、二〇〇七年には輸出二七・一％、輸入一八・三％、総額二二・八％にも達した。また、韓国の中国（香港を含む、二〇〇七年）との貿易結合度［＝（韓国の中国への輸出額／韓国の総輸出額）／（世界の中国への輸出額／世界の総輸出額）で算出］は三・二五で、日本の二・二六を大きく上回った（"Direction of Trade Statistics", IMF, May 2008, より算出）。

(31) 投資件数では、中国一万八〇三八件、香港一〇〇一件の計一万九〇四〇件で、全投資件数の四九％にも達した。

(32) 統計上は、香港とバージン諸島からの投資が韓国を上回ったが、これらは香港の特殊な地位を利用したものや課税回避地として利用したものであり、事実上は韓国が第一位であった。ただし、その後は日本がふたたびトップの座に返り咲いたが、その差はそれほど大きいものではなかった。

(33) 韓国が、諸外国とのＦＴＡの締結交渉において最も苦慮したのが農業問題である。とくに、チリとのＦＴＡ協定締結から批准までの二年間は、農民による激しい抵抗によってソウルの交通がたびたび麻痺するなど、社会問題を惹き起こした。

(34) 日本ではかつて、日本海沿岸地域の人々を中心として、「グローカリゼーション」という新しい潮流のうねりがみられた時期がある。Glocalization というのは、いうまでもなく Globalization と Localization とを合わせた造語であるが、その意味するところは、地方のグローバル化と地方の活性化とを同時に追及しようとする、いわば国境を越えた地方間の交流であった。こうした国境をまたいだ地方間の直接交流は、北東アジアの「共生」を目指すものであったが、それは多くの隘路に直面して退潮していった。筆者は、その決定的な隘路こそ、北東アジアにおける「市民社会」の未成熟であると考えている。筆者の個人的経験を交えていえば、とくに、市民レベルでの交流には失望が大きかった。実のところ、「市民社会」という言葉は、その定義をめぐってこれまで幾多の論争が行われており、これを定義するのはきわめて困難な抽象的概念である。したがって、何をもって「市民社会」と呼び、何をもってその成熟・未成熟をいうのかは、きわめて恣意的な事柄に属する。しかし、あえて言及するとすれば、それは政治・経済制度や法制度などの「社会システム」のありようにとどまるものではなく、そこで生活する人間の意識（権利意識や参加意識、さらには倫理観や道徳観など）にかかわる次元で捉えられるべきものである。この点については、第一章、注19も併せて参照してほしい。

第五章　「国家資本主義」と「中国型市場経済モデル」

はじめに

近年、マスコミでは、中国共産党の主張する「社会主義市場経済」（中国型市場経済モデル）を「国家資本主義」と呼ぶことが多くなった。その場合の「国家資本主義」とは、市場経済を前提として、基幹産業を中心に依然として国有企業が圧倒的な位置を占めつつ、国家の強い経済過程への介入によって資本主義的工業化が目指されている体制と理解される場合が多い。

すなわち、中国型「国家資本主義」とは、第一章で指摘したイアン・ブレマー（[Bremmer [2010]：邦訳［二〇一一］）が基準とした「巨大な国営企業の存在」と、「開発独裁」下での「キャッチ・アップ型工業化」（国家主導型発展）という二つの面から理解されており、いわば、第一章で分類した、〈国家資本・主義〉と〈国家・資本主義〉の合成型として使われている。

もちろん、「開発独裁」のもとで、「巨大な国営企業」を利用して、「キャッチ・アップ型工業化」を目指すという体制が考えられないわけではない。韓国や台湾の「キャッチ・アップ型工業化」においても、「巨大な国営企業」は存在したし、重要な役割を果たしてきたことは疑いない。にもかかわらず、筆者がそれを〈国家・資本主義〉と規定した根拠は、「巨大な国営企業」の存在は副次的なものであり、基本的には民間企業の育成をつうじた資本主義的工業化を目指している体制と理解されるからである。

その意味で、現下の中国の政治・経済体制も、たとえ「国有企業」が大きな比重を占めているとはいえ、〈国家・資本主義〉システムと把握されるべきであり、「開発独裁」のもとでの「キャッチ・アップ型工業化」の追求体制として理解されるべきであるというのが筆者の基本的な立場である。本章では、中国共産党の主張する「社会主義市場経済」の内実を詳しく検討することによって、この点を明らかにしてみたいと思う。

第一節　「開発主義国家」としての中国の登場

一　「改革・開放政策」の背景

（一）精神主義の破綻と国内経済の疲弊

中国において、第二次世界大戦後、共産党と国民党との内戦（国共内戦）を経て、共産党による「中華人民共和国」が樹立されたのは一九四九年一〇月である。そして、中国共産党が「社会主義的計画経済」を放棄して部分的にではあるが市場経済の導入に踏み切ったのは一九七〇年代末である。この三〇年間に、いったい中国では何が行われ、どのような事態が進行していったのであろうか。「改革・開放政策」への転換にいたる背景として、この点を少し整理しておく必要がある。

中国革命がおこなわれた当時の中国は、アジアでも後れた農業国であった。にもかかわらず、中国共産党は、ソ連型の重工業を優先的に発展させるという計画モデルを採用し、重工業化を急いだのである。こうして、中国共産党は、一九五三年からソ連の援助のもとに、「第一次五ヵ年計画」（一九五三年～五七年）をスタートさせていった。鉄鋼・非鉄金属・石油化学・機械・自動車などが重点産業として取り上げられ、大規模プロジェクトが進められていった。「第一次五ヵ年計画」は、目標を超過達成したと報告されたが、五〇年代末からの「中ソ対立」の表面化に伴うソ連の援助の停止によって（後述）、その後中国の工業化は停滞を余儀なくされていった。

圧倒的な農業国にすぎなかった後れた社会で、たとえ友好国からの支援がえられたとしても、重工業を中心とした急速な工業化を目指そうとすることは、今日の常識から考えるとほとんど無謀ともいえる選択であった。しかし、「社会主義」というイデオロギー（観念的思想）の前には、現実の問題は軽視され、精神主義（革命的・犠牲的精神の強調）が幅を利かすことになる。「改革・開放政策」に転換するまでの中国の「社会主義」建設は、現実よりもこのイデオロギーが優先された歴史に彩られている。

後れた生産力を、精神主義と無償の大衆動員によって克服しようとした中国共産党の政策が破綻したことはいうまでもない。技術の壁は、いくら頑張っても精神力で乗り越えられるものではない。その結果、国内経済の疲弊は覆い隠すことのできないところまで進んでいたと思われる。

にもかかわらず、毛沢東時代（一九四九年～一九七六年）の中国、とくに「文化大革命」期（一九六五年～一九七六年）の中国は、「権威主義体制」のもとで、一貫して「絶対的平等主義」を掲げて「均衡成長戦略」を邁進していった。毛沢東（Mao Ze-dong : 1893-1976）が推し進めた「文化大革命」とは何であったか、という問いについては、答えは容易ではないが、あえて言及するならば、それは共産党内の激しい権力闘争であったと同時に、一種の「精神革命」であったといえよう。同時にそれは、経済的にみた場合には、徹底した「均衡成長戦略」の追及であったといえる。

ただし、中国の「均衡成長戦略」は、「農業を基礎として工業を導き手とする」といういわゆる「農業基礎論」の提起にもかかわらず、[1]重工業部門への国家投資に偏りがみられ、それにともなって消費財生産部門の発展が立ち後れたことなど、国民経済にアン・バランスが生じたことは否定できない。中国における「均衡成長戦略」は、産業発展のバランスを重視するというよりも、おもに所得格差と地域格差を発生させない方向で追及されたとみることができる。しかし、限られた資源と低い生産力段階（低生産性）にある社会において「均衡成長戦略」を追及することは、A・O・ハーシュマン（Albert O. Hirschman）の指摘を待つまでもなく（Hirschman［1958］：邦訳［一九六一］）、現実には「低開発均衡」（低所得均衡）に帰結せざるをえないものであった。そのことは、「計画経済」路線を採った中国においても例外ではなかった。

しかも中国は、中ソ対立が武力衝突にまで発展したことによってソ連からの援助を絶たれたために、[2]徹底した「輸入代替工業化」を追及せざるをえなかった。資本と技術がともに不足している社会で、「輸入代替工業化」が追及された場合、どのような事態が出現するかという点については多くを説明するまでもなかろう。資本不足を補うためには、「強蓄積」という農業からの徹底した余剰の収奪が行われ、結果として農村経済が疲弊することになる。[3]技術の欠如は、「土法」と呼ばれる古い土着技術に依拠した無謀な製造方法が幅を利かせることになる。[4]生産力の低下を補うために、頻繁に無償の大衆動員が試みられ、その結果勤労意欲はいっそう低下していく。食料はもちろん、日用消費財の不足は深刻な問題であった。

こうして中国経済は、一九七〇年代末にいたるまで、典型的な「低開発均衡のわな」に落ち込んでいた。とくに、一九七〇年代初頭に毛沢東の威光を借りて権力を握った「四人組」は、[5]鄧小平（Deng Xiao-ping：1904−1997）などの「改革派」が進めようとしていた経済改革の芽をことごとくつぶして精神主義を鼓舞し、国内経済の混乱にいっそうの拍車をかけた。

一〇年間もの長きにわたって中国社会を混乱に陥れた「文化大革命」は一九七六年に終息したが、「失われた一〇年」というにはあまりにも経済的打撃は大きかったのである。新しく再出発した中国共産党政権が、絶対的な「平等主義」の看板をおろして、「不均衡成長戦略」にもとづいて「輸出指向工業化」を追及する「開発主義」へと傾斜していった背景には、このような国内経済の極度の疲弊があったことはいうまでもない。

（二）ＮＩＣｓの衝撃

しかし、同時に、国内経済の疲弊以上に新しい政権をして危機感を募らせた要因として、ＮＩＣｓ（ＮＩＥＳ）に代表される東アジア諸国の「輸出指向工業化」戦略の成功と著しい成長があげられる。おそらく一九七〇年代初頭までは、韓国や台湾を含む東アジア諸国と中国との経済格差は、ほとんど目立たなかったであろう。むしろ、社会主義的輸入代替工業化に固執していた中国の方が、工業化が進んでいるとさえみていた研究者もいた。実際、当時の韓国や台湾は、労働集約的軽工業製品を中心とした「輸出指向工業化」を目指していた時期であり、かたや中国は、軍需産業の育成の必要からも重工業に力を入れていた時期であった。[6]

ＯＥＣＤ（経済協力開発機構）が、「新興工業国の挑戦」と題するレポートを発表して、ＮＩＣｓ（東アジアでは韓国、台湾、香港、シンガポール）の成長と著しい工業化の進展に世界的な注目を向けたのは一九七九年である。中国が「文化大革命」を終息させ、「四つの現代化」（農業・工業・国防・科学技術）を掲げて本格的な国内改革に取り組む意思を示したのは一九七〇年代末であり、経済特区を設置して対外的な開放にまで踏み込んだのは一九八〇年代初頭である。この時期までには、中国と東アジアＮＩＣｓとの格差はだれの目にも明らかとなり、[7]中国共産党の指導部が危機感をつのらせたとしても不思議ではない。

とくに、中国の同盟国である北朝鮮と厳しく対峙してきた韓国と、[8] 一九四九年の中国革命以来台湾海峡をはさんで敵対する国民党政権下の台湾の急速な資本主義的工業化の進展は、中国共産党の目には脅威と映ったであろうことは想像に難くない。

今日では、「改革・開放政策」と総称される中国の開発戦略の転換は、このように東アジアの成長が大きく作用しているとみることができる。とくに、一九九二年の鄧小平の「南巡講話」以降の市場経済化の加速の背景には、NICs（NIES）に続いて本格的に外資導入と輸出指向工業化に乗り出したASEAN・4（タイ、マレーシア、インドネシア、フィリピン）の成長が指摘できる。世界銀行［一九九三］によって「東アジアの奇跡」（The East Asian Miracle）とまで賞賛された東アジアの成長が、鄧小平に代表される中国共産党内のプラグマティスト（改革派）に強いインパクトを与え、「東アジアモデル」への転換を加速させたとみることにはそれなりの根拠がある。いうまでもなく、周辺アジア諸国との経済格差を放置することは、共産党政権の存立基盤を揺るがしかねない重大な事態を招来するものであり、目にみえる成長の果実を国民の前に提示する必要に迫られていたのである。

二 「不均衡成長戦略」と鄧小平の「先富論」

開発経済論の分野では、一九五〇年代末以降、「均衡成長論」と「不均衡成長論」の間で激しい議論が戦わされたことはよく知られている（坂田［二〇一二］）。こうした論争は、「不均衡成長」戦略を採用した一部の国の高いマクロ経済パフォーマンスの実現によって決着がつけられ、その後東アジアの多くの国は、国内市場に依拠した内向きの「輸入代替工業化」政策から、世界市場に依拠した外向きの「輸出指向工業化」政策へと転換することによって後者の開発戦略を採用した。

「輸出指向工業化」と「不均衡成長戦略」は、限られた資源を比較優位産業に集中させるという意味で分かち難く結びついており、開発論に携わる多くの経済学者は、このような「不均衡成長戦略」は、「貧困の悪循環」に陥った途上国に発展の契機（ダイナミズム）をもたらす適切な政策であると評価し、それによって生み出される「不均衡」を一時的な「成長のための病気」として黙認したのである。

「不均衡成長論」を主張したA・O・ハーシュマンは、まず特定の産業分野に投資を集中することによって成長のダイナミズムを発生させれば、その産業の成長に伴って「前方連関効果」と「後方連関効果」という波及効果を享受することができると考えた（Hirschman［1958］：邦訳［一九六一］）。今日では、これは、一般に「トリクル・ダウン仮説」（Trickle-down theory）とともに、「不均衡成長戦略」を容認する有力な考え方となっている。

そして実際にも、「不均衡成長戦略」を採用したＮＩＣｓ（ＮＩＥＳ）は、この波及効果をある程度までは享受することができたのである。ＮＩＣｓの成功によって、「不均衡成長戦略」は歴史的に認知されていった。

中国の「改革・開放」をリードした鄧小平も、国内的な不均衡を「必要悪」と考え、「低開発均衡のわな」（ハイコスト・エコノミーの悪循環）から脱却するためには、特定の地域、特定の産業に外資を含めた資源を集中的に投入する必要があると唱えた。「黒い猫でも、白い猫でも、ネズミを捕る猫がいい猫である」という鄧小平の有名な格言と、条件のあるところから先に豊かになれという「先富論」は、中国における「不均衡成長戦略」の見事な開花である。

ただし、鄧小平の「先富論」は、「先に豊かになった人（地域）は、後れた人（地域）の発展を助けることによって最後はともに豊かになることを目指さなければならない」と付け加えることも忘れてはいなかった。「不均衡成長論」が、波及効果（前方連関効果・後方連関効果）を重視することによって将来的な不均衡の是正を念頭においていたのと同様に、鄧小平もけして無条件に「不均衡」を容認していたわけではない。にもかかわらず、現実の開発過程においては、後者の言葉は忘れ去られてしまった。

以後、中国は、市場経済化へ向けた改革を加速させることになった。とくに、後述するように、鄧小平の「南巡講話」（一九九二年一月～二月）以降は、「改革・開放政策」はいっきに加速され、沿海地域を中心とした経済特区への外資の導入を中心として「不均衡成長戦略」が展開されていったのである。こうして、さまざまな優遇措置を備えた経済特区での外国企業を利用した「輸出指向工業化」の追求が本格化することになった。

その結果、ＧＤＰ成長率は、三〇年近くにわたって一〇％前後の驚異的なパフォーマンスを示した。ハーシュマンの「不均衡成長論」は、「社会主義」を標榜する中国においても見事に開花したのである。

第二節　「社会主義市場経済」論の矛盾

一　「社会主義市場経済」論の提起

（一）「社会主義初級段階論」と「沿海地域発展戦略」

中国の市場経済システムの導入は、一九七〇年代末から本格的に取り組まれることになった「四つの現代化」という近代化路線への転換と一体となって進められていった。

「四つの現代化」とは、二〇世紀末までに、工業、農業、国防、科学技術の四つの分野で、近代化をはからねばならないと呼びかけたものであり、当時急成長を遂げつつあったＮＩＣｓやＡＳＥＡＮと比べてこの分野でとくに中国の後れが目立っていたということの裏返しでもあった。先に指摘したように、中国の近代化路線への転換を決断させた最大の要因は、一貫して敵対関係にあった韓国、台湾、香港など中国を取り囲む国々の目覚しい経済成長であったことは疑いない。

「四つの現代化」路線の提起を受けて、一九七八年十二月に開催された「中国共産党第十一期中央委員会第三回総会」（第十一期三中全会）において、中国共産党は「改革・開放政策」の採用を決断し、以後中国は市場経済化の道へ踏み出すことになった。その結果、一九八〇年代は主として、人民公社の解体と農家生産請負制の導入、[9]および「郷鎮企業」と呼ばれた新企業組織の容認[10]を柱とした国内改革と、南部沿海地域にもうけられた「経済特区」（対外開放地域）を利用した外国資本（おもに香港、台湾資本）の活動によって、目覚しい経済発展を遂げていった。

一九八四年五月には、南部沿海地域の「経済特区」の成功を背景として、大連（Dalián）、秦皇島（Qínhuángdǎo）、煙台（Yāntái）、天津（Tiānjīn）、青島（Qīngdǎo）、連雲港（Liányúngǎng）、上海（Shànghǎi）、南通（Nántōng）、寧波（Níngbó）、温州（Wēnzhōu）、福州（Fúzhōu）、広州（Fúzhōu）、湛江（Zhànjiāng）、北海（Běihǎi）など一四の沿海地域が「対外開放都市」に指定され、外資導入のためのさまざまな特権が付与された。国内的にはなお強い異論があったが、対外開放地域は点から線へと拡大されていったのである。

このような対外開放政策の拡大によって、対外開放地域に指定された経済特区（深圳：Shēnzhèn, 珠海：Zhūhǎi, 汕頭：Shàntóu, 廈門：Xiàmén, のちに海南島：Hǎinán Dǎo）と沿海都市は目覚しい発展を開始したが、当時はまだ、それらはいずれも実験的な対外開放の域を出るものではなかった。このような状況のもとで、一九八七年一〇月に開催された中国共産党第十三回党大会において、趙紫陽（Zhao Zi-yang）総書記によって「社会主義初級段階論」が提起され、翌一九八八年一月には「沿海地域発展戦略」が打ち出されることになった。

「社会主義初級段階論」とは、中国の「社会主義」は資本主義が未発達な後れた社会から出発したために、建国後四〇年近く経った現段階においても依然として先進資本主義国よりも生産力のレベルが低く後れており、「社会主義の初級段階」にあるというものである。あわせて、趙紫陽総書記は、この後れを克服するためには資本主義的要素を利用することによって生産力を引き上げなければならず、それは少なくとも今後一〇〇年以上はかかると報告した。逆説的にいえば、「社会主義初級段階論」は、「社会主義」的方法によっては生産力の後れを克服できないということの表明でもあった。

「沿海地域発展戦略」とは、このような「社会主義初級段階論」にたって、立地上からみて輸出指向工業化に都合のいい沿海地域において、さまざまな優遇措置を講ずることによって外国資本の導入をはかり、外資を利用した労働集約型輸出加工産業の振興を狙ったものである。

だが、一九八〇年代末には、市場経済化への行き過ぎを警戒する共産党内の古参幹部・陳雲ら保守派（慎重派）の台頭と、[11] 政治的民主主義の導入を要求して立ち上がった学生たちに対する対応をめぐる党内対立の激化によって、一九八九年六月の「天安門事件」をきっかけとして、[12] 中国の「市場メカニズムの導入」にはブレーキがかけられることになり、「改革・開放政策」は大きく後退することになった。

（二）「社会主義市場経済」論の登場

おそらく、中国共産党にとって一九九〇年、一九九一年は、「市場メカニズムの導入」をめぐって、内部で激しい権力闘争が行われた時期であろう。しかし、この権力闘争は、意外に早く決着をみることになった。はやくも、一九九二年初頭には、鄧小平は武昌（Wǔchāng）、深圳、珠海、上海など華中・華南の改革・開放の最先進地域を視察して、改革・開放の成果を強調した一連の講話（「南巡講話」一九九二年一月一八日～二月二一日）を発表し、「改革・開放政策」の堅持を呼びかけた。この「南巡講話」を契機として、中国国内ではふたたび「改革・開放」派が力を盛り返し、市場経済化へ向けた改革への有利な環境が整えられていった。

このような状況のもとで、一九九二年十一月に開催された中国共産党第十四回大会において、江沢民（Jiang Ze-min）総書記は、「改革開放と現代化建設の足どりを加速化し、中国的特色のある社会主義事業のより大きな勝利を勝ち取ろう」と題する政治報告を行い、その中で、「社会主義市場経済体制の確立」を提起したのである。江沢民報告では、「社会主義市場経済」について、「①市場が社会主義国家のマクロコントロールのもとで資源配分に基礎的役割を果たし、経済活動が価値法則の要求にもとづいて需給関係の変化に適応するようにさせる。②価格テコと競争メカニズムの機能を通して資源を比較的効率のよいところに配分し、企業に圧力とインセンティブを与え、優れたものが生存し、劣るものは淘汰されるようにする。③市場の諸経済のシグナルにかなり敏感に反応するという長所を生かし、生産と需要の適時な調和を促す」（凌［一九九六］、八四ページ）と定義された。あわせて、政府の役割については、「市場の持つ弱点と消極面もみる必要があり、国家の経済に対するマクロコントロールを強化し改善しなくてはならない。われわれは全国的統一市場を大いに発展させ、市場の働きをより拡大しなければならず、同時に経済法則の要求にもとづいて、経済政策、経済法規、計画指導及び必要なる行政管理手段をもちいて、市場が健全な発展を遂げるよう導かなければならない」（同、八四ページ）と指摘した。

かつて、「中国社会科学院世界経済政治研究所」に在籍した経験のある凌星光（Ling Xin-guang）は、このように定義された「社会主義市場経済」を、「中国式社会主義混合経済メカニズム」と呼んで「それは社会主義の堅持や、十二億の人口を抱える大国など中国の国情を配慮しており、若干の特徴を持つけれども、基本的には東アジア方式と呼ばれる政府主導型市場経済モデルである」（同、八五ページ）と肯定的に評価している。

たしかに、中国共産党中央の「経済政策、経済法規、計画指導及び必要なる行政管理手段を用いて、市場が健全な発展を遂げるよう導かなければならない」という主張は、かつて「東アジアモデル」の典型とみなされた韓国の朴正熙政権が好んで使った「指導される資本主義」という言葉とまったく重なって聞える。

この点について凌［一九九六］も、「社会主義市場経済」を手放しで賛美しているわけではない。「『計画経済イコール社会主義ではなく』、『市場経済イコール資本主義ではない』という判断は正しい。実在としての社会主義（国）は市場経済を導入すべきであり、資本主義（国）は計画性をすでに導入している。しかし理念についていえば、資本主義とその対立物として生まれた社会主義とははっきりした区別がある。そして計画性は本来社会主義的要素であり、商品（市場）経済は資本主義的要素である。もしこの区別さえも否定するならば市場経済即社会主義という錯覚または口実のもとに必ずや市場万能論に陥る。現在中国に見られる、資本主義国よりも資本主義的な現象は、正にこのような理論的混乱がその根源となっている。現在の中国の発展段階においては、資本主義的手法である市場経済を大いに活用すべきであるが、それにはマルクスが指摘した『商品の物神性』、拝金主義を必ず伴うものであり、政府はそれへの対応を怠ってはならないのである」（同、二七一ページ）。

日本の大学を退学して大陸に渡り、祖国中国の発展に尽くしてきた凌星光の「中国式社会主義」へ懸ける情熱はよく理解できるとしても、このような理解はあまりにも中国共産党の政策に対して、楽観的すぎはしないだろうか。「東アジア方式と呼ばれる政府主導型市場経済モデル」とは、第一章で指摘したように、「開発独裁」や「権威主義体制」と呼ばれた「開発主義国家」と不可分の関係にある。残念ながら、「政府主導型経済モデル」であるというだけでは、「社会主義市場経済」の本質をついた議論とはいいがたい。「資本主義国よりも資本主義的な現象」をもたらしている「理論的混乱」を克服する手立ては、はたしてどこに求められるのであろうか。

二　「社会主義市場経済」とは何か

（一）「市場経済の多様性」という議論

では、「社会主義市場経済」をどのように理解すればいいのだろうか。中国のいう「社会主義市場経済」をどうみるかについては、これまで様々な見解が出されている。それは、単なる用語の問題ではなく、中国の将来の方向性をも暗示する重要な問題である。中国が、文字通りの「社会主義」でも、文字通りの「市場経済」でもないことは、すでに大方の研究者が認めるところであり、一種の移行経済過程にあることは明白である。問題は、その移行過程がどのような性格のものであり、それがどこに向かって移行していくのかという点にある。

この点について、中国の「社会主義市場経済」なる概念の有効性に関連して、それを「グローバル・スタンダードに対して市場経済としての個性を主張する」壮大な実験の一つとみる見解がある（木下［二〇〇二］、二二六ページ）。世界経済論の分野において多くの研究業績を積み上げてきた著名な研究者の指摘であるだけに、少し踏み込んで検討しておくことは無駄ではなかろう。

かつて、日本における「国際価値論争」においてその一翼を担ってきた木下悦二は、市場経済と資本主義を同一視する通説に違和感を唱え、「市場経済には個性が存在する」として、その多様性を主張している。木下［二〇〇二］の主張は次のようなものである。

市場経済と資本主義は同義ではなく、市場経済の歴史は資本主義よりも古い。だが、市場経済とは、商品交換一般を指すのではなく、「商品交換が社会の全面に広がって人々の生活を大きく支配するにいたった状態」を指しており、「近代社会形成期に『市民社会』と呼ばれていた社会組織に対応させ、その社会の経済構造として理解する方がよい」。すなわち、「市場経済とは、市民社会に対応した経済構造である」（同、二〇四ページ）。

また、資本主義と社会主義の区別は、「自由市場かそれとも中央計画か」という生産・流通のあり方にではなく、「社会の構造ないし組織形態」にあるとされる。そのようにみると、ソ連に始まる一連の「社会主義」社会は、「市民社会」を土台にもたない「農村共同体を一翼とする共同体としての社会組織」であった。すなわち、「市民社会」の形成という課題を先送りした体制であり、その課題は依然として残されている。

この点を前提とすれば、鄧小平の「改革・開放政策」は、「毛沢東型の中国社会の土台であった人民公社の解体と単位制の改造を内容とする共同体の解体であったことが分かる」（同、二〇四ページ）。そうであるならば、「社会主義市場経済とは、市民社会を経由しての社会主義社会の建設という一つの歴史的実験であるといえる」（同、二〇五ページ）。要するに、この場合の市民社会への移行とは、「社会主義型」市民社会の形成であり、その経済的構造が「社会主義市場経済」である、という解釈である。

改革開放以前の中国が、「市民社会なき社会主義」であったという議論は、「社会主義」をどのように理解するのかという問題は残るものの、基本的には筆者も同感である。この点については、「市民社会論」の立場から一九七〇年代に国家資本主義論に対して向けられた批判をきっかけとして、筆者も「市民社会」の意味を真剣に考えるようになった（坂田［一九九一］）。開発経済論の分野において、「市民社会」の形成という課題は、[13] 経済開発や工業化という課題よりもはるかに重要かつ困難なものである（坂田［二〇一一］、第七章）。

そうであるならば、中国が目指している「社会主義型」市民社会とは、いったいいかなる内容のものであろうか。残念ながら、この点については、木下［二〇〇二］はほとんど何も語っていない。[14] 筆者は、この点に関連して、〈国家・資本主義〉体制下での「キャッチ・アップ型工業化」の追求を、「東アジアモデル」として類型化し、そこでは、「市民社会なき資本主義化」が追求されてきたと指摘した（坂田［二〇一一］、第三章）。

この点こそが、筆者が指摘した国家資本主義の第三類型＝〈国家・資本主義〉システム（開発主義国家のもとでの「キャッチ・アップ型工業化」の追求プロセス）の最大の課題であった。かつて多用された「開発独裁」というタームは、分析概念としての曖昧性を残していたとはいえ、開発主義国家のもとでの「キャッチ・アップ型工業化」の最大の課題が、民主化と民主主義の導入にあることを端的に表現していた。中国の現下の体制が、「社会主義型」市民社会の形成に向かっているとすれば、木下氏の指摘は説得力をもつが、現実は、「開発独裁」のもとでの「キャッチ・アップ型工業化」の追求という性格の方が顕著である。

筆者はかつて、このような工業化は、マクロ経済面では顕著なパフォーマンスを示す一方で、社会資本の立ち後れ、環境破壊と公害問題の深刻化、地下経済の肥大化、拝金主義の横行、農村経済の疲弊、地域格差の温存、財閥の肥大化、いたる所にはびこった官僚主義や縁故主義、安易な模倣など、深刻な問題をも伴うものであることを指摘した（坂田［一九九六b］、一七六ページ）。

もちろん、これまでの歴史の教訓からえられる結論は、「開発独裁」下での「キャッチ・アップ型工業化」は、経済成長の結果として中産層を産みだし、それによって「開発独裁」は熔解する、というものであった[15]。同じことが中国の「社会主義市場経済」にもあてはまるとすれば、中国の「開発独裁」もやがて熔解することになる。その意味では、中国の現下の体制は、「市民社会」の形成に向かう遠大なプロセスの一環であるといえなくもない。しかし、それはあくまで、「開発独裁」の熔解を前提とした議論であり、結果論にすぎない。現下の体制は、間違いなく「開発独裁」であり、「社会主義市場経済」はこの体制に対応した経済構造を中国流に表現したものである。「開発独裁」の熔解までに中国が払わなければならない犠牲は、現状では想像すらできない。

（二）「市場社会主義」という議論

木下［二〇〇二］の議論とはやや方向が異なるが、「市場経済の多様性」という視点から「社会主義市場経済」の本質を検討している議論に佐藤［一九九五］がある。佐藤［一九九五］は、「社会主義」改革の波の「第三波」[16]として「市場社会主義」（イメージとしては、「一党支配＋国有セクターの優勢＋市場機構による経済調整」であるという）を取り上げ、「計画経済」の調整としての市場メカニズムの導入の試みとの関連で言及している。

まず、改革の「第三波」との関連で見たとき、「『社会主義市場経済』を掲げる中国は、いったいどこに位置付けられるのであろうか」という問いを自ら発し、「社会主義市場経済」という用語は厳密には理論的一貫性を欠いており、「プラグマティックな中国では、その『理論的整合性』を詰めた上でこの用語を用いているわけではあるまい。中・東欧諸国と大きく区別される共産党『一党支配』の存続という政治的要因からして、『社会主義』という形容詞を用いているとしか受け取れない。この一党支配の存続、代替的セクターと市場的調整の範囲の拡大という角度から見ると、中国は明らかに『市場社会主義』と定義されてよいだろう」（同、六三～六四ページ）と指摘する。

その際、佐藤［一九九五］は、「市場社会主義」をあらためて次のように「再定義」している。「（一）しだいに黙示的、明示的な『複数主義』の要素を組み込みながら一党制支配が維持され、（二）非国有セクターの拡大で漸次『混合経済』化し、（三）『市場調節』の範囲が不断に拡大しつつある能動的システムということができよう」（同、四五ページ）と。

佐藤［一九九五］の中国経済の現状認識（当時）は、「中国の経済改革は農業集団化の廃止に始まり、対外開放、商業・サービス・零細企業の工業生産など、いわば『周辺部分』から華やかに行われてきたし、またそこに中国の独自性もあったが、国有企業セクターという肝腎の『コア』にはほとんど触れてこなかった」（同、六六ページ）というものである。すでに二〇年近く前の指摘ではあるが、おそらく現状認識はさほど変わってはいないであろう。

ただし、中国の「市場社会主義」は、一方では、「新興工業経済群（ＮＩＥＳ）における『開発独裁』に『近似』する機能を果たしていることは否定できそうにもない」のであるが、それとの決定的な相違は、「擬似資本主義状況のうえに共産党の一党制支配が聳え立っている中国の場合」、「経済発展先行、政治的民主化後続という『アジア的発展の道』の後継者たり得る」展望がみえないという点にあるという（同、六五ページ）。

なぜなら、「『アジア発展の道』の後継者足り得るためには、経済発展と市場経済化の進展に応じて、経済と政治体制との間に絶え間ない相互作用が行われ、それに応じて中国共産党が『イデオロギー性』を『脱色』してゆく場合のみである」が、そのような移行には特殊な困難があり、「あまり楽観的になることはできない」という。

結局のところ、佐藤［一九九五］も、「社会主義市場経済」とは、「一党支配＋国有セクターの優勢＋市場機構による経済調整」という範疇での「市場社会主義」とみなしているといえる。だが、本質的な問題は、現下の中国の政治・経済制度を、「社会主義」という範疇で語ることができるか否かということである。もちろんそのためには、「社会主義」の範疇が明示されなければならないが、歴史的には、「社会主義」なる用語はきわめて恣意的に使われ、かつ恣意的に定義されてきた[17]。今日では、「社会主義」を厳密に定義することにはほとんど意味がない。

この点について佐藤［一九九五］も、「市場社会主義」とは、何か「完結した整合的なシステム」として存在するということではないとして次のように述べている。「『市場社会主義』とは、最終形態にまで仕上げられた、あるいは展開されたシステムとして存在するものではなく、むしろ、その方向に向けた『ラジカルな動き』として動態的に捉えるべきだろう。言い換えれば、それは旧システムから離脱する『急進的改革』の運動ではあるが、もともと『完結』されるはずのものではないのである」（同、四四ページ）。

結局のところ、「市場社会主義」も明確に定義することが不可能な用語であるといわざるをえない。

(三)「官僚資本主義市場経済」という理解

筆者と同様、中国の「社会主義市場経済」は、中国共産党が創り出した造語に過ぎないとの立場から、その本質を資本主義システムの一変種であるとみる見解の代表的なものとして、游［二〇〇六］がある。

おそらく、中国研究の第一人者といっても差し支えないであろう游仲勲によれば、今日の中国経済は「社会主義市場経済」などではなく、「官僚資本主義市場経済」であるとされる。現下の中国では、「国有、集団、個人、私営、香港・マカオ・台湾・華人を含む外資などの多種類企業・経済制度が混在し、それらの中で資本主義市場経済が優勢である。……しかし、党・政府の官僚による介入・支配が強固なコネ社会のもとで、市場は十分に機能せず、しかも腐敗・堕落した官僚の強力な主導下で官僚資本主義経済が形成されている」（游［二〇〇六b］、五ページ）という。

では、「官僚資本主義市場経済」とは、第二章（第二節）で指摘した〈本多・国家資本主義論〉が想定した国家資本主義の官僚資本主義化と同じ内容を指すものと解釈することが出来るのであろうか。この点については、必ずしもそうだとはいえそうもない。

そもそも、本多「国家資本主義論」では、国家資本主義の変質（形骸化）プロセスとして指摘された国家資本主義の「官僚資本主義化」と「従属的発展」という二つの特徴は、ともに工業化の挫折として理解されている。本多［一九七〇］は、低開発国国家資本主義が逢着する矛盾と隘路の具体的内容として、貿易収支上の困難と不安定性、外資との合弁あるいは技術提携への依存、不徹底な農業改革、赤字財政とインフレーションなどを指摘した。こうした隘路の結果として、本来「進歩的」性格をもっていた国家資本主義の形骸化がおこり、官僚資本主義へと変質していったとみていたのである。その際、本多［一九七〇］の念頭に強くあったのは、一九六五年の「九・三〇事件」以後のスハルト体制下のインドネシアや、経済改革に失敗したインドの経済的停滞であったことはすでに指摘した。

すなわち、経済発展とか経済成長という指標からみる限り、本多［一九七〇］が指摘した「国家資本主義の形骸化」の結果としての官僚資本主義化とは、工業化に失敗して停滞した、あるいはせいぜい外資に従属した発展でしかなかったのである。たしかに、中国の「社会主義市場経済」を外資への従属的発展とみることもあながち的はずれではない。しかしそれにしては、中国の工業化と成長は異例すぎる。外資の果たしている役割が大きいとはいえ、それは中国政府の意図的な政策の結果である。外資を利用した「社会主義市場経済化」を外資への従属的発展と片付けるには問題が多すぎる。明らかに、主導権は中国政府（共産党政権）にある。そのことは、近年中国政府が新たに打ち出した外資選別政策（外資優遇政策の段階的廃止）からも明らかであろう(18)。

そうであるならば、游［二〇〇六b］が指摘する「官僚資本主義市場経済」は、本多「国家資本主義論」で指摘された形骸化の結果としての官僚資本主義化とは一線を画されるべきであろう。

游［二〇〇六c］の指摘によれば、「官僚資本主義市場経済」とは、「党・政府、実際にはそれを動かす官僚が強力な権限をもつため、実態は官僚主導下の市場経済である。しかも強力なコネ社会であり、官僚とのコネが経済活動でも重要な要素となっている。『社会主義』市場経済というが、資本主義が優勢となっているため、正しくは強力な官僚主導下のコネ社会での資本主義市場経済、さらには『社会官僚資本主義市場経済』と言うべきだろう」（同、四七ページ）、と規定されている。換言すれば、中国の「社会主義市場経済」とは、政治権力を独占した官僚主導のもとでの市場経済化・資本主義化の進展であり、経済的停滞、あるいは外資への従属的発展とは異質なものである。

以上の点から、游［二〇〇六a・b・c］が指摘する「官僚資本主義市場経済」とは、むしろ筆者が指摘する国家資本主義の第三類型＝開発主義国家のもとでの資本蓄積（キャッチ・アップ型工業化の進展）ときわめて類似した内容を意味しており、それとの対比において検討する方が妥当であると考えられる。

三 〈国家・資本主義〉論と「官僚資本主義市場経済」論との接点

では、筆者が第一章で指摘した「国家資本主義的発展の第三の途」（「開発独裁」下での「キャッチ・アップ型工業化」）と、游［二〇〇六］が指摘する「官僚資本主義市場経済」との接点はどの程度あるのであろうか。この点について、今少し立ち入って検討してみよう。

游「官僚資本主義市場経済」の出発点は、「現実の中国経済の動きをみる限り、中国は社会主義社会の実現に向かっているとは到底見られず、むしろ『資本主義市場経済化への一過程』とみるほうが自然であり、説得的である」（游［二〇〇六ａ］、一七ページ）、という点である。この点については、筆者もまったく異論はない。

にもかかわらず、筆者とは「国家資本主義システム」の基本的な認識において違いがある。游「官僚資本主義市場経済」論の基本的な立場は、次の点によく示されている。

「国家資本主義がそれを支配する官僚のもとで官僚資本主義に転化するとの筆者（游仲勲）の主張に引き付けて言えば、官僚資本主義には、官僚支配下の国家セクター（狭義）、国家セクター以外のセクターでの官僚支配を含む官僚資本主義（広義）、官僚主導の国家が国民経済全体の資本主義的発展を行う官僚資本主義（最広義）、の三種類の官僚資本主義があることになる」（游［二〇〇六ｃ］、五二ページ）。

つまり、游［二〇〇六ｃ］は、本来過渡的性格を有する「国家資本主義システム」は、官僚によって支配される場合には、「官僚資本主義」に転化することになるが、その際の官僚資本主義には三つのタイプがみられるというのである。そして、中国の「社会主義市場経済」はこのうち第三のタイプ、すなわち官僚主導の国家が国民経済全体の資本主義的発展を行う「最広義の官僚資本主義」と同様の性格をもつものであるとみなしている。このような立場から、かつて筆者に対しては次のような疑問を提起された。

坂田「国家資本主義論」（＝〈国家・資本主義〉論）は、いわゆる〈尾崎・国家資本主義論〉が指摘した国有セクターの拡大・発展を通じた非資本主義的発展の途（＝〈国家資本・主義〉）とは区別された、「国家主導による資本主義的発展」までも「国家資本主義」と規定しているが、それは国家資本主義の拡大解釈に繋がりかねない、という指摘である（同、五二ページ）。

トーンを抑えた指摘ではあるが、おそらく、筆者に対する游［二〇〇六c］の批判の要点は、次の点にあると思われる。すなわち、「国家資本主義」を語る場合、〈国家資本・主義〉（国有セクターの拡大を目指すもの）と〈国家・資本主義〉（国家主導型の資本主義）とは区別されてしかるべきであり、本来の「国家資本主義論」は、前者（国有企業と資本主義的に経営される国有セクター＝国家資本・主義）に限定しなければならない。そうでなければ、歴史的にみた場合、「資本主義の形成では国家・官僚が法整備など、多少とも資本主義促進的な役割を果たす」という現象（国家・資本主義現象）は広くみられるのであるから、坂田のいう「国家主導型発展」という抽象的な規定では、すべての資本主義が「国家資本主義」なってしまうのではないか、という指摘である。要するに、「国家資本主義」とは、国有セクターの拡大を通じて非資本主義的発展に向かう過渡的形態であるという、六〇年代に提起された〈国家資本・主義〉論＝〈尾崎・国家資本主義論〉に限定すべきであり、それを国家主導型の資本主義発展を目指している発展途上国にまで拡大することは、国家資本主義概念の拡大解釈である、というものである。

しかし、国有セクターの比重の多寡によって「国家資本主義」か否かを分類するということは、逆説的に言えば、国有セクターは（比重の多寡はあるけれども）すべての資本主義国にみられる現象であるから、「国家資本主義」はすべての国にみられる普遍的現象である、ということにもなる。

問題はつまるところ、游［二〇〇六c］でも指摘されているように、「国家主導」の内容をどのように解釈するかという点にある。この点について筆者は、かつて次のように指摘した。「国家資本主義とは、国家の経済過程への政策的介入の強弱によって分類されたものではなく、資本主義の性格そのものに影響を及ぼす国家の特殊な役割に焦点を当てたもの」であり、「開発独裁国家」の出現とそのもとでの国家の強引な資本蓄積過程をその特徴とする、と（坂田［一九九一］、第三章）。すなわち、資本主義形成に及ぼす国家の役割の違いによって、資本主義は「種差性」（個性）をもつことになり、筆者が検証した「国家資本主義システム」（〈国家・資本主義〉＝いわゆる「国家主導」型の資本主義的工業化＝キャッチ・アップ型工業化）とは、「開発独裁」（開発主義）国家のもとで出現することになるという認識を示したのである。

そのうえで、「開発独裁」国家出現の歴史的要因として、①民族的分断、民族対立、イデオロギー対立など国内外での高い社会的緊張が「秩序ある発展」を掲げた国家の経済過程への介入を容易にしたこと、②反共国家といえども貧困の撲滅と平等主義を掲げた社会主義イデオロギーの影響から無縁ではいられず、中央集権的計画経済路線をとった社会主義国の経験が強い影響を与えたこと、③乏しい資源を最も効率的に利用するための手段として国家による経済統制を必要としたこと、④計画の立案を担ったテクノクラート層に大きな権限が与えられたこと、⑤金融システムの脆弱性が「金融の財政への従属」を帰結したこと、などを指摘した（坂田［二〇〇四］、四ページ）。

また、国家の強引な資本蓄積の具体的手段として、開発戦略の確定とそれにもとづく開発計画の立案、銀行の国有化による政策金融や財政支援による特定産業育成政策、投資規制や行政指導による産業調整（不採算企業の整理）、厳密な外貨管理とダブル・スタンダードにもとづく貿易政策、非民主的な労働政策、などをあげたのである。

繰り返しになるが、このような体制は、かつて韓国の朴正熙大統領が「指導される資本主義」と呼んだ体制であり、C・A・バローネ（Charles, A. Barone）が、「韓国の中央統制的な資本主義体制のもとでは、資本家は国家官僚エリートに対して従属的である」と指摘した体制である（Barone［1983］p.64：邦訳、九四ページ）。このような体制は、一言でいえば、「キャッチ・アップ型工業化を目指す国家の経済的役割の肥大化」という点につきる。「開発主義国家」のもとで、遅れて工業化に乗り出し、先進工業国への一足飛びの「キャッチ・アップ」を目指そうとすれば、〈国家・資本主義〉システムの出現は不可避である。その点では、中国の「社会主義市場経済」も例外ではない。

ただし、〈国家・資本主義〉と「官僚資本主義市場経済」が、ともに「キャッチ・アップ型工業化」に成功した場合、その違いはどこにあるかという問題は依然として残る。たしかに、国家機能の多くの部分が官僚によって握られていることは否定しがたい。であるならば、〈国家・資本主義〉も「官僚資本主義市場経済」もともに同義ではないかという推論が成り立つ。

この点では、「官僚資本」の本質規定には、前近代性・買弁性を欠くことはできないであろうという筆者の認識をあげておこう。今日の中国では、共産党と政府の二重権力のもとで官僚が強力な権限をもって経済を牛耳っているとしても、現下の官僚に本質的な前近代性・買弁性をみいだすのは難しいであろう。この点については、游「官僚資本主義市場経済」論では、旧中国社会の官僚資本主義も今日の官僚資本主義も基本的には同じであるとして、次のように指摘している。「かつては、外資との強い癒着、外資への従属が見られる一方、軍閥を含む封建的地主階級が高級官僚をかねていて、官僚資本主義が強い買弁性、封建制、軍事性を有したが、今日では外国企業との癒着からくる買弁性や前近代的な封建遺制はあるとしても、軍人官僚によるものを除けば軍事性は少ないといってよいだろう」（游［二〇〇六c］、四六ページ）。

游「官僚資本主義市場経済」論は、結局のところ今日でも「外国企業との癒着からくる買弁性や前近代的な封建遺制はある」との認識を示しているのであるが、それはあくまで付随的な現象であり、本質的な性格とみるには無理があるのではないだろうか。

現下の中国は、近代国家の装いを新たに再・再出発した国家機構を備えており、(19)一九世紀の旧中国にみられた「官僚資本主義」とは区別されるべきではないかというのが筆者の結論であった。

第三節　中国〈国家・資本主義〉の展開

一　中国の「ダブル・スタンダード」

上述したように、中国の基本的な開発戦略は、「不均衡成長理論」にもとづいたものであり、先進国へのキャッチ・アップを目指した「輸出指向工業化」である。いうまでもなく、国家体制は、共産党の一党独裁体制であり、民主主義的諸権利は、国家利益という大義名分のもとで著しく制限されている。

基幹産業は国営企業（あるいは政府が支配株を握る株式会社）によって運営され、銀行は政府のコントロール下に置かれている。国内企業は、さまざまな保護措置によって、外国企業との競争から守られている。すべてこれらの指標は、筆者が「国家資本主義的発展の新しい発展プロセス」として検証した内容とまったく一致している。今日の中国は、紛れもなく〈国家・資本主義〉である。中国共産党のいう「社会主義市場経済」とは、〈国家・資本主義〉の別名である。〈国家・資本主義〉は前述したように「ダブル・スタンダード」と不可分の関係にある。そうであるならば、「中国・国家資本主義」（＝国家・資本主義）の展望は、この「ダブル・スタンダード」の行方と密接に関係するであろう。先ず、この点の検討が避けられない。

周知のように、中国は、一九八六年以来の度重なる交渉を経て、二〇〇二年一月に、念願のＷＴＯへの加盟を果たした。このことは、中国経済が、グローバル・スタンダードの支配する世界市場に完全に組み込まれたことを意味する。中国政府は、WTO加盟によって本格的に輸出指向工業化を推進する体制を整え、他方ではWTOからの対外的圧力を利用して赤字国営企業の改革など国内改革を加速させていった。

中国政府は、WTO加盟に際して、国内に張り巡らされた保護措置や規制など非市場経済措置の段階的な撤廃を約束させられた。[20]その結果、中国の貿易額は飛躍的に拡大し、いまや世界最大の輸出国に成長した。この点では、中国は、かつてのNICs（NIES）と同様に、グローバル化の恩恵を最大限享受してきたのである。

中国経済が、この間いかに目覚しい発展をみせてきたかという点については、それを示す数字には事欠かない。中国は、過去三〇年間一〇％を超える成長率で発展を遂げ、二〇一〇年にはついに経済規模（GDP）で、米国について世界第二位にまでのし上ってきた。

貿易収支の膨大な黒字と海外からの直接投資によって、外貨準備高も飛躍的に拡大し、二〇〇〇年末には一六八〇万ドル程度にすぎなかった外貨保有高は、二〇一三年末には三兆八二〇〇億ドルにまで拡大し、いまやとてつもない外貨保有国となっている。

にもかかわらず、中国の非市場経済措置は依然としてさまざまな分野で残されている。たしかに、中国は、ASEANとの「包括的経済協力枠組み協定」（The Framework Agreement on Comprehensive Economic Co-operation between the ASEAN and the People's Republic of China）（自由貿易協定）の締結にあたっては、農産物の自由化に関する「アーリー・ハーベスト条項」を挿入するなど、[21]自由化に向けた動きを加速させているようにみえるが、中国がASEANなどと結んだ自由貿易協定は、自由化の水準においては低いレベルの協定にとどまっている。主要産業への外国資本の直接投資や金融・物流面では、依然として強い規制が行われており、知的所有権保護の問題などで欧米諸国と対立を続けている。

さらに、中国の法制度は、「社会主義国」独特の特徴を備えており、例えば二〇〇八年八月から施工された中国の「独占禁止法」は、外国企業にとっては厳しいビジネス・リスクとなっている。中国の「独占禁止法」には、「域外適応」の規定があり、中国に進出している企業については、中国以外の国で行われた企業同士の買収案件も、中国「独占禁止法」の対象にされる[22]。

「独占禁止法」違反であると判断された場合には、中国に進出している限り、たとえ中国以外の国で行われている事業であろうと、事業分離・分割などの決定を受けることになる。しかも、審査機関は、「審査結果と密接に関連する『市場占有率』や『関連市場画定』などの認定根拠、つまり関連する認定資料やデーターをほとんど公表しておらず、審査の透明性が問題となっている」（福山［二〇一二］、二九ページ）のである。しかも、執行機関が複雑で各級政府の圧力からの独立性も不透明である。中国の場合、法律そのものがビジネス・リスクを内包しているのである。このように、中国の国内市場では、依然として「ナショナル・スタンダード」が幅を利かせている。

したがって、現下の中国は、グローバル市場での競争に果敢に身をおきながら、国内市場においては国家の経済過程への介入は依然として強く、「グローバル・スタンダード」と「ナショナル・スタンダード」の都合のいい使い分けという「ダブル・スタンダード」に基づいた輸出指向工業化（キャッチ・アップ型工業化）を追及し続けているといわざるをえない。

二　市場経済化の進展と〈国家・資本主義〉

中国の市場経済化では、国家の経済過程への介入は依然として広範囲にわたっているとしても、市場経済化の程度にはいくつかの発展段階を読み取ることができる。したがって、市場経済化の進展は、中国〈国家・資本主義〉の実態にも反映されざるをえない。

従来、中国の市場経済化は、一九八〇年代の国内改革を中心とした「改革・開放政策」の導入初期段階（市場経済化の第一局面）から、「天安門事件」を経て一九九二年の鄧小平の「南巡講話」以降の外国資本の積極的な導入を本格化させた「社会主義市場経済」と呼ばれるようになった時期（第二局面）の二つの段階に区分して論じられることが多かった。(23)

だが、中国政府は、積極的な外資導入と輸出指向工業化の追及によって、加速度的に積み上がる外貨準備と諸外国からの元切り上げ圧力に直面して、二〇〇六年以降、選別的な外資導入へと政策転換を開始した。これ以降、中国の市場経済化は「第三局面」に移行したのである。

こうして、中国の外資導入政策は、一九九〇年代の無差別的外資導入政策の時期を経て、二〇〇七年以降、大きく変化することになった。中国政府は、低付加価値加工産業での外資規制の強化、優遇税制の廃止、最低賃金の引き上げと労働者の権利強化、環境保護基準の強化など、従来までの外資優遇政策の抜本的見直しを進めていったのである。

市場経済化の「第三局面」への移行後においては、従来までの低賃金労働を目当てに中国に進出してきた外国資本が行う低付加価値製品の加工貿易（例えば繊維・家具・木材製品・皮革製品・プラスチック加工など）に対する優遇措置が相次いで撤廃され、併せて最低賃金の引き上げが毎年のように行われるようになった。

中国政府は、まず、外国企業に対する税制面での優遇措置の撤廃を打ち出した。従来、中国の法人税は、企業所得税三〇％、地方所得税三％の合計三三％であったが、外資優遇政策により、大部分の外国企業に対する法人税の適用税率は一〇％台であった。中国政府は二〇〇八年一月からこれを五年程度かけて段階的に二五％に引き上げる措置を発表した。併せて、中国企業の法人税率三三％を引き下げて、外国企業と同じ二五％にすることも発表された（ただし、中国にとって有益なハイテク企業と認められた場合には、外資に対する税制面での優遇措置は継続された）。土地使用料についても、段階的に引き上げることが表明された。地方政府が決定する最低賃金も、年々大幅に引き上げられ、北京、上海、深圳、広州などの都市部では、すでに先進国並みの水準に近づきつつある。

さらに、二〇〇八年一月から導入された「労働契約法」は、外資系企業のみならず国内企業にも深刻な影響を及ぼすこととなった。この新しい「労働契約法」では、すべての企業において労働者の権利を著しく強化することを謳っている。たとえば、一〇年以上継続して勤務したか期限付きの労働契約を過去二回以上締結している従業員の場合には、新たに終身雇用契約を結ばなければならないとされている（一年を経過しても新しい契約が結ばれていなかった場合、終身契約が結ばれたものとみなされ、しかも二倍の賃金を払わなければならない）。従来までは、とくに労働集約的産業に進出した外資系企業の場合、若年労働者を一年単位の契約で数年雇用するという慣行が一般的であった。そのため、二〇〇七年六月に「労働契約法」が公布されて以降、中国企業や外資系企業の間では、施行前の駆け込み解雇が相次ぎ、労働争議が多発した[24]。他にも、使用期間の厳格な規定（使用期間は、契約期限が三ヵ月から一年未満の場合は一ヵ月、一年から三年未満の場合には二ヵ月、三年以上の場合には六ヵ月を超えてはならない）、整理解雇の必要が生じた場合、企業の説明責任と法定退職金の支払い義務などが明記された[25]。併せて、従来は抑制的であったストライキなどの労働争議に対して、政府は容認の姿勢を示した。

このように、中国の市場経済化が「第三局面」に移行するに伴って、国家の経済過程への介入は、あからさまな直接介入から、立法化を通じた労働者の権利の保障、外資企業の内国民待遇（超国民待遇の廃止）による国内企業の競争力強化など、間接的な手法へと移行しつつあるようにみえる。このことは、中国政府が、内外の経済環境の変化に応じて、〈国家・資本主義〉の再編を模索していることを意味する。東アジアのＮＩＣｓ（ＮＩＥＳ）が、一九八〇年代に入って、資本主義的工業化の進展に伴って〈国家・資本主義〉の再編を迫られたように、中国における市場経済化の進展は、二〇〇〇年代に入って、〈国家・資本主義〉の再編を迫ることになった。この再編過程が、今後どのような方向に向かうかという点について正確に予測することは難しいが、中国〈国家・資本主義〉も「歴史的被規定性」を免れることはできないであろうということだけは指摘できる。最後に、この点に触れておこう。

第四節　中国〈国家・資本主義〉の展望

たしかに、市場経済化の進展に伴って、中国〈国家・資本主義〉も「グローバル・スタンダード」の採用を迫られることになり、再編過程を余儀なくされていることは疑いない。だが、そのことは、「開発独裁」のもとでの「キャッチ・アップ型工業化」の追及という〈国家・資本主義〉の本質までも変化させているということを意味するものではない。中国〈国家・資本主義〉は、本質においては依然として変化はないというのが筆者の基本的な立場である。

中国政府は、先に指摘した「ダブル・スタンダード」の温存に加えて、国内的には依然として「不均衡成長戦略」をとり続けている。新聞報道によると、近年中国のジニ係数は社会不安につながる危険ラインを超えるほど極度に悪化しているという。[26]「不均衡成長理論」は、経済格差は開発の開始に伴って一時的に拡大していくが、「トリクル・ダウン効果」が働くことによって、やがて不均衡の是正に向かうという「クズネッツの逆Ｕ字仮説」を前提としているが、現実の中国では、「トリクル・ダウン効果」よりも「分裂効果」のほうが依然として強いと思われる。中国政府がこのまま、「分裂効果」を抑制する手段を採りえないとすれば、深刻な社会問題を惹き起こすのではないかと懸念される。[27]

たしかに、儒教文化圏には「徳治主義」という伝統的な思想が根強くある。深い徳を積んだ人間による「仁政」（人治）を期待するものである。だが、はたして中国共産党は民衆の期待に応えることができるのであろうか。中国共産党は、これまで幾度となく、「社会主義精神文明の建設」という高貴なスローガンを打ち出してきたが、相変わらず共産党幹部の汚職や腐敗事件があとを絶たない。民衆の不満は、地下のマグマのごとくうごめいているようにみえる。「国家資本主義は熔解する」というのは、これまでの東アジアの歴史から得られた教訓である。[28] とくに、グローバル化の著しい今日の国際経済環境のもとでは、「ダブル・スタンダード」は早晩存立基盤を失わざるをえない運命にある（グローバリズムと中国〈国家・資本主義〉の関係については、第六章で改めて検討する）。

二一世紀は、「大競争時代」と形容される厳しい自由競争が待ち受けている時代であり、いくら十三億人を越える巨大市場を抱えているとはいえ、中国ひとりが〈国家・資本主義〉に固執できる時代ではない。だとすれば、中国の〈国家・資本主義〉も、いずれは熔解する運命にあるはずである。問題は、その熔解プロセスが、平和的に進行するのか、それとも激しい社会的混乱を伴うのかという点である。もちろん、現段階でそれを予測することはできないが、そのターニング・ポイントは確実に近づいている。[29]

【注】

（1）中国共産党は、「第一次五ヵ年計画」における重工業を優先的に発展させるとしたソ連モデルの採用の失敗に対する反省から、一九六〇年代初頭からは、「農業を基礎として工業を導き手とする」といういわゆる「農業基礎論」を主張するようになった。しかし、その実態は、依然として国家投資の多くの部分を重工業部門へと振り向けるものであった。

（2）一九五六年のソ連のフルシチョフ書記長のスターリン批判（直接にはスターリンの推し進めた個人崇拝、独裁政治に対する批判であったが、暗に中国の毛沢東に対する個人崇拝をも批判）に端を発した中ソのイデオロギー対立は、一九六〇年に一挙に表面化しこの年ソ連は中国に派遣していた技術専門家を引揚げ、経済的支援も打ち切った。以後中ソの経済関係は中ソの国境を利用した細々とした国境貿易に縮小した。しかし、一九六九年三月に勃発した中ソ東部国境武力衝突事件（ダマンスキー島＝珍宝島の帰属をめぐる国境紛争）以後は、この国境貿易も禁止された。以後中ソは、一九八九年にゴルバチョフ書記長が北京を訪問して、中ソ和解が果たされるまで厳しい対立を続けていくことになった。

（3）かつて、ソ連邦の経済学者プレオブラジェンスキーは、資本主義的発展の後れたロシアのような後発国の社会主義工業化は、農業と工業との間に意図的に不等価交換（鋏状価格差）を組織することによって、農業からの余剰の収奪を通じてのみ可能であると主張した。彼のこのような主張は、「社会主義的本源的蓄積論」と呼ばれ、資本蓄積の後れた現実の社会主義国の多くが採用した強蓄積メカニズムを正当化するものであった。中国の場合も、このような蓄積メカニズムが、農業の集団化（人民公社化）と低農産物価格政策のもとで利用されていった。このような強蓄積が行われた結果、ソ連においては数百万人、中国においては数千万人にも上る農民が餓死したとみられている。

（4）中国では、一九五八年頃から、「大躍進」と呼ばれた過大なノルマ達成のための大規模な大衆動員運動が展開された。工業部門では、大増産運動が展開され、鉄鋼の増産運動では「土法炉」と呼ばれる原始的な熔鉱炉を使った鉄鋼が各地で生産されていった。この時期生産された鉄の大部分は使い物にならない粗悪品であったといわれている。

（5）「四人組」とは、江青（共産党中央政治局委員・毛沢東夫人）、張春橋（国務院総理）、姚文元（共産党中央政治局委員）、王洪文（共産党副主席）の四人を指している。彼らは、毛沢東の威光を利用して、鄧小平や周恩来などの穏健派が進めようとした改革を「走資派」（資本主義の道へと後戻りさせようとする者）と呼んでことごとく批判し、精神主義にもとづく文化大革命の推進を主張した。「四人組」は、毛沢東死後（一九七六年九月）、反文革派によって逮捕され、死刑または無期懲役に処された。

（6）中国が始めて核実験を行ったのは一九六四年である。以後、中国は毎年のように核実験を繰り返し、一九六七年には水爆実験にも成功した。さらに、一九六六年には中距離弾道ミサイルの発射実験にも成功し、一九七〇年には人工衛星（東方紅一号）の打ち上げにも成功した。中国共産党のこのような対外的アピールによって、軍需技術を中心とした中国の工業力は、アジアではかなり高いとみられていたのである。
（7）一九七九年当時の一人当たりGDPは、韓国一六四四ドル、台湾一八九三ドル、香港四二八八ドル、シンガポール三九五〇ドルで（IMF, International Financial Statistics, 他）、中国のそれの推計二六〇〜二七〇ドルとは大きな開きがあった（ただし、当時の社会主義国の国民所得統計には第三次産業は含まれておらず、購買力平価でみればその差はさらに違ったものとなる。したがって、公定レートで換算してみた格差は、大まかな指標に過ぎない）。
（8）中国と韓国は、当時はまだ国交はなく、朝鮮戦争（一九五〇年〜五三年）の際には、北朝鮮を支援するため中国から一〇〇万人規模の部隊が投入され、韓国軍・国連軍との間で悲惨な戦闘が繰り返された。中国と韓国が国交を樹立したのは、一九九二年である。
（9）人民公社とは、中国の農村部において、農業と農村工業の発展を図るために一九五八年ごろから組織された行政的集団組織であり、集団的農業生産の基本単位である生産隊とその上部組織としての生産大隊を傘下にもつ「政社合一」と呼ばれる独特の組織である。このような「人民公社」のもとでの農業生産が、中国農業の停滞と低生産性を規定していたことはよく知られている。中国共産党は、一九八〇年代初頭に、人民公社の解体と個別農家による生産請負制の導入を決定した。
（10）郷鎮企業とは、人民公社時代には公社に所属する「社隊企業」と呼ばれていた農村工業が人民公社の解体に伴って自立したものや、農民が末端の行政単位である「郷」や「鎮」のレベルで集団的営利活動を営むために組織した企業組織などを指している。
（11）当時、保守派は、「和平演変」（欧米先進資本主義諸国が貿易や投資など平和的な経済活動を装いながら中国の社会主義体制を転覆させようとしている）というスローガンを掲げて、改革・開放派を牽制した。
（12）「天安門事件」へ到るきっかけとなったのは、一九八九年四月の胡耀邦（Hu Yao-bang）の死である。胡耀邦は、一九八〇年に党総書記に任命され、以後、「改革・開放政策」の先導役として鄧小平の信頼も厚かったといわれる。しかし、その後、政治改革をめぐる党内の権力闘争の過程でついに一九八七年一月失脚することとなり、趙紫陽が後任に選出された。一九八九年四月一五日に「民主化」の象徴的存在であった胡耀邦の死が伝えられると、北京市内の大学生を中心として、胡耀邦の追悼と民主化を求めるデモが発生し、その規模は次第に拡大していった。おりしも、歴史的な意味をもつゴルバチョフ書記長の中国訪問が五月一五日に予定されており、政府は民主化運動の拡大に対して強硬な政策を採りにくい状況におかれていた（ゴルバチョフ書記長は当時ソ連における民主化推進の立役者であった）。そのこともあって、民主化を求める運動は全国的規模にまで拡大し、その象徴として天安門広場前での学生たちによる「ハンガー・ストライキ」が行われていた。趙紫陽総書記は、民主化を求める運動を武力で鎮圧することには消極的であったが、結局、党内では鄧小平による武力鎮圧の方針が支持され、六月四日の事件へと到った。天安門事件での犠牲者の数は、正確にはわかっていない。趙紫陽（Zhao Zi-yang）総書記は、天安門事件によって失脚し、二〇〇五年に死去するまで自宅軟禁の状態におかれた。

(13)「市民社会」の成熟という表現は、抽象的に過ぎることは十分承知している。かつての「市民社会」論者たちの「市民社会」とは、K・マルクスの「市民社会」論に依拠したものであり、かつて水田［一九九七］が指摘したように、「西ヨーロッパ近代社会を理想化したフィクション」という側面をもっている。その意味では筆者が厳しく批判してきたマルクスの「アジア的停滞論」と同じく「ユーロ・セントリズム」に陥りやすいものである。この点については、第一章、注19で多少とも踏み込んで検討しておいた。

(14) この点については、わずかに次のような指摘がある。「中国型社会主義共同体を解体して、市場経済を通じて近代的生産力を飛躍的に発展させ、その土台の上に本格的社会主義の建設を行おうとというのが社会主義市場経済の目標であると理解してよかろう。だが、社会主義的性格を保持しながら、独自の性格を持つ中国型市民社会を果たして展開できるかは予め保証の限りでない。一つの『歴史的実験』というほかない」（木下［二〇〇三］、二二一ページ）。ここでもやはり、「社会主義的性格」とは何か、「中国型市民社会」とはいかなる内容かという疑問は払拭しきれない。「中国型社会主義共同体」の解体が、そのまま「中国型市民社会」の始まりを告げるものではないことは明らかである。

(15) このことによって、低開発国がキャッチ・アップ型工業化を目指す場合、その過程で「開発独裁」が出現することはやむをえない「必要悪」であるという認識がある。確かに、韓国や台湾の「開発独裁」は、一九八〇年代末にいたって、経済成長の進展に伴って、終焉を迎えることになったが、その過程で払われた犠牲や後遺症は「必要悪」とみるにはあまりにも大きいものであった。

(16)「第一波」とは、「スターリン批判（一九五六年）直後の管理機構再編成を中心とした小さな波で、「第二波」とは、一九六〇年代半ばの「誘導市場モデル」や「規制された市場メカニズム」を目標としたハンガリーの「新経済メカニズム」から、市場機構的要素を導入しようと模索したソ連の「コスイギン改革」までの幅広い改革の波をさす。「第三波」では、一種の「混合主義体制」が志向されることになるが、「中・東欧諸国における『第三波』は完結することなく『体制転換』に道を譲った」（佐藤［一九九五］、二六ページ）のである。

(17) 第二章注2でも述べたように、これまで「社会主義」という用語は明確な定義がなされないまま、恣意的に使われてきた。中国では、基幹産業などが依然として国家の支配下にあることをもって（国有企業から株式会社制度に移行した企業の場合には政府による多数株保有をもって）、「社会主義」と規定しているようであるが、それとてきわめて恣意的なものであり、実際には全人民を代表しているとされる共産党の一党独裁が唯一の基準になっている。

(18) 近年中国政府が打ち出した新たな外資政策は、労働集約財に対する増値税還付率の引き下げあるいは廃止、外資に対する優遇税制の原則廃止と中国国内企業の税率（三三％）の引き下げ（内外資とも一律二五％に統一）、終身雇用を原則とした労働法の改正（労働者の解雇制限の強化）、土地使用料及び最低賃金の大幅引き上げ、移転価格税制運用の厳格化、など、明らかに外資の選別的導入を目指したものである。

(19) 一度は、一九四九年の社会主義革命によって、二度目は一九七八年の改革・開放政策への転換によって近代国家の装いを新たにした。

(20) 例えば、自動車部品についていえば、加盟前の六〇％の関税は、五年後の二〇〇六年までに一〇％に段階的に引き下げるなど、おおむね五年の猶予期間での関税引き下げが約束された。

(21) 中国は、東アジアでは最も早く二〇〇〇年十一月には、ＡＳＥＡＮとの間で自由貿易地域の設立（ＡＣＦＴＡ）を提案し、二〇〇二年五月に一〇年以内に中国・ＡＳＥＡＮ自由貿易地域を設立することに合意した。合意に当たって、中国側は、①ＡＳＥＡＮ側が希望する農林水産物八品目（肉類・魚介類・野菜・果物・酪農品など）の自由化を先行させる（アーリー・ハーベスト）、②ＡＳＥＡＮ先発国と後発国を区別し、後発国に対しては最恵国待遇を与える、③インドシナ三国の累積債務を帳消しにして経済支援を強化する、④スプラトリー問題で武力行使は行わず現状維持を約束する、などの破格の条件を提示した。

(22) 実際に、この「域外適応」条項が適応された事例としては、ベルギーのインベブ社による米国アンハイザー・ブッシュ社の買収案件、日本の三菱レーヨン社による英国ルーサイト社の買収案件、パナソニックによる三洋の買収案件、などがある。詳しくは、福山［二〇一一］を参照。

(23) 中国への対外直接投資（実行ベース）は、一九九〇年の三五億ドル、一九九一年の四四億ドルから、「南巡講話」以降の一九九二年には一一〇億ドル、一九九三年には二五七億ドル、一九九四年には三三八億ドルへと加速度的に増大していった（『中国統計年鑑』）。対外直接投資急増の背景には、紆余曲折した中国の市場経済化も、ついに「ルビコン河を越えた」という西側諸国の判断があったことは疑いない。

(24) 深圳に本社を置く中国最大のIT企業「華為（ファー・ウエイ）」は、二〇〇七年末に従業員の一〇％以上に相当する七〇〇〇人の解雇または自主退職を通告した。通告を受けたのは大半が勤続八年以上の中堅社員であったという。このケースは、中国を代表する企業であったため、深圳市の労働当局が直ちに調査に乗り出し、通告は撤回された。

(25) 二〇〇八年三月に筆者が行った中国進出日系企業の調査によれば、ほとんどの企業がすでに完全週休二日制（年間労働日二五〇日以内）を導入し、残業に対しては賃金の割り増しが行われていた（平日は五割増、休日は二倍、法定祝日は三培）。二〇〇七年からは、企業の社会保険への加入が義務付けられ、保険料の負担は労使折半ではなく企業側に七割弱の負担を求めている。今後は、労働者の権利意識の高まりとともに、賃金面だけでなく労働条件・福利厚生面での一層の改善を迫られることになろう。

(26) ジニ係数とは、社会の富の分配状況を示す指標であり、〇から一の範囲で示される。社会の富がすべての構成員によって平等に分配されている場合には、ジニ係数は限りなく〇に近づく。逆に、社会の富がごく一部の人々によって占められている場合には、ジニ係数は限りなく一に近づく。開発経済論の分野では、一般論として、開発が進むにつれてジニ係数は大きくなり所得格差が広がるが、社会の発展に伴って「トリクル・ダウン効果」（成長の果実が社会の下層へと徐々に広がっていくこと）が働くようになり、ある段階まで到達すれば格差の拡大は止まり、以後ジニ係数は〇に向かって小さくなっていくと想定されている。これは、いわゆる「クズネッツ（Simon Smith Kuznets）の逆U字仮説」と呼ばれる現象である。一般に、「先進国」と分類されるような経済水準になると、ジニ係数は〇・三前後で推移することになる。

中国では、改革・開放初期には、ジニ係数は〇・二程度（高い平等度）だったといわれているが、その後上昇を続け、二〇〇四年には〇・四七二五となった。今回、中国の西南財経大学（四川省）が行った調査によると、二〇一〇年のジニ係数は〇・六一となっており、社会不安につながる危険ラインとされる〇・六を超えたという（『日本経済新聞』二〇一二年十二月十一日）。

(27) 鄧小平の「先富論」は、先に指摘したように、先に発展した地域が後れた地域の発展を助けて、最後にはともに豊かになろうというものであったが、昨今の経済的腐敗をみるにつけ、先に豊かになった者が、貧しい者の生活を助けるという崇高な理念には昇華されてはいない。経済学では一般に、「出口戦略」と呼ばれる、現状の政策の悪影響が出始めた場合の大胆な政策転換は、既存の政策によって生み出された既得権が大きい場合には、政策転換は実際にはきわめて困難である。

(28) 韓国の「国家資本主義」（国家・資本主義）の熔解プロセスについては、本書第四章を参照してほしい。

(29) もちろん、日本にとっても、平和的なプロセスが何よりも望ましいことはいうまでもない。日本は、中国を舞台とした東アジアの生産ネットワークに深く組み込まれており、東アジアの平和的発展こそ何よりも日本の安定につながるものである。したがって、いたずらに「中国脅威論」をあおるのではなく、「成熟社会のあるべき姿」を示すべきであろう。

第六章　グローバリズムと「二一世紀の国家資本主義」

はじめに

　東アジアでは今、「グローバリズムのビッグ・ウェーブ」と呼ばれるグローバル化の大波が押し寄せている。このような状況のもとで、はたしてイアン・ブレマー（Bremmer［2010］：邦訳［二〇一一］）がいうような自由市場を脅かす「国家資本主義の脅威」が存在するのであろうか。

　すでにみたように、二〇世紀後半に出現した新興独立国における「国家資本主義」は、〈国家資本・主義〉としては世界市場に背を向けた（＝反グローバリズムの立場に立った）「輸入代替工業化」に基づく「自立（自律）的国民経済」の形成に固執するあまり「ハイコスト・エコノミー」に帰結して経済的挫折（変質）を経験した。

　他方、〈国家・資本主義〉としては、「ナショナル・スタンダード」（国家の著しい市場介入と民族資本の保護・育成）と「グローバル・スタンダード」（世界市場での比較優位の追求）という「ダブル・スタンダード」のもとで、「キャッチ・アップ型工業化」を成功させてきたが、しかしその〈国家・資本主義〉も、二〇世紀末の世界経済の急激なグローバル化に直面して、「ダブル・スタンダード」がもはや許されなくなったことによって終焉を迎えた。結局のところ、「二〇世紀の国家資本主義」は、グローバリゼイションの波に抗うことができなかったのである。

では、「二一世紀の国家資本主義」は、「グローバリズムのビッグ・ウェーブ」と呼ばれるこの時代を耐え抜く新しい装いを身につけているのであろうか。もしそうだとすれば、それはたしかに「二〇世紀の国家資本主義」とは本質的に区別されるべきものであろう。その場合には、ブレマーがいうように、自由市場を脅かすあらたな存在とみなさなければならない。

本章ではまず、「二一世紀の国家資本主義」を代表するといわれている中国に焦点を当てて、中国型「国家資本主義」の特徴とは何かを検討してみたい。そのうえで、中国「国家資本主義」がおかれている現状について、グローバリゼイションとの関係において分析してみたい。はたして、中国「国家資本主義」は、「大競争時代」と形容される「グローバル・スタンダード」全盛時代において、いつまで「ダブル・スタンダード」に固執し続けることができるのであろうか。大方の関心はこの点に尽きるといえるであろう。

第一節　「二一世紀の国家資本主義」とはなにか

一　「自由市場」への脅威としての「国家資本主義」

第一章でみたように、二一世紀にはいって、自由市場を脅かす「国家資本主義」の存在がとみに指摘されるようになった。その代表的な論者であるイアン・ブレマーは、“The End of the Free Market” というセンセーショナルな言葉を使って、今日の国家資本主義を自由市場への最大の脅威として警鐘を鳴らした（Bremmer［2010］：邦訳［二〇一一］）。同様の指摘は、その後、英国の著名な雑誌『エコノミスト』誌（The Economist［2012］）によってもおこなわれている。

ここでは、両者の指摘から、「二一世紀の国家資本主義」の特徴について検討しておこう。

まず、ブレマーがいう今日の「国家資本主義」について、改めて整理することから始めよう。彼は、「国家資本主義」の本質について、次のように述べている。

「権威主義体制は、『指令経済は破綻する運命にある』と悟りながらも、自由市場の原則を徹底させた場合に政府による抑制が効かなくなるのを恐れて、新しいしくみを考え出した。それが国家資本主義である。この仕組みのもとでは、政府はさまざまな種類の国営企業を使って、国にとってきわめて貴重だと判断した資源の利用を管理したり、高水準の雇用を維持・創造したりする。えり抜きの民間企業を活用して、特定の経済セクターを支配する。いわゆる政府系ファンドを用いて余剰資金を投資にまわして国家財政を最大限に潤そうとする。これら三つのすべてにおいて、国家は市場をとおして富を創造し、上層部がふさわしいと考える用途にその富を振り分ける。くわえていずれの場合も、おおもとにある動機は経済ではなく政治に関係したものだ。経済を最大限に成長させることよりも、国力ひいては体制の権力を保ち、指導層が生き残る可能性を最大化することを目指しているのだ。これも資本主義の一形態ではあるが、国家が経済主体として支配的な役割を果たし、政治面の利益を得るために市場を活用するのである」(*ibid.*,pp.4-5：邦訳、一一～一二ページ)。

「政府が主として政治上の利益を得るために市場で主導的な役割を果たす」(*ibid.*,p.43：邦訳、五九ページ)という指摘は、「独裁国家」のもとで輸出指向工業化にもとづいて「キャッチ・アップ型工業化」を追及した二〇世紀後半の「新興工業国」(NICs・NIES)の〈国家・資本主義〉とは明らかに異質である。

たしかに、二〇世紀に出現した「国家資本主義」は、〈国家資本・主義〉であれ〈国家・資本主義〉であれ、政治的な動機はあったにせよ、急速な「工業化」の実現(経済発展)を目指したものであり、「政治上の利益」が求められた結果ではない。「おおもとにある動機は経済ではなく政治に関係したものだ」という指摘からは、ブレマーのいう「国家資本主義」とは、中国やロシアのような旧「社会主義国」の特殊な移行体制を強く意識したものであり、「国家資本主義の脅威」とは「経済的な脅威」というよりもむしろ「政治的な脅威」という意味合いが強くにじみ出たものであることがうかがわれる。

また、英国の雑誌 The Economist［2012］は、"The Rise of State Capitalism" というタイトルの特集（Special report）を組んで、「新興世界における新しい国家資本主義」（the new state capitalism of the emerging world）の出現に焦点を当てて、主に中国、ロシア、ブラジルを取り上げ、「今日の国家資本主義」（today's state capitalism）はこれまでのものとは区別される顕著な「昇華（significant advance）」を示していると指摘した[(1)]。

The Economist［2012］は、これを「新興世界の新モデル」（The Emerging World's New Model）と呼んで、「新興世界」への拡大に注意を喚起している。これまでの「国家資本主義」と区別される特徴とは、①国家としての規模の大きさ、②急速な成長の実現、③これまでのものよりはるかに洗練された資本主義的手法の駆使（たとえば中国共産党は、多くの市民を共産党員として抱え込むことによってこれまでのどの国家資本主義よりも強力なものとなり、自国産業を官僚主義的経営やクローニーに任せるのではなく、専門的な経営者によって経営される企業へと転換させている）の三つをあげている（Special Report,p.4,After page 48）。

The Economist［2012］は、国家資本主義の本質は巨大な国有企業であるとしながらも、ブレマーが国家資本主義に分類したインドは、巨大な国有企業をもってはいるが、それは過去の"Licence Raj"（一九九一年の経済自由化以前までとられていた国家による直接規制）の名残であり[(2)]、"new national champions" に向かわせるようなものではないと述べて、「今日の国家資本主義」とは区別している。

要するに、The Economist［2012］が今日の国家資本主義を過去の国家資本主義と区別する特徴として重視するのは、「国家としての規模の大きさ」と「洗練された資本主義的手法（sophisticated tools）」という点である。かつて、ゴールドマン・サックスのエコノミスト、ジム・オニール（Jim O'Neill）が指摘したＢＲＩＣｓ（ブラジル、ロシア、インド、中国）という巨大新興市場の出現と重なるところが多いが、インドを国家資本主義の範疇から除外しているところからは、「権威主義」体制という国家の性格を重視していることもうかがわせる。

The Economist［2012］は、Bremmer［2010］の「自由市場の終焉」というのは誇張しすぎであるとしつつも、たしかに多くの新興諸国の政府は、自らの政治的目的を達成するために市場を利用しようとしており、「神の見えざる手」は、国家資本主義というしばしば権威的な“Visible hand”にとってかわられようとしている、と指摘している。また、別の箇所では、二一世紀の決定的な対立（defining battle）は、資本主義対社会主義の間ではなく、資本主義の異なったタイプ間（different versions of capitalism）のものとなるであろうとも述べている（*ibid*.,p.18）。

両者に共通している国家資本主義に対する脅威は、それを「自由市場の制限」であるといみている点である。両者は、グローバル化が進展しているこの二一世紀において、それを阻害する最大の要因として国家資本主義を位置づけ、警鐘を鳴らすことを目的としている。だが、「グローバリズムのビッグ・ウェーブ」が叫ばれている今日の状況において、はたして国家資本主義がそれほどの脅威になるのであろうか。

しかし、残念ながら、この点については、両者は何も語っていない。前述したように、The Economist［2012］は、「今日の国家資本主義」の第一の特徴として「国家としての規模の大きさ」をあげている。ブレマーも、随所で中国とロシアの国家資本主義を取り上げている。結局のところ、ブレマーや『エコノミスト』誌がいう「国家資本主義の脅威」とは、中国やロシアの巨大国家の独裁政権に対する脅威の別の表現ではないのかという疑問が浮かび上がる。とくに中国については、二〇一〇年には国内総生産（GDP）の規模では日本を抜いて世界第二位に躍り出るまでに成長したことによって、「脅威論」が増幅されているようにみえる。おそらく、このような国家が、依然として市場経済への国家介入を続けながら世界市場を利用しつつ成長を続けていることへの苛立ちが、「自由市場への挑戦」と受け取られているのではないか(3)。

結局のところ、「二一世紀の国家資本主義」の脅威とは、独裁政権のもとで肥大化を遂げてきた中国「国家資本主義」の脅威と置き換えて検討しても差し支えないであろう。したがって、次に、中国型「国家資本主義」の内実についての検討が避けられない。

二　中国型「国家資本主義」論について

二〇一三年二月に出版された『二一世紀の中国・経済編』（加藤弘之・渡邉万里子・大橋英夫、朝日新聞出版）は、そのサブ・タイトルに「国家資本主義の光と影」とつけられている。おそらく、中国を「国家資本主義」として体系的に論じたものとしては、筆者以外では初めてのものであろう(4)。

加藤［二〇一三a］の中国「国家資本主義」という規定は、基本的には前述のBremmer［2010］やThe Economist［2012］の見解を踏襲したものであるが、本書全体を通じて、二一世紀の新しい中国式「国家資本主義」論が展開されており、Bremmer［2010］やThe Economist［2012］にはない独自の展開も行われている。それゆえ、これまで一貫して「中国・国家資本主義論」を展開してきた筆者としては（坂田［二〇〇四］、［二〇一一］、［二〇一二］）、改めて筆者との対比において加藤「国家資本主義論」を検討しておく必要に迫られることになった。

加藤［二〇一三a］はまず、ブレマーや香港科技大学の丁学良（丁［二〇一二］、邦訳［二〇一三］）などの「国家資本主義論」を検討しながら、[5] 自らは次のように再定義している。すなわち、「国家資本主義」とは、「資本主義の一形態であり、国家（政府・党・国有企業）が強力な権限を持ち、市場を巧みに利用しながらその影響力を拡大する新興経済国の経済システム」（同、一六ページ）である、という。

加藤［二〇一三a］は、このような定義にも「依然としてあいまいな点が残る」ことを認めたうえで、中国経済の実態を検討しながら「曖昧さをより小さくする努力」を試みている。

その結果、中国国家資本主義の特徴として、①ルールなき激しい生存競争が繰り広げられていること（ルールのない、あるいはルールがあいまいな環境のもとで、異なる経済主体の間で激烈な競争）、②国有経済のウエイトが高い混合経済が存在すること（国有企業の大小だけでなく、民有経済も含めた経済全体への政府介入の度合いも含む）、③中国独自の中央―地方関係のもとで、地方政府間では擬似的な市場競争に似た成長競争が観察されること（昇進競争モデル＝経済成長に成功したものが昇進できるというしくみ）、④官僚・党支配層が一種の利益集団化していること（利益集団化した官僚・党支配層は、腐敗・汚職の蔓延と深く結びついている）、の四つの点を指摘している。

このような指摘は、筆者がこれまで分類してきた、〈国家資本・主義〉と〈国家・資本主義〉の二つの側面を併せもつものであるが、国有企業の存在と官僚・党支配層の利益集団化と腐敗・汚職を重視する点において、〈国家資本・主義〉論により近いといえるであろう。筆者が検証してきた〈国家・資本主義〉の場合には、国有企業の存在は本質的な問題ではなく、官僚組織の利益集団化や腐敗・汚職とも距離があった。

かりに、加藤［二〇一三a］が、「二一世紀の国家資本主義」を「二〇世紀の国家資本主義」、すなわち「新興工業国」の国家資本主義と区別するというのであれば、それは「新しい国家資本主義論」として受け入れなければならない。第一章で指摘したように、近年日本のマスコミで散見される「国家資本主義」という言葉には、筆者が〈国家・

資本主義〉として検証した、二〇世紀後半の「新興工業国」に出現した「開発独裁」のもとでの「キャッチ・アップ型工業化」の追求という側面と、Bremmer［2010］が指摘した巨大な「国有企業」による支配という〈国家資本・主義〉という側面の双方が混在しており、理論的には一貫性を欠いている。

この点と関連させていえば、加藤［二〇一三a］は、「中国型国家資本主義」を二一世紀型の「新しい国家資本主義」として展開しているようにみえる。加藤［二〇一三a］は、上述した四つの特徴をもつ国家資本主義を「中国モデル」と規定したうえで、「中国モデル」の本質として、「開発独裁モデル＋漸進主義モデル＋大国モデル」と規定する。「漸進主義モデル」とは、いうまでもなく計画経済から市場経済への移行を漸進的に進めていくという、いわゆる「移行経済モデル」である。かつて中兼［二〇一二］は、「中国モデル」の本質を、「開発独裁モデル＋漸進主義モデル」と規定したが、加藤［二〇一三a］はさらに、「大国モデル」をこれに加えることによって、独自の「中国モデル」（＝中国国家資本主義）を規定しているとみることができよう。

ここでいう「大国モデル」とは、国土と人口規模が大きいというだけでなく、発展段階の異なる多様な地域から構成されていることによってもたらされる中国独自の「国情」に由来する特徴をもつものと説明されている。すなわち、中央政府が人事権などの重要な権限を保持する一方、主として経済的な権限を地方政府に大幅に委譲するという中国独自の中央―地方関係が形成され、そのもとで、地方政府はあたかも一つの企業となり、域内ＧＤＰが企業の売上高、財政収入が企業利潤のように取り扱われる、というものである。

このように、加藤［二〇一三a］は、「中国国家資本主義」の特徴を、「開発独裁モデル＋漸進主義モデル＋大国モデル」として説明する。たしかに、これは新しい規定であり、「二一世紀の国家資本主義」とされる根拠は十分に認められる。

では、このような国家資本主義の新しい規定は、中国だけに適応されるものなのであろうか。もしそうではないとすれば、より具体的な定義が必要になってくるであろう。

The Economist［2012］が「国家資本主義」と分類したロシアやブラジルを、「中国モデル」の範疇に含めることには問題が多い。いうまでもなくロシアやブラジルは「漸進主義モデル」には含まれないし、中国と同様に大国ではあるがここでいう「大国モデル」にはあてはまらない。

だが、「二一世紀の国家資本主義」の一般的規定を、曖昧な点を含むとしながらも、先に紹介したように「資本主義の一形態であり、国家（政府・党・国有企業）が強力な権限を持ち、市場を巧みに利用しながらその影響力を拡大する新興経済国の経済システム」と定義するのであれば、それは必ずしも「二一世紀」型の「新しい国家資本主義」にだけ特徴的な性格とはいえないであろう。「二〇世紀の国家資本主義」にも、同じような特徴はみてとることができる。

加藤［二〇一三a］はまた、次のようにも述べている。「国家資本主義には明確な定義がないため、時に誤解されて使われることがある。強力な権限を持つ国家（政府）が経済介入を行うことは国家資本主義の特徴の一つである。しかし、政府介入さえあれば国家資本主義だということになると、一七世紀の重商主義も二〇世紀の社会主義も、すべて国家資本主義の範疇に入ってしまう」（同、八三〜八四ページ）。この点にはもちろん筆者も同感であるし、筆者もそのような単純な定義を行ったことは一度もない。そもそも、国家の経済介入＝国家資本主義という定義自体が、日本の「国家資本主義論争史」の中には見られないものである。

これらの点について、ほぼ同時期に発表された加藤［二〇一三b］では、「曖昧な制度」としての「中国型資本主義」という表現が使われ、加藤［二〇一三a］でみせたような中国型「国家資本主義論」の積極的な展開はみられない。[6] 不思議なことに、加藤［二〇一三b］では「国家資本主義」という用語は二箇所でしか使われておらず、それも「中国型資本主義」＝国家資本主義という積極的な図式においてではなく、「曖昧な制度」としての消極的な「国家資本主義」が論じられているに過ぎない。ほぼ同時期に公表された二つの中国経済論において、加藤［二〇一三a］と加藤［二〇一三b］との中国型「国家資本主義」の扱い方の差は歴然である。

筆者も、中国型〈国家・資本主義〉において、「巨大な国有企業」の存在を無視するものではないし、「官僚・党支配層が一種の利益集団化」し、「腐敗・汚職の蔓延と深く結びついている」ことを否定するものではない。その点では、たしかに、「開発独裁」型（NICs型）の〈国家・資本主義〉とは、一線を画しているといえなくもない。その意味において、中国型〈国家・資本主義〉と「開発独裁」型の〈国家・資本主義〉を同じ〈国家・資本主義〉の範疇で一括りすることには多少の問題を感じている。それゆえにこそ、「二一世紀の国家資本主義」という刺激的な議論をより掘り下げて展開し、あらためて、中国型「国家資本主義」論（加藤・国家資本主義論）と、筆者が検証した「二〇世紀の国家資本主義」（「開発独裁」のもとでの「キャッチ・アップ型工業化」の追及システム）との違いを詳しく聞きたいところである。

第二節　グローバリズムと「国家資本主義」

一　グローバリズムの時代という認識

前述したように、ブレマーの「自由市場の終焉」という指摘や『エコノミスト』誌の新興国における国家資本主義の拡大という指摘は、今日支配的な潮流となっているグローバリズムと「国家資本主義」の関係についてはほとんど何も語っていない。

この点で、現代を「グローバリズムのビッグ・ウェーブ」の時代（大競争時代）ととらえ、グローバリズムの拡大と「国家資本主義」の関係を論じてきた筆者の見解とは大きな隔たりがある。

繰りかえし指摘してきたように、二〇世紀後半に出現した「新興工業国」（ＮＩＣｓ）の〈国家・資本主義〉的発展は、「グローバル・スタンダード」（世界市場における比較優位の追求）と「ナショナル・スタンダード」（国家による積極的な市場介入）の使い分けという「ダブル・スタンダード」のもとではじめて可能になったものである。その点は、今日の中国も同様である。

このような「ダブル・スタンダード」は、戦後の「ＩＭＦ・ＧＡＴＴ体制」のもとでグローバル化が著しく進展した時代においても、世界的な冷戦構造と南北問題の激化という歴史的な制約要因に規定されて、ある程度許容されてきた。

しかしながら、世界的な冷戦構造が熔解し、「グローバル・スタンダード」が唯一の基準として要求されつつある現代において、「新興工業国」（ＮＩＣｓ）の国家資本主義は、その存立基盤を失い、終焉を迎えることになった。いうまでもなく、グローバリズムと国家資本主義は、対極に位置する概念である。国家資本主義は市場メカニズムに対する人為的なコントロールを前提としているが、グローバリズムは、「グローバル化の恩恵に浴したければ、グローバル・スタンダードを採用せよ」と要求する。第四章でみたように、韓国の国家資本主義の終焉は、一九九七年の東アジア経済・金融危機によってもたらされたが、これはつまるところ危機の救済にあたってＩＭＦが要求した「グローバル・スタンダード」の採用の結果であった。

したがって、「二一世紀の国家資本主義」は、二〇世紀後半の国家資本主義が享受することができた「ダブル・スタンダード」の恩恵をそのまま享受することはできない。このことは、東アジアにおいてはとくにあてはまる。次節で述べるように、東アジアにはいま、グローバリズムの波が容赦なく押し寄せており、「ダブル・スタンダード」を追求する余地はほとんどない。この点で、「移行経済」過程にある中国だけは未だ例外ではあるが、その中国とて、米国を中心とした西側諸国から「グローバル・スタンダード」の採用を強く求められている。次に、この点をみておこう。

二　グローバリズムと中国〈国家・資本主義〉

（一）東アジアのグローバリズム

戦後のグローバリゼイションを牽引してきたのは、いうまでもなく「IMF・GATT体制」である。この体制のもとで、貿易と金融の自由化は大きく進展し、世界経済は拡大の一途をたどった。とくに、GATTの「ラウンド交渉」の始まりは、工業製品・半製品の関税をいっきに引き下げ、「新国際分業」（NIDL：Newly International Division of Labor）の出現と呼ばれた発展途上国の工業製品輸出の拡大に寄与した。

しかし、GATTのウルグアイラウンド（一九八六年～一九九四年）が難航しはじめた一九九〇年代初頭から、二国間、あるいは複数国間での地域貿易協定（RTA：Regional Trade Agreement）の締結による貿易自由化の拡大という傾向が顕著になってきた。このような傾向は、WTOのドーハラウンド（二〇〇一年交渉開始）交渉が行き詰まりをみせた二〇〇〇年代にはいっていっきに拡大し、自由貿易協定（FTA:Free Trade Agreement）や経済連携協定（EPA:Economic partnership Agreement）などのRTAの締結数は飛躍的に増大していった。

このような世界的な趨勢を受けて、東アジアでも二〇〇〇年以降、本格的なRTA締結へ向けた動きが加速された。その最初の動きは、中国によるASEANへの急接近である。中国は早くも、二〇〇一年十一月には、ASEANとの首脳会議（ブルネイ）において、ASEANとの間で一〇年以内に「自由貿易圏」（ACFTA：ASEAN-China Free Trade Area）を設立することで合意し、二〇〇二年十一月には、カンボジアの首都プノンペンにおいて、「ASEAN・

中国包括的経済協力枠組み協定」（The Framework Agreement on Comprehensive Economic Co-operation between the Association of Southeast Asian Nations and the People's Republic of China）に署名した。これは中国が結んだ最初の自由貿易協定（一般にＡＳＥＡＮ・中国自由貿易協定：ＡＣＦＴＡと呼ばれている）であり、締結にあたって、中国は、ＡＳＥＡＮ側が希望する農林水産物八品目の自由化を先行させる、ＡＳＥＡＮ先発国と後発国（ＣＬＭＶ諸国）を区別し、後発国に対しては最恵国待遇を与える、インドシナ三国の累積債務を白紙にして経済支援を強化する、スプラトリー（南沙諸島）問題で武力行使はおこなわない、などの破格の条件を提示した。

一般に、現行のＷＴＯのルールに加えて、二国間あるいは多国間での地域貿易協定（ＲＴＡ）の締結によるさらなる貿易自由化拡大（貿易障壁の撤廃と経済協力の拡大）措置は、「ＷＴＯプラス」と呼ばれ、ＷＴＯのラウンド交渉が行き詰っている今日では、グローバリゼイションを推し進める牽引車となっている。東アジアでは、中国とＡＳＥＡＮとのＦＴＡの締結を引き金として、韓国、日本も本格的な地域貿易協定の締結を模索するようになった。[7]

こうして、東アジアでは、ＡＳＥＡＮの地域統合（ＡＳＥＡＮ自由貿易地域：ＡＦＴＡ）を軸として、経済のグローバル化を目指す動きが加速されていった。「ＡＳＥＡＮ＋３」、「ＡＳＥＡＮ＋６」といった枠組みでのグローバル化の追求である。このような動きは、「ＡＳＥＡＮ＋３」の枠組みに固執する中国と、「ＡＳＥＡＮ＋６」の枠組みを主張する日本との確執を経て、[8]今日では「東アジア地域包括的経済連携」（RCEP：Regional Comprehensive Economic Partnership）構想へと収斂されていった。

他方、米国はかねてより、自国抜きで進められる東アジアでの自由貿易圏構想には強い危機感をもっており、東アジアを含めた太平洋にまたがる新しい自由貿易圏構想を模索していた。その中心におかれていたのが、ＡＰＥＣ（アジア太平洋経済協力）参加国を母体とした「アジア太平洋自由貿易圏」（FTAAP：Free Trade Area of the Asia-Pacific）

構想である。しかし、ＡＰＥＣ自身は出発時からの「非拘束の原則」を堅持しており、中国、ロシアをはじめＡＳＥＡＮ全域を含むなど、米国が意図しているようなハイレベルの自由貿易圏の創設にＡＰＥＣを母体とすることにはそもそも無理があった。

このような状況のもとで、米国が新しい東アジア地域戦略として取り上げたのが「環太平洋戦略的経済連携協定」（TPP：Trans-Pacific Strategic Economic Partnership Agreement）である。ＴＰＰは、高い自由化率を目指すなど「高いハードル」を設定することによって、これをクリアーできる国同士でグローバル化を推し進め、これを段階的に拡大していくというＡＰＥＣ路線とは対照的なグローバル化戦略である。このような方式は、多様性の強いアジア太平洋地域においては、自由化に基づく経済統合を進める上ではもっとも現実的なアプローチである。もとは、二〇〇六年にシンガポール、ニュージーランド、ブルネイ、チリの四カ国によって発足した自由貿易協定にすぎなかったＴＰＰに、二〇〇八年以降、米国が積極的に関与し始めた背景にはこのような事情がある。

米国は、将来的には、ＴＰＰの先に「アジア太平洋自由貿易圏」（ＦＴＡＡＰ）の実現を視野に入れていることは疑いないが、現状では、米国抜きで進められる東アジア地域経済統合構想に打ち込む「くさび」としてＴＰＰを積極的に利用する政策に転じているとみることができる。

（二）**ＴＰＰと中国〈国家・資本主義〉**

ＴＰＰは、締結当初から品目ベースで九〇％以上の自由化率（関税撤廃）を目指すなど（最終的には自由化率は九五％程度まで引き上げられる可能性が高い）、高いハードルを設定することによって、これをクリアーできる国同士でまず経済連携協定を結んで連携強化を進め、締約国を段階的に拡大していくという戦略をもっている。したがって、国家資本主義としての統制や規制を多く残す中国は、当面TPPに参加できる可能性はまったくない。

この点について、馬田［二〇一三］は、TPPは「二一世紀型のFTA」ととらえたうえで、TPPは「中国包囲網」であると指摘する。馬田［二〇一三］の議論は、中国「国家資本主義」とグローバリズムの関係を正面から取り上げたものとして注目に値する。

馬田［二〇一三］によれば、米国は将来的には中国もこのTPPに取り込むつもりではあるが、「最後に参加してくれたほうがむしろ都合がよいというのが本音」であるという。なぜなら、米国は、中国の国家資本主義に頭を悩ませており、(9)「TPPを通じてこの国家資本主義と闘う」つもりであり、そのためには、「与しやすい国を相手に米国主導で、米国の価値観を反映させたハードルの高いルールを作ってしまいたい」というのが米国の意図であると指摘する。

それゆえ、「当面は中国抜きでTPP交渉を締結させ、その後、APEC加盟国からのTPP参加を通じてアジア太平洋地域における中国包囲網の形成を目指す。最終的には、投資や競争政策、知的財産権、政府調達などで問題の多い中国に、TPPへの参加条件として国家資本主義からの転換とルール遵守を迫るというのが米国のシナリオであろう。『TPPに参加したいのであれば、自ら変革する必要がある』というのが中国へのメッセージだ」(同、三一ページ)というわけである。しかし、現状の中国は、「国家資本主義」の路線を放棄することも大幅に修正することも難しく、そのため「TPPを通じて中国包囲網を形成し、中国の国家資本主義を追い詰めようというのが米国の狙いだ」と指摘する（同、三二ページ）。

筆者も、かつて、「日本に対してTPP参加交渉という踏み絵を突きつけている米国は、中国がTPPへの参加を見送ることになるのは当然予想していたことであろう。原則として例外規定を認めない、ハイレベルの自由貿易協定は、中国としては受け入れがたいものであることは明らかである」（坂田［二〇一二、一〇～一一ページ）と述べて、米国がTPPに込めた東アジアの地域戦略としての意図を指摘しておいた。その点では、筆者も、馬田［二〇一三］が指摘する、米国はTPPを利用して「中国包囲網」を形成し、中国の市場開放を迫っているという認識には同感である。

そして、実際にも、グローバル経済に深く組み込まれている中国は、今後市場経済化を加速させていくであろうことは疑いない。すでに、二〇一三年三月にスタートした習近平（Xi Jin-ping）政権は、早くも九月には、「ミニ香港」版ともいえる「上海自由貿易試験区」（約二九平方キロ）の設置を決定し、さらに経済の中長期的な重要問題を決定する同年十一月の「第十八期中央委員会第三回全体会議（三中全会）では、市場経済化の加速と金融改革（為替・資本取引の段階的自由化、金利の自由化など）を謳うなど、「市場経済化の深化」へ向けた経済改革の姿勢を強く打ち出していった。その意味では、TPPに込めた米国の戦略的意図は実効を収めつつあるといえよう。[10]

では、東アジアに押し寄せているグローバリズムの波は、中国の国家資本主義をこのまま押し流してしまうのであろうか。第四章で述べたように、韓国の国家資本主義は、グローバル化の進展によって「ダブル・スタンダード」が許されなくなったことによって終焉を迎えた。もしこれが、歴史の法則であるなら、中国の国家資本主義も、たとえ二一世紀の装いを新たにしているとしても、早晩終焉を迎える運命にある。はたして中国は、迫りくる「グローバリズムのビッグ・ウェーブ」にどのように対処しようとしているのであろうか。

中国が今後も引き続きグローバル化の恩恵を享受しようとすれば、自らもグローバル化しなければならないということはいうまでもない。このようなジレンマに直面している中国にとって残された選択肢は、TPPのようなハイレベルの「グローバル・スタンダード」の受容ではなく、自らがイニシアティブをとって進めることができる範囲でのグローバル化の受容であろう。そのことは、とりもなおさず、東アジア域内での地域統合化という地域主義の潮流をうまく利用しながら、同時にグローバル化を受容するという方向の選択であろう。次に、この点をみておこう。

第三節　地域主義と「国家資本主義」

一　東アジアの地域主義

(一) 東アジアの「経済統合」構想

「経済統合」あるいは「市場統合」といわれる場合の内容には、二つの範疇が含まれている。一つは、EUのような国家主権の調整（主権の相対化）を前提とする「制度的地域統合」（たとえば東アジア共同体のような有機的統合）を目指そうとする際の最初のステップに位置付けられるものであり、もう一つは、経済的な自由化を推し進めることによって形成される「自由貿易圏」（機能的統合）を意味するものである。[11]

どちらの場合にも、自由貿易協定（FTA）や経済連携協定（EPA）のような地域貿易協定（RTA）の締結から出発するものであるが、前者は明らかに地域主義（リージョナリズム）にもとづくものであり、経済的なWin-Win関係の形成以上のものを求めている。それに対して、後者は、あくまでも「WTOプラス」を目指すものであり、経済的なWin-Win関係の追及が推進動機となっている。

すなわち、国家主権の調整を不可欠とする「制度的地域統合」（有機的統合）を目指そうとする場合には、特定の地域において何らかの「リージョナル・スタンダート」が共有され、国家主権の一部を第三者機関にゆだねる行為が必要となってくる。したがって、そこには経済的補完関係（Win-Win関係）の追及を超えた「共通の理念」の形成が不可欠であり、単なる「自由貿易圏」にとどまるものではない。いうまでもなく、「制度的地域統合」化が目指す先は「共同体」である。それゆえ、「自由貿易圏」としての「経済統合」(機能的統合)が、「制度的地域統合」化に向かっていくか否かは、「自由貿易圏」の構成国が国家主権の問題をどのように取り扱うかにかかっているといえる。

また、「経済共同体」とよばれるものについても、それは多少とも国家主権の調整にまで踏み込んだ「経済統合」を意味するものと解釈すべきであり、WTOを補完する「自由貿易圏」とは区別する必要があろう。

東アジアでは今日、自由貿易協定や経済連携協定が錯綜している。これらのなかには、将来的な「制度的地域統合」(東アジア共同体)をめざそうとするものから、東アジア域内での「自由貿易圏」を創設しようとするものまで幅広い思惑が込められている。換言すれば、リージョナリズムとグローバリズムが複雑に絡み合う東アジアにおいて、各国はそれぞれの身の処しかたを模索している。

(二) 東アジアの二つの選択

前述したように、東アジアが直面しているグローバリズムには二つの流れがある。一つはTPPであり、もう一つはRCEPである。TPPもRCEPもどちらも「WTOプラス」を目指すものであるという点においては、グローバリズムの新しい潮流と呼びうるものであり、本質的な違いはない。

しかし、TPPの場合には、自由化率においてはかつてない高いハードルが設定されており、「グローバリズムのビッグ・ウエーブ」と呼ばれているのに対し、RCEPの場合には、後述するように、「東アジア共同体」構想と重なる「地域経済統合」を目指そうとする意図がこめられており、必ずしもグローバリズム一色に塗りつぶされるわけではない。したがって、TPPはまさしく「グローバリズムのビッグ・ウェーブ」であり、「WTOプラス」以外のものではないが、

ＲＣＥＰの場合には「ＷＴＯプラス」を目指しながらもそこにリージョナリズムがもち込まれる余地を残しているといえよう。

かつて東アジアでは、一九九七年に勃発した東アジア経済危機を契機として、リージョナリズムの昂揚がみられたことは周知のとおりである。以後東アジアでは、グローバリズムに対するオルターナティブとして、リージョナリズム（地域主義）にもとづく「セイフティー・ネット」の必要性が主張され、ついには「東アジア共同体」の形成が叫ばれるようになった。[12] 日本でも、二〇〇二年一月には、東南アジアを歴訪した小泉首相（当時）によって、「東アジア・コミュニティー」構想が提案され、[13] さらに政権交代を目指して二〇〇九年八月の衆議院選挙に望んだ民主党は、そのマニュフェストにおいて「東アジア共同体の構築を目指し、アジア外交を強化する」と謳った。[14] 日本の学界でも、「もはや共同体は、できるかできないかの可能性の問題ではなく、どう実現し、どんな内容を盛り込んでいくかを制度設計する、現実の政策課題へと変貌している」（進藤［二〇〇六］、三ページ）とする議論まで盛り上がった。

だが、このようなリージョナリズムの高揚は、二〇一〇年九月に起きた尖閣列島での中国漁船による海上保安庁の巡視船への衝突事件以降の一連の政治情勢の緊迫化とそれに伴う日中関係の極度の悪化によって、ついに民主党の野田首相（当時）でさえ、「いま、この時期に東アジア共同体などといった大ビジョンを打ち出す必要はない」[15] と発言せざるをえないところまで後退していった。

日本の学会においても、米国が東アジアに打ち込んだＴＰＰという「くさび」によって、大勢はリージョナリズムの追求からグローバリズムの受容という方向に傾いていった。中国の「国家資本主義」を、自由市場に対する挑戦であるとする議論も、この時期から盛んになっていった。日韓関係もかってないほど悪化し、[16] 日本では「東アジア共同体」構想は急速に退潮していった。[17] それと歩調を合わせて、日本が積極的にかかわっていったＲＣＥＰ（その前身としての東アジア包括的経済連携協定：CEPEA）は、東アジアの「自由貿易圏構想」（「WTOプラス」）と明確に位置付けられるようになっていった。

にもかかわらず、ASEANや中国は、理念としては依然として「制度的地域統合」（有機的統合）としての「東アジア共同体」を掲げており、RCEPを「東アジア共同体」の経済的基礎にするための地域経済協力枠組みと位置付けようとするかつての立場が放棄されたわけではない。RCEP（ASEAN＋6）という枠組みは、かつて「東アジア共同体」構想が語られた当時の枠組み（ASEAN＋3）からは大きく広がってはいるが、中国はさしあたって二〇〇二年五月に合意した「ASEAN・中国自由貿易地域」（ACFTA）の完成に力を入れ、中国とASEANが中心となった東アジアでの「経済統合」構想を加速させようと意図していることは疑いない。

中国にとって、自国の〈国家・資本主義〉の存立基盤をいっきに掘り崩してしまいかねない「グローバル・スタンダード」は受け入れられないとしても、グローバル化そのものにまで背を向けることはできないことは明白である。現状では、中国にとって受け入れられるグローバル化は、国家の市場介入の余地を残したものでしかなく、その可能性が一番高いのが「ASEAN・中国自由貿易地域」であろう。

おそらく、今後は、RCEPの交渉においても、この点が最大の争点となるであろう。中国が、日本が提案した「ASEAN＋6」という枠組みに強く反発した理由は、オーストラリア、ニュージーランド、インドといった東アジアとは異質な要素をもち込まれることによって、リージョナリズムの性格が希薄化され、グローバリズムの潮流が支配的になることを恐れたためである。

中国は、〈国家・資本主義〉の延命を図るために、押し寄せる「グローバリズムのビッグ・ウェーブ」に対して、東アジアのリージョナリズムを利用する途を選択しようとしていることは疑いない。

(三) ASEANのジレンマ

もともと、東アジアのリージョナリズムは、グローバリズムに対する「セイフティー・ネット」として波及していったものである（坂田［二〇一二］、一七九～一八〇ページ）。その意味で、国家間協力を理念とする地域主義の追求という次元の協力であれば、中国〈国家・資本主義〉の存続の可能性は十分残されている。(18) とくに、ASEANが原則としている“ASEAN Way”（内政不干渉、全会一致）は、中国にとっては好都合である。したがって、中国が目指すグローバル化は、ASEANとの連携を中心としたもの以外には考えられないのである。

では、ASEANは、このような中国の意図をどのように受け止めているのであろうか。現在、ASEANのうち、TPPの参加交渉に加わっている国は、マレーシア、シンガポール、ブルネイ、ベトナムの四カ国である。すでに、タイも交渉参加の意向を示しており、今後TPPへの流れは加速されていかざるをえないであろう。また、ASEAN＋6にこだわる、日本、オーストラリア、インドなどとの関係を考慮すれば、中国との関係は等距離を保つ意外にない。

RCEPは、中国が提案してきたEAFTA（東アジア自由貿易圏：ASEAN＋3）と日本が提案したCEPEA（東アジア包括経済連携協定：ASEAN＋6）との対立を回避すべく、ASEANが仲介役となって交渉開始にこぎつけた、いわば妥協の産物である。かりに、RCEPが、中国に配慮して低いレベルの自由貿易協定にとどまることになるとすれば、東アジアはいっきにTPPに向かう可能性もある。(19)

ASEANは、域内の「制度的地域統合」（ASEAN共同体）を完成させ、アジア太平洋地域での存在意義を高めることが最大の課題である。おそらく、今後、ASEAN自身も、域内での「制度的地域統合」を目指す一方、東アジアにおいても「制度的地域統合」（東アジア共同体）を目指していくのか、それともよりハイレベルのRCEP、またはＴＰＰを受け入れていくのかという選択を迫られることになろう。それはとりもなおさず、中国とどのような関係を築くのかという選択の問題でもある。

しかしこのことは、ＡＳＥＡＮにとって新たなジレンマをもたらすことにつながる。周知のように、ＡＳＥＡＮには、「ＡＳＥＡＮディバイド」（ASEAN Divide）と呼ばれる「二層構造」が存在している。それは主として、ＡＳＥＡＮ先発加盟国と後発加盟国（カンボジア、ラオス、ミャンマー、ベトナム：ＣＬＭＶ諸国）との経済格差に起因する二層構造である。ＡＳＥＡＮが、域内の「制度的地域統合」（有機的統合）を完成させようとすれば、この「二層構造」の解消は避けられない課題である。中国は、この「ＡＳＥＡＮディバイド」に着目して、経済援助の拡大などを通じて後発加盟国との関係を強化することによってＡＳＥＡＮへの影響力の拡大をねらっている。ＡＳＥＡＮが、この二層構造を解消しようとすれば、中国との経済連携の強化は欠くことのできない要素である。したがって、「ＡＳＥＡＮディバイド」の存在は、ＡＳＥＡＮが中国との距離のとり方に苦慮する最大の要因となっている。

しかも、ＡＳＥＡＮにとって「中国ファクター」は、きわめてセンシティブな問題である。ＡＳＥＡＮの地域統合プロセスでは、“ASEAN Way”といわれる独自の途がとられていることはよく知られている。「内政不干渉」と「全会一致」を基本とするこの“ASEAN Way”は、ＡＳＥＡＮの結束を大前提にしたものであり、ＡＳＥＡＮの結束が乱されるような「外部因子」がもち込まれることを極端に警戒している。実際、南シナ海の領有権問題の平和的解決を目指して進められている「行動規範」策定をめぐるＡＳＥＡＮ内部の対立などは、ＡＳＥＡＮの前途に暗い影を投げかけている[20]。

したがって、ＡＳＥＡＮにとって中国との関係において、利害関係を調整するような統一した方向性を打ち出すことはきわめて困難である。「ASEAN Way のジレンマ」と並んで[21]、「中国ファクター」はＡＳＥＡＮにとって厳しいジレンマとなりつつある。

二　地域主義の後退と中国〈国家・資本主義〉

(一) 地域主義という「隠れ蓑」

前述したように、東アジアでは、一九九七年の経済・金融危機をきっかけとして盛り上がったリージョナリズムは、二〇一〇年以降急激に退潮していった。その背景には、米国によるグローバリズムの巻き返しなどいくつかの要因を指摘できるが、最大の要因はなんといっても推進主体の欠如であろう。

これまで、東アジアの「制度的地域統合」(有機的統合)が語られる場合、そこには二つの道筋が想定されていた。一つは、ＡＳＥＡＮを推進母体として「ＡＳＥＡＮ＋1」(ＡＳＥＡＮ＋中国、ＡＳＥＡＮ＋日本、ＡＳＥＡＮ＋韓国)を統合することによって「ＡＳＥＡＮ＋3」の枠組みを実現しようとする「ＡＳＥＡＮ仲介論」であり[22]、いまひとつは、「日中コア・パートナーシップ」論である[23]。

しかし、現実には、期待されたこの二つの推進主体は機能することはなかった。周知のように、ＡＳＥＡＮは、「ＡＳＥＡＮ共同体」の実現を掲げて、「制度的地域統合」の深化を図りつつある。二〇〇三年の第九回ＡＳＥＡＮ首脳会議で採択された「第二ＡＳＥＡＮ共和宣言」では、「ＡＳＥＡＮ共同体」は、「ＡＳＥＡＮ政治・安全保障共同体(ASEAN Political-Security Community)」、「ＡＳＥＡＮ経済共同体(ASEAN Economic Community)」、「ＡＳＥＡＮ社会・文化共同体(ASEAN Socio-Cultural Community)」の三つの「共同体」の形成を通じてその実現を目指すという道筋が示されたが、「政治・安全保障共同体」も「社会・文化共同体」も、その内容については依然として抽象的なままである。結局のところ、「ＡＳＥＡＮ共同体」実現の鍵を握っているのは、ＡＳＥＡＮがもっとも力を注いできた「Ａ

SEAN経済共同体」の実態如何にかかっているといえるが、それとて文字通りの実現は疑問視されている。現状では、二〇一五年末に実現するとされている「ASEAN経済共同体」は、「FTAプラス」（石川［二〇〇八］）、あるいはAFTA（ASEAN自由貿易圏）を補完する「AFTAプラス」（吉野［二〇一一］）に過ぎないとみる研究者が多い。ASEANは、たしかに東アジア全域において「ASEAN＋1」のFTA網を形成したが、ASEAN自身の地域統合の深化という「積年の課題」の前で依然として足踏みを続けており、とても日・中・韓の「仲介役」を果たせるほどには結束は固くない。

日中の「コア・パートナーシップ」論にいたっては、その前提となる中国における「政治体制と経済体制のミスマッチ」が解消される道筋はこれまでのところまったくみえてこない。中国共産党による「開発独裁」体制のもとで「日中コア・パートナーシップ」を展望することは非現実的であることはいうまでもない。

このように、東アジアにはリージョナリズムを牽引する主体が欠如している。このような状況のもとで、リージョナリズムに固執して、「東アジア共同体」のような「制度的地域統合」（有機的統合）を求めようとすることは、問題の本質を覆い隠すことになる。現状では、東アジアには、「制度的地域統合」（有機的統合）にとって不可欠であるリーダーシップを発揮できる主体は存在しないといわざるをえない。(24)

それゆえ、リージョナリズムが後退し、「グローバリズムのビッグ・ウェーブ」が押し寄せようとしている東アジアの現状において、中国はこれまでのようにリージョナリズムを「隠れ蓑」にすることがますます困難になっている。おそらく、中国にとって最後のよりどころとなっているRCEPが、よりハイレベルのものとなったとき、中国〈国家・資本主義〉はもっとも厳しい状況に直面することになるであろう。それはとりもなおさず、中国「国家資本主義」の最終局面のはじまりである。

（二）中国〈国家・資本主義〉の逆境

結局のところ、「二一世紀の国家資本主義」が、どのような装いを身につけようとも、「グローバリズムのビッグ・ウェーブ」の前には、抗うすべはないというのが現状であろう。

「国家資本主義は熔解する」というのは歴史から得られた教訓である。そうであるならば、われわれは、「自由市場資本主義」と「国家資本主義」の対立を問題にするよりも、国家資本主義の熔解過程を問題にするほうがより生産的である。中国の場合、その熔解過程が激しい社会的混乱を伴うものであるならば、世界経済に与えるその影響は計り知れないものがある。それは、中国「国家資本主義」が自由市場資本主義に与えている脅威とは比較にならない影響を与えるものである。

中国「国家資本主義」は、自由市場への公然たる挑戦を目指しているのではなく、押し寄せるグローバル化の波を前にして、その延命の方途を模索しているのであり、むしろ中国「国家資本主義」こそ、グローバリゼイションの脅威に直面しているのである。それゆえ、中国「国家資本主義」が延命を求める課程において惹き起こされるであろう諸問題にこそ焦点が当てられなければならない。

The Economist［2012］も、歴史上、新興勢力が成長を加速させるために国家を利用する現象は数多くみられたが、そのような方法には限界があることをやがて悟るようになったと指摘し、そのうえで、中国は、国家資本主義は自由市場資本主義（liberal capitalism）にいたる「中間駅」でも、資本主義をうまく機能させるための改良版でもないことを悟るべきであるとの、教訓を述べている。これは中国「国家資本主義」の歴史的な限界を指摘したものである。

いうまでもなく、「国家を利用する現象」は、「ダブル・スタンダード」が許容されてはじめて可能になるものであり、グローバリズムが支配的な潮流のもとではそれはいつまでも許されるものではない。中国の国家資本主義は明らかに逆境に直面しているのである。中国共産党中央がそれを理解していないとは思えない。中国の為政者が、この逆境を乗り切る手立てとして、「反グローバリズム」の旗を高く掲げるとも思えない[25]。

中国がよりどころとしてきた東アジアの地域主義は、結局のところ、共通の「リージョナル・スタンダード」をもたない脆弱なものでしかなかった。それゆえ、地域主義という「隠れ蓑」を利用することがますます困難になりつつある今日、中国「国家資本主義」の対外的存立基盤は明らかに弱体化しつつある。

二一世紀は、ブレマーのいうように「自由市場の終焉」が待ち構えているのではなく、「国家資本主義」(国家・資本主義)の終焉が待ち構えているとみるべきである。そうであるならば、日本にとって必要なことは、いたずらに「中国脅威論」を振りかざすのではなく、中国〈国家・資本主義〉の平和的な「熔解」を可能にするような国際環境づくりに貢献する途の模索であろう。

おわりに

本書を終えるにあたって、最後に、今後の課題について整理しておきたい。筆者はかつて、「東アジアモデル」にかわる「新・東アジアモデル」の可能性について検討した際、「『新・東アジアモデル』では、『新しい成長の哲学』に基づいた『均衡成長論』とそれを保証する『政府の役割』、『民主主義の保障』および他者との『共生』が重要なキーワードになるだろう」(坂田［二〇一二］、八九ページ)と述べたことがある。しかし、このような指摘は、まったく具体性を欠いた机上の空論であることは十分承知している。第一章(注19)でも述べたように、東アジアでは、日本も含めて、何よりも、「他者との共生」を可能にするような「市民社会」の成熟という課題が果たされていない。いうまでもなく、持続的な成長のためには、「市民社会」の成熟が不可欠であり、持続的な成長なくして「他者との共生」は保障されない。したがって、東アジアの最大の課題は、「市民社会」の成熟をいかに実現していくかという道筋の検討にある。だが、実は、この課題こそ、東アジアのあらゆる問題が収斂していく根本的なテーマである。筆者はこのテーマについて長年にわたって考え続けてきたが、率直にいって、これに答えることは荷が重過ぎた。実際、これまで多くの研究者も、「市民社会」の実像を示そうとして苦闘しながらも、その多くは「西ヨーロッパ近代社会を理想化したフィクション」（水田［一九九七］）であったり、「ユートピア」（植村［二〇一〇］、三二四ページ）にすぎなかった。「市民社会」とは何か、という問いは、今日でも依然として未解決のまま残されている。ただし、現状で確実にいえることは、「市民社会」の成熟にとって、「民主主義」という政治制度と「市場経済」という経済制度は、「必要条件」に過ぎないということである。おそらく、東アジアではいまはまだ、その「必要条件」（社会システム）をみたす取り組みを行う時期であるのかもしれない。〈国家・資本主義〉の歴史的克服は、その一環に位置付けられるものであろう。残念ながら、これから先の道筋については、若い世代の研究者たちに、成果を託す以外にない。

［注］

（1）The Economist［2012］がいうこれまでとは違う国家資本主義という場合の「これまでの国家資本主義」とは、第二次大戦前までの国家資本主義をさしていると思われる。本誌の表紙は、手に「$」と刻印された葉巻をもったレーニンの肖像で全面飾られており、明らかにレーニンの「国家資本主義」論との違いが意識されている。The Economist［2012］は、今日の（新しいタイプの）国家資本主義のモデルは、リー・クワンユー（Lee Kuan Yew）政権下のシンガポールにあるとみている（*ibid.*,special report p.6)。今日の国家資本主義の出自を「開発独裁」下で「キャッチ・アップ型」工業化を追及した「新興工業国」（ＮＩＣｓ）にあるという指摘であれば、筆者の分析に限りなく近い。しかし、『エコノミスト』誌は随所で、国家資本主義を「巨大な国有企業」と等値させて使っており、〈国家資本・主義〉と〈国家・資本主義〉の区別はやはり曖昧である。

(2) "Licence Raj"とは、"British Raj"(イギリスの統治)になぞらえてつけられたもので、インド政府による産業・投資規制を、「ライセンスによる支配」と揶揄したものである。実際、インドでは、一九九一年に経済自由化が取り組まれるまで、ながらく投資や輸入などの経済活動に政府のライセンスが必要とされていた。"Licence Raj"とは、政府による市場介入の代名詞である。

(3) ブレマーが指摘するような、中国共産党が巨大な国営企業を通じて市場を支配し、主として政治面の利益を得るために市場を活用する、という批判に対して、中国共産党中央委員会の機関紙『人民日報』が提供するニュースサイト『人民網』日本語版(電子版:二〇一二年四月二七日)は、「国家資本主義を出して中国を語るな」との記事を掲載し、次のような猛烈な反論を試みている。

「最近、西側の政府関係者や学術関係者の中に、中国が『国家資本主義』を推進していると非難する人がいる。中国は国有企業が資源を独占し、外資系企業の発展の可能性を狭め、不公平な競争を進めているとし、中国の国有企業が国境を超えた経営を行うことを制限するように求める人もいる。だが、こうした言論は根本的に成り立たないものだといえる」。

第一に、「中国の改革のビジョンは段階を追って進化し、効果が徐々に顕在化している。中国の市場経済はまだ発展・成熟への途上にあるが、これからは国有資本と民間資本との関係がより協調的なものになり、発展の成果が国民により大きな幸せをもたらすようになることは確実だ」。

第二に、「中国政府は公開された透明で公平な市場と法治環境の創出に努力し、知的財産保護の取り組みを強化し、ますます多くの外資系企業が地域本部や研究センターを中国に設立するようになった。中国市場の開放レベルは上昇を続け、『中国市場』は多国籍企業が対中投資を決定する際の最も大きな要因となっている」。それゆえ、中国を「国家資本主義」を推進していると批判して中国国有企業の制限を要求することは、中国の発展に「冷や水を浴びせ、罪をなすりつけ、わなを仕掛けて、中国の発展の前に障害を設けようとする人がいることを反映している」のであるという。

『人民網』[二〇一二] はさらに続けて反論する。「だがこうした人々は肝心な点を見落としている。それは中国の発展は世界の発展の重要な動力であり、中国は毎年二〇％を超える貢献度で世界経済の成長を牽引しており、今後数年で中国の輸入量は世界一になるとともに、消費財市場の規模は五兆ドルに達する見込みであるということだ。『中国パワー』を抜きにすれば、世界経済という列車は早く走れない。『国家資本主義』と騒ぎ立てて中国の発展をせき止めようとするやり方は、人に害を与えるだけでなく自分にとっても害になるものだ」。

中国共産党による巨大な国営企業を通じた市場の支配と主として政治面の利益を得るために市場を活用しているというブレマーの批判に関する限り、『人民網』［二〇一二］のこのような反論はある程度まで有効であろう。中国は、市場メカニズムと非市場メカニズム（国家的統制）をうまく使い分けようとしているが、市場メカニズムをもっぱら「政治面の利益を得るため」に利用していると断定するには無理があろう。結局のところ、中国の「国家資本主義」は、〈国家資本・主義〉としてではなく〈国家・資本主義〉として検証すべきであることの証左でもある。

（4）本書は、七つの章からなる三人の共著であるが、中国国家資本主義を直接論じているのは、加藤弘之氏が執筆した第一章「経済システムとしての国家資本主義」、第七章「国家資本主義はどこへ向かうか?」の二つの章である。したがって、加藤［二〇一三a］という表記はこの二つの章を指している。

（5）丁学良は、「国家資本主義の核心的なメカニズムは官僚体制である」として、「もし政府の役人が資本主義のメカニズムによって政府の全額出資企業もしくは持株会社を経営するのであれば、それは国家資本主義である。これは官僚資本主義の比較的まっとうな一種の形態である」（丁［二〇一二］、二五八ページ）と述べている。ようするに、国家資本主義を、「官僚主義の高級な形式」（同、二五九ページ）とみなしているのである。だが、官僚資本主義と国家資本主義とは明確に区別される必要がある。両者の区別については、第五章を参照してほしい。

（6）出版時期は、加藤［二〇一三a］は二月、加藤［二〇一三b］は十月となっており、ほぼ同時期に執筆されたと推測される。

（7）韓国では、政府によって、FTA推進のための「ロードマップ」が作成され、優先度の高い国から順次FTA締結交渉を開始するという政策が行われた。二〇〇二年一〇月には、最初のFTAとなる「韓国・チリ自由貿易協定」が妥結した（二〇〇四年四月発効）。ASEANとのFTA交渉は、五回におよぶ共同研究を経て二〇〇五年二月から開始され、七回におよぶ交渉の後二〇〇六年七月に合意に達した（二〇〇七年六月発効）。

(8) RCEPは、中国が提案した「東アジア自由貿易圏(EAFTA)」(ASEAN+3)と、日本が提案した「東アジア包括的経済連携(CEPEA)」(ASEAN+6)との妥協の産物である。ASEAN+3に固執していた中国は、日本がTPPへの交渉参加の意向を示し始めたことによって(二〇一〇年十一月APEC首脳横浜会議)、柔軟な姿勢に転換した。これを受けて、ASEANは二〇一一年十一月、ASEAN+6の枠組みでのRCEP立ち上げに合意し、翌二〇一二年十一月から交渉が開始された。現在、二〇一五年末までの妥結を目指して交渉が進められている。

(9) 馬田[二〇一三]は、中国の国家資本主義については、「市場原理を導入しつつも、政府が国有企業を通じて積極的に市場に介入するのが国家資本主義」であるとして、ブレマー[二〇一一]の定義を踏襲している。

(10) ただし、今回の「三中全会」では、ブレマーらが批判する「国有企業改革」については、特に注目されるような方向は示されなかった。むしろ、国有経済の役割を強調するなど、「市場経済化の深化」という方向と矛盾する内容が含まれている。中国共産党にとって、「国有企業」は最後の砦であることは疑いない。

(11) 「制度的地域統合」という用語は、明確に定義された概念ではなく、幅広い解釈が可能である。筆者がここでいう「制度的地域統合」とは、「自由貿易圏」のような国家間の壁を関税や投資など経済面において低くすることによって実現される市場統合(地域経済統合——機能的統合)にとどまらず、社会制度の様々な分野においても国家間の壁を低くすることによって実現される「有機的統合」化を指している。一般に「共同体」の実現とは、この「有機的統合」の最終形態を示すものと理解されよう。自由貿易協定の締結による「機能的統合」も、一種の「制度的統合」といえなくもないが、ここでは、経済的Win-Win関係の形成を目指した「機能的」統合と、政治的統合をも視野に入れた「有機的統合」とはさしあたり区別して論じている。両者の決定的な違いは、「国家主権」の取り扱いにあることはいうまでもない。

(12) 東アジア全域での地域統合を目指そうとする最初の出発点となったのは、二〇〇一年十一月にブルネイの首都バンダル・スリ・ブガワンで開催されたASEAN+3首脳会議に向けて、有識者による諮問機関である「東アジア・ビジョン・グループ」が提出した、"Towards an East Asian Community : Region of Peace, Prosperity and Progress" と題する報告書であろう。この報告書では、経済協力、金融協力、政治・安全保障協力、環境協力、社会・文化協力、制度的協力(Institutional Cooperation)の実現を通じて、平和・繁栄・進歩の「東アジア共同体」を創設することを東アジアの人々の共通の目標として掲げた。このとき以来、ASEAN+3を枠組みとした「東アジア共同体」が議論の俎上に乗ることになった。

(13) 小泉首相は、二〇〇二年一月にシンガポールにおいておこなった「東アジアの中の日本とASEAN――率直なパートナーシップを求めて」と題する演説において、ASEAN+3にオーストラリアとニュージーランドを加えた一五カ国で構成する「東アジア・コミュニティー」構想を提案した（『毎日新聞』二〇〇二年一月一五日）。そこでの提案は、「ともに歩み、ともに進む」コミュニティーを目指そうというきわめて抽象的な内容で、たぶんに政治的プロパガンダの色彩が強いものであった。しかし、「東アジア・コミュニティー」という言葉は、以後、「東アジア共同体」という言葉としてひとり歩きを始めることになった。

(14)「民主党政権政策 Manifest」二〇〇九年七月二七日、二三ページ。この構想は、二〇一〇年の参議院選挙に際しても、同党のマニフェストに引き続き盛り込まれていった。

(15) 野田首相は、就任間もない二〇一一年九月に、国内の雑誌に寄稿して、二〇一二年は多くの国で指導者が代わる年であり、「権力の交替時期にはとかく波風が立ちやすい」として、「いま、この時期に東アジア共同体などといった大ビジョンを打ち出す必要はない」として、自らは「東アジア共同体」というビジョンを棚上げすることを表明した（『Voice』一〇月号、二〇一一年、五二ページ）。この態度表明が、民主党の「マニフェスト」自体の見直しを意味するものであるか否かは定かではないが、野田首相（当時）のこの発言を契機に、民主党内で「東アジア共同体」をめぐる議論はほとんど聞かれなくなった。

(16) 日韓関係は、二〇一二年八月、退任間近に迫った李明博大統領（当時）の「竹島」（韓国名：独島）上陸という突然のパフォーマンス（八月一〇日）と、それに続く「日王（天皇）謝罪要求」発言（八月一四日）以降、極度に悪化した。

(17)「東アジア共同体」の母体として語られたASEAN+日・中・韓という枠組みは、政治的には未解決の問題が多すぎる。筆者は、このような問題の解決を棚上げにした「東アジア共同体」論には強い違和感を覚える。筆者はこれまで、繰り返し、東アジアにおける問題解決型の「下位地域協力」（サブ・リージョン）の欠如とその重要性を訴えてきた（坂田［二〇〇九］、［二〇一二］）。これは欧州統合の過程から得られた重要な教訓である。欧州統合は、さまざまなレベルにおける問題解決型の「下位地域協力」（ユーロ・リージョン）によって支えられている（高橋［一九九八］）。東アジアにおける「下位地域協力」を考えるうえにおいて、中国共産党の一党独裁体制がもたらす問題は避けて通れない。

(18) 地域主義(リージョナリズム)にはいくつかの段階がある。最も初歩的な段階は、国家間の地域経済協力を目指すものであり、自由貿易協定の締結などはこれに含まれる。この段階であれば、経済的 Win-Win 関係の追求が中心であり、国家の性格が問題にされることは少ない。しかし、地域主義の最終目標がRTAの締結のような「機能的統合」にとどまらず、政治的な統合をも視野に入れた「制度的統合」におかれる場合には、国家の性格は無視しえない問題となる。いうまでもなく、「制度的統合」を目指す場合には、国家主権の制限(相対化)という、地域経済協力の追求の場合とは別の困難が待ち受けている。

(19) RCEPは、これまでASEANを軸として二国間で結ばれてきたそれぞれ条件の異なる(レベルの異なる)FTAやEPA(「ASEAN+1」FTA)を、一本化していくことを主眼としている。現在、RCEPの交渉原則として「高いレベルでの達成を目指す」とされてはいるが、「参加国の個別のかつ多様な事情」を考慮することも謳われている(外務省ホームページ:東アジア地域包括的経済連携)。したがって、今後の交渉では、どのレベルにもっていくかということの鞘当が行われることになろう。中国は、関税撤廃を中心とした低いレベルの協定にこだわることになるであろうし、日本やオーストラリア、シンガポールなどは、投資協定や新しい通商ルール作りなども含めたハイレベルの協定を目指すことになろう。そのことは、とりもなおさず、ASEANの遠心力につながっていくことになる。

(20) ASEANと中国は、南シナ海の領有権問題の平和的解決を目指して、二〇〇二年に「南シナ海における関係国の行動宣言」に署名した。しかし、実際には、その後も南シナ海の領有権をめぐって中国との間でたびたび緊張状態が続き、「行動宣言」は有名無実化していた。その後、ASEAN加盟国は、新たに法的拘束力をもった「行動規範」(code of conduct)作りに着手することになったが、二〇一二年七月のカンボジアでのASEAN外相会議では、中国の立場に配慮する議長国カンボジアの運営によって、ASEAN設立以来はじめて、外相会議の「共同声明」が発表されないという異常な事態に至った。「行動規範」の中身については、いまだにASEAN内部での意見調整はできていない。

(21) "ASEAN Way"とは、内政不干渉、全会一致(コンセンサス)を基本原則として、対立を最大限回避しつつ緩やかな統合の道を歩もうとするASEANが苦肉の策として生み出した道である。しかし、この原則を尊重しようとすれば、コンセンサスを得られない重要問題は先送りされざるを得ず、結果として地域統合化のペースは緩やかなものとならざるを得ない。逆に、統合化を早めようとすれば、「国家主権」の制限という課題に踏み込まざるを得ず（たとえば多数決原理の導入など）、ＡＳＥＡＮの結束は大きく損なわれる可能性がある。このようにＡＳＥＡＮは、コンセンサスの重視か統合の深化かというジレンマを常に内包している。このようなジレンマは、ＡＳＥＡＮがもともと多様性の強い国家間の緩やかな結合体であり、経済発展段階はもちろん政治体制においても多様性が著しいことに起因している。

(22) このような展望は、進藤［二〇〇六］によく示されている。そこでは、すでに一九九七年の東アジア通貨危機以後の一連の地域協力の動きの中に、「かつての仇敵、日本、韓国、中国が、ＡＳＥＡＮ・一〇（一〇ヵ国）を仲介役としながらＡＰＴ（ＡＳＥＡＮ＋３――筆者）を軸に、一連のプロジェクトを進め、それが、共通のアイデンティティを醸成させ、共同体形成へと向かわせる力学」をみてとることができると指摘されている（進藤［二〇〇六］、六ページ）。

(23) このような指摘は、山下［二〇〇六］にみることができる。山下［二〇〇六］は、「日本にとって、アジアにおける有力なパートナーは、将来的には中国をおいて他にない。これは好みの問題ではなく、論理的な帰結なのである。日中関係には厄介な要素はあるが、長期的な戦略としては、日本がドイツの役割を、そして中国がフランスのような役割を果たし、いわば『日中枢軸』を創り上げることが、何らかの形での『アジア統合』を進めていく上で決定的に重要な推進力となるであろう。すなわち、アジア統合の推進に必要とされる『コア・パートナーシップ』（core-partnership）もしくは『共同リーダーシップ』（joint leadership）を構築しうるのは日中両国以外にはないのである」（同、二六八ページ）と指摘する。ただし、このようなプロセスを展望するためには、「中国が現在の政治体制と経済体制のミスマッチを、何らかの時点で平和裡に解消することが大前提となる」という認識も併せて指摘している（同、二六九ページ）。このような指摘は、けだし、正論であろう。「東アジア共同体」を語る人々の最大の問題点は、中国〈国家・資本主義〉の「開発独裁」に対してほとんど何も発言しないことである。共有すべき最低限の「リージョナル・スタンダード」として「民主主義」を前提としない「東アジア共同体」など考えられないことはいうまでもなかろう。

(24) 東アジアの地域統合プロセスをめぐる議論は、結局のところ、その推進基軸を次のどちらに求めるのかという点に収斂される。すなわち、国家間協力に基づく「制度的枠組み」作りを最優先に考えて、「国家主権」の問題を政府間交渉に委ねるのか、ＥＵにみられる「サブ・リージョン」のような越境地域協力（下位地域協力）を不可欠と考えて、国家以外の多様なアクターの役割を重視するのかという点である。便宜的に、前者を地域統合の「トップ・ダウン・アプローチ」とよび、後者を「ボトム・アップ・アプローチ」とよぶとすれば、前述したようにEUの地域統合プロセスは、両者のパラレルな関係を示しているとみることができる。EUでは、無数の「下位地域協力」（ユーロ・リージョン）の叢生が、国家間協力に基づく「制度的枠組み」作りを支えており、その「制度的枠組み」がさらに「下位地域協力」を支援し発展させていった。いわば、トップ・ダウンとボトム・アップは、互いに因となり果となって相乗効果をもたらしながら地域統合を深化させていったとみることができる。このような視点からみたとき、東アジアには、トップ・ダウンをリードする主体も、ボトム・アップを積み上げる主体も、ともにみえてこない。川本［二〇一三］は、この問題に正面から取り組もうとした数少ない文献の一つであるが、残念ながら両者の関係は必ずしも整合的ではない。

(25) 近年、「グローバリズム」、「反グローバリズム」双方の立場から、「中国モデル」とは何かという議論が世界的に展開されており、その論争の過程において「北京・コンセンサス」という言葉が頻繁に使われるようになった。だが、「中国モデル」の具体像については統一した見解があるわけではなく、多様な見解が示されている。同様に、「北京・コンセンサス」についても、統一した見解があるわけではない。日本でも、ハルパー［二〇一一］が翻訳・出版されて以降、「北京・コンセンサス」をめぐって多くの議論が見られるようになったが、その理解にはかなりの幅がある。「北京・コンセンサス」とは、いうまでもなく「ワシントン・コンセンサス」と対極を成す用語であり、一般的には、「ワシントン・コンセンサス」が、発展途上国に対して「グローバル・スタンダード」の採用を迫るものであるのに対して、「北京・コンセンサス」とは、「反グローバリズム」の立場から、市場への国家介入や規制を正当化しようとする中国の立場を代表するものであると考えられている。その意味では、「北京・コンセンサス」とは、中国型「国家資本主義」の別の表現でもある。しかし、中国政府が、「ワシントン・コンセンサス」に対抗して、「北京・コンセンサス」を積極的に主張しているとみるには無理がある。「北京・コンセンサス」とは、グローバリズムに対する抵抗ではあっても、積極的対抗とはなりえない。

参考文献

【邦文献】

赤羽　裕［一九七一］『低開発経済分析序説』岩波書店。

吾郷健二［一九八八］『第三世界論への視座』世界書院。

――［二〇〇三］『グローバリゼイションと発展途上国』コモンズ。

李　炯九［一九九三］『二一世紀をめざす韓国経済』サイマル出版会。

石川幸一［二〇〇八］「ASEAN経済共同体とは何か――ブループリントから読めるもの――」（『国際貿易と投資』No・七二、国際貿易投資研究所、所収）。

――［二〇一二］「ASEAN経済共同体創設の現況――スコアカードによる評価――」（『国際貿易と投資』No・九〇、国際貿易投資研究所、所収）。

伊東和久［一九八二］「『政策金融』と『金融政策』――韓国の事例研究――」（『アジア経済』第二三巻第九号、所収）。

井汲卓一［一九七九］「現代資本主義の歴史的構造」（今井則義・他編『現代経済と国家・下』日本評論社、所収）。

岩崎育夫［二〇〇二］「比較国家論――開発主義国家を中心に」（中村哲編『講座：東アジア近現代史・1』青木書店、所収）。

植村邦彦［二〇一〇］『市民社会とは何か』平凡社。

馬田啓一［二〇一三］「TPPとアジア太平洋の新通商秩序」（世界経済研究協会編『世界経済評論』第五七巻第五号、所収）。

エドワーズ・M［二〇〇八］『「市民社会」とは何か』（堀内一史訳）麗澤大学出版会。

大阪市立大学経済研究所編［一九六四］『アジアにおける国家資本主義の研究Ⅰ・Ⅱ』日本評論社。

大谷禎之介他編［一九九六］『ソ連の「社会主義」とは何だったのか』大月書店。

大西　広［一九九二］『資本主義以前の「社会主義」と資本主義後の社会主義』大月書店。

――［二〇〇九］『現場からの中国論――社会主義に向かう資本主義』大月書店。

尾崎彦朔［一九六三］「後進国における国家資本主義」（大阪市立大学『経済学雑誌』第四八巻・第一・二号、所収）。

尾崎彦朔編［一九六八］『低開発国政治経済論』ミネルヴァ書房。

――［一九八〇］『第三世界と国家資本主義』東京大学出版会。

オミナミ・C［一九九一］『第三世界のレギュラシオン理論』（奥村和久訳）大村書店。

ガーシェンクロン・A［二〇〇五］『後発工業国の経済史：キャッチアップ型工業化論』（絵所秀紀・他訳）ミネルヴァ書房。

笠井信幸［二〇〇七］「韓国経済の低迷と投資戦略のパラダイムシフト」（世界経済研究協会編『世界経済評論』第五一巻第一号、所収）。

加藤弘之他編［二〇一三a］『二一世紀の中国 経済編――国家資本主義の光と影』朝日新聞出版。

加藤弘之［二〇一三b］『「曖昧な制度」としての中国型資本主義』NTT出版。

川本忠雄［二〇一三］『東アジア統合という思想』文眞堂。

姜 英之［一九九四］「激化する韓国財閥の市場争奪戦」（『月刊・東アジアレビュー』一九九四年五月号、所収）。

木下悦二［二〇〇一］「市場経済の多様性」（本山美彦編『グローバリズムの衝撃』東洋経済新報社、所収）。

――［二〇〇三］『我が航路』東北大学出版会。

金 日坤［一九九二］『東アジアの経済発展と儒教文化』大修館書店。

金 珍奎［二〇〇一］「韓国の私金融市場と『制度金融』市場」（大阪市立大学経営学会編『経営研究』第五一巻・第二号、所収）。

金 早雪［一九八七］「韓国における経済自由化と社会政策――転換期としての一九八〇年代――」信州大学経済学部 Staff Paper Series 1987,09,December.

金 泳鎬［一九八八］『東アジア工業化と世界資本主義』東洋経済新報社。

窪田光純［一九八八］『韓国の農地改革と工業発展』日本経済通信社。

クリフ・T［一九六一］『ロシア＝官僚制国家資本主義論』（対馬忠行・姫岡玲治訳）論争社。

黒柳米司［二〇〇三］『ASEAN三五年の奇跡――ASEAN Way の効用と限界』有新堂。

黒柳米司編［二〇〇五］『アジア地域秩序とＡＳＥＡＮの挑戦』明石書店。

――［二〇一一］『ＡＳＥＡＮ再活性化への課題』明石書店。

――［二〇一四］『「米中対峙」時代のＡＳＥＡＮ――共同体への深化と対外関与の拡大』明石書店。

高　龍秀［二〇〇〇］『韓国の経済システム』東洋経済新報社。

――［二〇〇九］『韓国の企業・金融改革』東洋経済新報社。

小谷汪之［一九七九］『マルクスとアジア』青木書店。

坂田幹男［一九八〇］「国家資本主義論争」（尾崎彦策編『第三世界と国家資本主義』東京大学出版会、所収）。

――［一九八六］「国家資本主義と新興工業国――韓国国家資本主義の位置づけをめぐって――」（『経済評論』第三五巻第三号、日本評論社、所収）。

――［一九九一］『第三世界国家資本主義論』日本評論社。

――［一九九二］「韓国国家資本主義の動揺と再編」（『経済評論』第四一巻第二号、日本評論社、所収）。

――［一九九六ａ］「開発における国家の役割と国民経済の性格について――韓国の開発過程を中心として――」（『福井県立大学経済経営研究』創刊号、所収）。

――［一九九六ｂ］「『東アジアの奇跡』とアジア経済」（坂田幹男・本多健吉編『アジア経済を学ぶ人のために』世界思想社、所収）。

――［二〇〇一］『北東アジア経済論』ミネルヴァ書房。

――［二〇〇四］「『国家資本主義』と『社会主義市場経済』――開発経済論における国家資本主義アプローチの今日的意義――」（『福井県立大学経済経営研究』第一四号、所収）。

――［二〇〇八］「キャッチ・アップ型工業化と国家資本主義」（北東アジア学会編『北東アジア地域研究』第一四号、所収）。

――［二〇〇九］「東アジアの成長とリージョナリズム」［坂田幹男編『中国経済の成長と東アジアの発展』ミネルヴァ書房，所収］。

――［二〇一〇］「東アジア地域統合をみる眼」（坂田幹男編『東アジアと地域経済』京都大学学術出版会、所収）。

――――[二〇一一]『開発経済論の検証』国際書院。

――――[二〇一二a]「混迷する東アジアのリージョナリズムとTPP――東アジアのリージョナリズムの危うさ――」(『福井県立大学論集』第三九号、所収)。

――――[二〇一二b]「『国家資本主義』論の再生――〈国家資本・主義〉論から〈国家・資本主義〉論へ――」(『福井県立大学経済経営研究』第二七号、所収)。

――――[二〇一三]『ベーシック・アジア経済論』晃洋書房。

――――[二〇一四]「『グローバリズムのビッグ・ウェーブ』と日本の針路」(大阪商業大学比較地域研究所『地域と社会』第一七号、所収)。

――――[二〇一五]「『東アジア地域統合』構想の行方」(坂田幹男・唱新編『東アジアの地域統合と新興市場』晃洋書房、所収)。

桜井　浩[一九七八]「韓国経済における農業の位置――一九六〇年代と七〇年代――」(アジア経済研究所編『アジア経済』第一九巻七号，所収)。

佐藤経明[一九九五]「体制転換とアジア『社会主義』の展望」(佐藤経明・他編『変貌するアジアの社会主義国家』三田出版会、所収)。

――――[一九九七]『ポスト社会主義の経済体制』岩波書店。

進藤榮一編[一九九九]『アジア経済危機を読み解く――雁は飛んでいるか』日本経済評論社。

進藤榮一・平川均編[二〇〇六]『東アジア共同体を設計する』日本評論社。

末廣　昭[一九九四]「アジア開発独裁論」(中兼和津次編『講座：現代アジア・二』東京大学出版会、所収)。

――――[一九九八]「開発主義とは何か」(東京大学社会科学研究所編『二〇世紀システム・4 開発主義』東京大学出版会、所収)。

――――[二〇〇〇]『キャッチアップ型工業化論――アジア経済の奇跡と展望』名古屋大学出版会。

――――[二〇一四]『新興アジア経済論――キャッチアップを超えて』岩波書店。

杉谷　滋[一九七八]『開発経済学再考』東洋経済新報社。

ハルパー・S[二〇一一]『北京コンセンサス』(園田茂人・他訳)岩波書店。

セン・A[一九九九]「民主主義と社会正義」(『世界』一九九九年六月号、所収)。

多賀秀敏［二〇〇六］「地域グランドデザインとRegionalism：ウエストファリアの古層と新層――欧亜比較の視点から」（中村信吾・他編『サブリージョンから読み解くEU・東アジア共同体』弘前大学出版会、所収）。

高橋　和［一九九八］「欧州における下位地域協力」（北東アジア学会編『環日本海研究』第四号、所収）。

高橋　進［一九八〇］「開発独裁と政治体系危機――スペイン、イラン、韓国の場合――」（『世界』一九八〇年二月号、所収）。

田坂敏男［二〇〇九］「東アジア市民社会の課題」（田坂敏男編『東アジア市民社会の展望』御茶の水書房、所収）。

谷口典子［一九九四］『東アジアの経済と文化――ヨーロッパとの比較文化的視点から』成文堂。

池　東旭［二〇〇二］『韓国財閥の興亡』時事通信社。

中華人民共和国『人民網』［二〇一二］「国家資本主義を出して中国を語るな」（日本語版四月二七日：http://j.peopul.com.cn/94476/7802150.html）。

丁　学良［二〇一三］『「中国経済発展モデル」の真実』（丹藤佳紀監訳）、科学出版社東京。

趙　甲済［一九九一］『朴正熙――韓国近代革命家の実像』（永守良孝訳）、亜紀書房。

趙　容範［一九七四］『韓国経済論』東洋経済新報社。

鄭　英一［一九九五］「経済開発と政府の役割」（金宗炫・大西健夫編『韓国の経済』早稲田大学出版部、所収）。

恒川恵市［一九八三］「権威主義体制と開発独裁」（『世界』一九八三年七月号、所収）。

ドス・サントス・T［一九八三］『帝国主義と従属』（青木芳夫・他訳）拓殖書房。

涂　照彦［一九九〇］『東洋資本主義』講談社現代新書。

唐　亮［二〇一二］『現代中国の政治――「開発独裁」とそのゆくえ』岩波新書。

中兼和津次［二〇一二］『開発経済学と現代中国』名古屋大学出版会。

西口彰雄［一九八六］「インドにおける輸入代替工業化政策と工業技術発展――最近における経済自由化政策の背景――」（『同志社商学』第三七巻五・六号、所収）。

野口真・平川均・佐野誠編［二〇〇三］『反グローバリズムの開発経済学』日本評論社。

野村総合研究所編［一九八八］『世界に飛躍する韓国経済』。

朴　一［一九八九］「東アジアNIESの工業化と国内資本——韓国財閥の成長とその役割——」（立正大学『経済学季報』第三八巻第四号、所収）。

——［一九九〇］「韓国の工業化と支配三者体制」（『経済評論』一九九〇年四月号、日本評論社、所収）。

——［一九九二］『韓国NIES化の苦悩——経済開発と民主化のジレンマ』同文館。

——［二〇〇四］「韓国経済はどのように変化してきたか」（朴一編『変貌する韓国経済』世界思想社、所収）。

服部民夫編［一九八七］『韓国の工業化：発展の構図』アジア経済研究所。

服部民雄［二〇〇七］『東アジアの経済発展と日本——組立型工業化と貿易関係』東京大学出版会。

土生長穂［一九六四］「新植民地主義に関する理論的諸問題」（アジア・アフリカ研究所編『A・A・LAと植民地主義』勁草書房、所収）。

原田太津男［一九九六］「『新・新国際分業』とアジア経済」（坂田幹男・本多健吉編『アジア経済を学ぶ人のために』世界思想社、所収）。

平川　均［一九九二］『NIES：世界システムと開発』同文館。

平川均・石川幸一他編［二〇〇七］『東アジアのグローバル化と地域統合』ミネルヴァ書房。

平田清明［一九九三］『市民社会とレギュラシオン』岩波書店。

——［一九九六］『市民社会思想の古典と現代』（八木一郎・大町慎治編集）有斐閣。

福山　龍［二〇一一］『中国ビジネス法の特徴と問題点——独禁法・商標法・特許法・会社法・合弁法』日本評論社。

星野　智［二〇〇九］『市民社会の系譜学』晃洋書房。

ボワイエ・R［一九八九］『レギュラシオン理論』（山田鋭夫訳）新評論。

本多健吉［一九七〇］『低開発経済論の構造』新評論。

——［一九七七］「国家資本主義論」（アジア経済研究所編『発展途上国研究』、所収）。

——［一九八六］『資本主義と南北問題』新評論。

——［一九九〇］「韓国国家資本主義の歴史的位置について」（本多健吉監修『韓国資本主義論争』世界書院、所収）。

――［一九九六］「『世界システム』とアジア経済」（本多健吉・坂田幹男編『アジア経済を学ぶ人のために』世界思想社、所収）。

本名　純［二〇一三］『民主化のパラドックス――インドネシアにみるアジア政治の深層』岩波書店。

松浦正孝編［二〇一三］『アジア主義は何を語るのか』ミネルヴァ書房。

松本厚治・服部民雄編［二〇〇一］『韓国経済の解剖――先進国移行論は正しかったのか』文眞堂。

森田桐朗［一九七二］『新訂　南北問題』日本評論社。

水田　洋［一九九七］『アダムスミス――自由主義とは何か』講談社。

山田鋭夫［一九九一］『レギュラシオン・アプローチ』藤原書店。

山下英次［二〇〇六］「ヨーロッパに学ぶ地域統合」（進藤榮一・平川均編［二〇〇六］、所収）。

游　仲勲［一九六九］「現代後進諸国の官僚資本主義――国家資本主義の変質・転化を中心とした――」アジア政経学会編『アジア研究』第一六巻第一号。

――［二〇〇六ａ］「中国の社会主義・共産主義計画経済・市場経済」（1）（『東邦学誌』第三五巻第一号、二〇〇六年六月、所収）。

――［二〇〇六ｂ］「中国の社会官僚資本主義市場経済」（『世界経済評論』第五〇巻第九号，巻頭言）。

――［二〇〇六ｃ］「中国の社会主義・共産主義計画経済・市場経済」（2）（『東邦学誌』第三五巻第二号、二〇〇六年一二月，所収）。

吉野文雄［二〇〇六］『東アジア共同体は本当に必要なのか』北星堂。

リピエッツ・Ａ［一九八七］『奇跡と幻影：世界的危機とＮＩＣｓ』（若森章孝・井上泰夫訳）新評論。

リピエッツ・クレール・ビュイソン［一九九二］『現代の経済危機――レギュラシオン理論による総括』（坂口明義・他訳）新評論。

凌　星光［一九九六］『中国の経済改革と将来像』日本評論社。

若林政文［一九八七］「台湾の権威主義体制――その原型」（若林政文編『台湾――転換期の政治と経済』田畑書店、所収）。

渡辺利夫［一九八五］『成長のアジア　停滞のアジア』東洋経済新報社。

――［一九八六］『開発経済学』日本評論社。

——［一九九一］『転換するアジア』弘文堂。
——［二〇〇八］『新　脱亜論』文芸春秋。

【欧文献】

Amin, S.［1974］*Accumulation on a World Scale*, Vol. I , Monthly Review Press（野口祐・原田金一郎訳『世界的規模における資本蓄積』第Ⅰ分冊、第Ⅱ分冊、柘植書房、一九七九年）。

Amsden,A.H.［1989］*Asian's Next Giant : South Korea and Late Industrialization*, Oxford University Press.

——［1990］“Third World Industrializations; ‘Global Fordism’ or a New Model?” *New Left Review*, Vol.182, July/August.

Baran,P.A.［1959］*The Political Economy of Growth*, Monthly Review Press（浅野栄一・高須賀義博訳『成長の経済学』東洋経済新報社、一九六〇年）。

Barone,C.A.［1983］“Dependency, Marxist Theory, and Salvaging the Idea of Capitalism in South Korea.” *Review of Radical Political Economics*, Vol.XV, No.1, Spring（金早雪訳「従属理論、マルクス主義理論、および韓国における資本主義の復権」山崎カヲル編監訳『周辺資本主義としてのアジア』柘植書房、一九八六年、所収）。

Barrett,R.E.and Soomi Chin［1987］“Export-ori,xented Industrializing States in the Capitalist World System : Similarities and Differences.”in Frederic C. Deyo(ed.), *The Political Economy of the New Asian Industrialism*, Cornell University Press.

Bremmer,I.［2010］*The End of the Free Market: Who Wine the War Between States and Corporation?* ,Portfolio/Penguin（有賀裕子訳『自由市場の終焉：国家資本主義とどう闘うか』日本経済新聞社、二〇一一年）。

Dobb,M.［1955］*Some Aspects of Economic Development : Three Lectures*, Delhi School of Economics（小野一一朗訳『後進国の経済発展と経済機構』有斐閣、一九五六年）。

Dos Santos,T.［1970］“The Structure of Dependence.” *The American Economic Review,* Vol.60, No2. Random House, New

York.

Evance,P. [1989] "Class, State and Development in East Asia; Lesson for Latin Americanist." in Frederic C. Deyo(ed.), *The Political Economy of the New Asian Industrialism*, Cornell University Press.

Frank,A.G. [1973] "The Development of Underdevelopment." in Charles K. Wilber(ed.), *The Political Economy of Development and Underdevelopment*, New York, Random House（大崎政治・他訳『世界資本主義と低開発』柘植書房、一九七六年、所収）。

Gerschenkron,A. [1962] *Economic Backwardness in Historical Perspective*, The Belknap Press of Harvard University Press.

Gosh,A. [1956] "Indian Path of Development."*New Age* [monthly], 1956, October（邦訳「インド発展の途」『世界政治資料』一九五七年一月、No・一二）。

Hirschman,A.O. [1958] *The Strategy of Economic Development*, Yale University Press（小島清監修・麻田四郎訳『経済発展の戦略』巌松堂出版、一九六一年）。

Jones.L.P and Sakong.I. [1980] *Government, Business and Entrepreneurs in Economic Development: The Korean Case*, Harvard University Press.

Korea Statistics Promotion Institute [monthly] *Monthly Statistics of Korea.*

Korea, The Export-Import Bank of Korea [yearly] *Overseas Direct Investment Statistics.*

Krugman,P. [1994] "The Myth of the Asian's Miracle." *Foreign Affairs*, November/December（竹下興喜・監訳「まぼろしのアジア経済」『アジア成功への課題――「フォーリン・アフェアーズ」アンソロジ』中央公論社、一九九五年、所収）。

Lenin, V.I. [1918a] "Five Years of the Russian Revolution and the Prospects of the World Revolution." *COLLECTED WORKS*, vol.27（邦訳『レーニン全集』第二七巻「全ロシア中央執行委員会の会議」大月書店版、一九五八年）。

―― [1918b] "'Left-Wing' Childishness and the Petty-Bourgeois Mentality." *COLLECTED WORKS*,vol.27（邦訳『レーニン全集』第二七巻、「『左翼的』な児戯と小ブルジョア性とについて」大月書店版、一九五八年）。

―― [1922] "Eleventh Congress of the R.C.P (B.), Political Report of the Central Committee of the R.C.P (B.)."

COLLECTED WORKS, vol.33（邦訳『レーニン全集』第三三巻、「ロシア共産党（ボ）第十一回大会、共産党（ボ）中央委員会政治報告」大月書店版、一九五九年）。

Marx,K. [1853a] "The British Rule in India." *New-York Daily Tribune*, June 25, 1853（「イギリスのインド支配」、大内兵衛・細川嘉六監訳『マルクス・エンゲルス全集』第九巻、大月書店、一九六二年）。

—— [1853b] "The future Results of the British Rule in India." *New-York Daily Tribune*, August 8（「イギリスのインド支配の将来の結果」、大内兵衛・細川嘉六監訳『マルクス・エンゲルス全集』第九巻、大月書店、一九六二年）。

Nurkse,R. [1953] *Problems of Capital Formation in Underdeveloped Countries*, Oxford（土屋六郎訳『後進諸国の資本形成』厳松堂出版、一九五五年）。

—— [1967] *Equibrium and Growth in the World Economy: Economic Essay*, editedby G.Haberler and R.M.Stern, Cambridge, Mass.:Harvard University Press（河村鎰男・大畑彌七・松永嘉夫訳『世界経済の均衡と成長』ダイヤモンド社、一九六七年）。

OECD [1979] *The Impact of the Newly Industrialising Countries, on Production and Trade in Manufactures*, OECD（大和田悳朗訳『新興工業国の挑戦』、東洋経済新報社、一九八〇年）。

Rostow,W.W. [1960] *The Stages of Economic Growth :A Non-Communist Manifest*, Cambridge University Press（木村健康・他訳『経済成長の諸段階』」ダイヤモンド社、一九六一年）。

Prebisch,R. [1964] *Toward the New Trade Policy for Development*, United Nation（外務省訳『プレビッシュ報告——新しい貿易政策を求めて』国際日本協会、一九六四年）。

Rubinstein,M. [1956] "A Non-Capitalist Path for Underdeveloped Countries." *New Times*, No.28,32.（邦訳「後進諸国の非資本主義発展の道」『世界政治資料』一九五六年九月一〇日号）。

Sakata,M. [2000] "Toward a New East Asian Model for Development: A Lesson from the Economic Crisis in East Asia." *Journal of Fukui Pref ectural University*,No.17.

—— [2002] "State Capitalism and the Authoritarian Regime: What is a socialistic market economy in China?" *in*

The Northeast Asia: Economic and Political Dynamics at the Beginning of a New Century, Saint-Petersburg University Press.

Sen,A.［1982］*Choice Welfare and Measurement*, Oxford, Blackwell（大庭健・川本隆史訳『合理的な愚か者』勁草書房、一九八九年）。

Stiglitz,J.E.［2002］*Globalization and its Discontents*, W.W.Norton & Company, Inc.（鈴木主悦訳『世界を不幸にしたグローバリズムの正体』徳間書店、二〇〇二年）。

Tan, G.［1992］*The Newly Industrializing Countries of Asia*, Times Academic Press.

Wallerstein, I.［1974］*The Modern World-System : Capitalist Agriculture and the Origins of the European World-Economy in the Sixteenth Century*, Academic Press, Inc（川北稔訳『近代世界システム』Ⅰ・Ⅱ、岩波書店、一九八一年）。

――――［1979］*The Capitalist World-Economy*, Cambridge University Press（藤瀬浩司・他訳『資本主義世界経済Ⅰ・Ⅱ』名古屋大学出版会、一九八七年）。

World Bank［1993］*The East Asian Miracle: Economic Growth and Public Policy*, Oxford University Press.（邦訳『東アジアの奇跡：経済成長と政府の役割』白鳥正喜監訳、東洋経済新報社、一九九四年）。

事項索引

ア行

カ行

サ行

タ行

ナ行

ハ行

マ行

ヤ行

ラ行

ワ行

A～Z

人名索引

ア行

カ行

サ行

タ行

ナ行

ハ行

プレオブラジェンスキー（Preobrazhenskii, Evgenii） 57, 169
プレビッシュ（Prebisch, Raul） 69
ブレマー（Bremmer, Ian） 3, 5-7, 10, 13, 27-28, 139, 175-79, 200
ボアイエ（Boyer, Robert） 94
星野　智 32
本多健吉 43, 46-48, 62, 156

マ行

マハティール（Mahathir, Mohanmad） 84
マハラノビス（Mahalanobis, Prasanta C.） 60, 93
マルクス（Mark, Karl H.） 41, 59, 150
水田　洋 32, 171, 201
文京洙（Mun Gyon-su） 33
毛沢東（Mao Ze-dong） 141

ヤ行

山下英次 206
游　仲勲 156-59
吉野文雄 198

ラ行

ラオ（Rao, Narashimha） 60
リー・クアンユウ（Lee Kuan-yew） 84, 201
リピエッツ（Lipietz, Alain） 79-81
凌星光（Ling Xin-guang） 149-50
ルビンシュタイン（Rubinstein, M.） 37, 58
レーガン（Reagan, Ronald W.） 113
レーニン（Lenin, Vladimir.I.） 4, 57, 201
レオンチェフ（Leontief, Wassily） 93
ロストウ（Rostow, Walt Whitman） 132

ワ行

若林政文 82
渡辺利夫 24-26, 89, 110

著者紹介

坂田幹男（さかた　みきお）

1949年　山口県生まれ。

1980年　大阪市立大学大学院経済学研究科博士後期課程単位取得満期退学。
経済学博士。
福井県立大経済学部教授を経て
2013年より、大阪商業大学教授。福井県立大学名誉教授。

専　門　開発経済論、アジア経済論。

主　著　『ベーシック・アジア経済論』（単著）晃洋書房、2013年。
『東アジアの地域経済連携と日本』（共編著）晃洋書房、2012年。
『開発経済論の検証』（単著）国際書院、2011年。
『中ロ経済論』（分担執筆）ミネルヴァ書房、2010年。
『東アジアと地域経済・2010』（編著）京都大学学術出版会、2010年。
『中国経済の成長と東アジアの発展』（編著）ミネルヴァ書房、2009年。
『北東アジア経済論』（単著）ミネルヴァ書房、2001年。
『北東アジア経済入門』（共編著）クレイン、2000年。
『北東アジアの未来像』（共著）新評論、1998年。
『アジア経済を学ぶ人のために』（共編著）世界思想社、1996年。
『第三世界国家資本主義論』（単著）日本評論社、1991年、他。

グローバリズムと国《こっ》家《か》資《し》本《ほん》主《しゅ》義《ぎ》

比較地域研究所研究叢書　第十四巻

2015年2月5日　第1版第1刷発行

著　者　坂　田　幹　男
発行者　橋　本　盛　作

〒113-0033　東京都文京区本郷5-30-20
発行所　株式会社御茶の水書房
電話　03-5684-0751

Printed in Japan

組版・印刷/製本　シナノ印刷（株）

ISBN978-4-275-01095-7　C3033

《大阪商業大学比較地域研究所研究叢書 第一巻》
清代農業経済史研究 鉄山 博 著 A5判・二四〇頁 価格 二九〇〇円

《大阪商業大学比較地域研究所研究叢書 第二巻》
EUの開発援助政策 前田啓一 著 A5判・三九〇頁 価格 五八〇〇円

《大阪商業大学比較地域研究所研究叢書 第三巻》
香港経済研究序説 閻 和平 著 A5判・二二〇頁 価格 二九〇〇円

《大阪商業大学比較地域研究所研究叢書 第四巻》
海運同盟とアジア海運 武城正長 著 A5判・三四〇頁 価格 四八〇〇円

《大阪商業大学比較地域研究所研究叢書 第五巻》
鏡としての韓国現代文学 滝沢秀樹 著 A5判・三一八頁 価格 四五〇〇円

《大阪商業大学比較地域研究所研究叢書 第六巻》
東アジアの国家と社会 滝沢秀樹 編著 A5判・二二〇頁 価格 三二〇〇円

《大阪商業大学比較地域研究所研究叢書 第七巻》
グローバル資本主義と韓国経済発展 金 俊行 著 A5判・四七四頁 価格 五〇〇〇円

《大阪商業大学比較地域研究所研究叢書 第八巻》
アメリカ巨大食品小売業の発展 中野 安 著 A5判・三六〇頁 価格 五五〇〇円

《大阪商業大学比較地域研究所研究叢書 第九巻》
都市型産業集積の新展開 湖中 齊 著 A5判・一九〇頁 価格 三四〇〇円

《大阪商業大学比較地域研究所研究叢書 第十巻》
産地の変貌と人的ネットワーク 粂野博行 編著 A5判・二三四頁 価格 三八〇〇円

《大阪商業大学比較地域研究所研究叢書 第十一巻》
転換期を迎える東アジアの企業経営 孫 飛舟 編著 A5判・一九二頁 価格 三六〇〇円

《大阪商業大学比較地域研究所研究叢書 第十二巻》
多国籍企業と地域経済 安室憲一 著 A5判・二〇六頁 価格 三八〇〇円

《大阪商業大学比較地域研究所研究叢書 第十三巻》
便宜置籍船と国家 武城正長 著 A5判・三一四頁 価格 五〇〇〇円

御茶の水書房
（価格は消費税抜き）